Soyka

Wenn Frauen töten

Dieses Buch möchte ich meinem Vater,
Professor Dieter Soyka widmen,
der in diesen Tagen, am 9. November,
dem Schicksalstag der deutschen Geschichte,
75 Jahre alt wird – in Liebe und Dankbarkeit.

Michael Soyka

—— Wenn Frauen töten ——

Psychiatrische Annäherung an das Phänomen weiblicher Gewalt

Mit einem Geleitwort
von Gisela Friedrichsen

Mit 4 Abbildungen
und 2 Tabellen

 **Schattauer** Stuttgart
New York

Prof. Dr. med. Michael Soyka
Klinik und Poliklinik für Psychiatrie und Psychotherapie
Ludwigs-Maximilians-Universität München
Nussbaumstraße 7
80336 München

Bibliografische Information der Deutschen Bibliothek
Die Deutsche Bibliothek verzeichnet diese Publikation in der Deutschen Nationalbibliografie;
detaillierte bibliografische Daten sind im Internet über <http://dnb.ddb.de> abrufbar.

Besonderer Hinweis:

© 2005 by Schattauer GmbH, Hölderlinstraße 3, 70174 Stuttgart, Germany
E-Mail: info@schattauer.de
Internet: http://www.schattauer.de
Printed in Germany

Lektorat: Volker Drüke, Münster
Umschlagabbildung: Franz von Stuck: Judith und Holofernes, © Privatbesitz
Satz: Satzpunkt Ewert GmbH, 95444 Bayreuth
Druck und Einband: fgb – freiburger graphische betriebe
Gedruckt auf chlor- und säurefrei gebleichtem Papier.

ISBN 3-7945-2346-6

Geleitwort
„Mir graust vor mir selbst"

Daniela hat mit 23 schon vier Kinder geboren. Kinder von vier verschiedenen Vätern. Das älteste hat die Großmutter genommen, für das jüngste sorgen Adoptiveltern. Hinter den zwei mittleren, dem dreijährigen Kevin und dem ein Jahr jüngeren Tobias, macht Daniela eines Tages die Wohnungstür zu und verschwindet für zwei Wochen zu ihrem Freund. Einige Male kommt sie zurück, hat aber nicht die Kraft, die Wohnung zu öffnen. Sie geht wieder. Die Kinder verdursten elend. Im Todeskampf hatten sie sich in ihrer unsäglichen Not zuletzt gegenseitig gebissen.

Antje aus Sachsen hat fünfmal geboren. Die beiden ersten Kinder zog sie mit ihrem Mann auf. Die Kinder drei, vier und fünf bringt sie zu Hause im Bad alleine zur Welt, tötet sie, packt sie in Plastiktüten und vergräbt die in der Tiefkühltruhe unter Spinat und Pizza. Sogar umgezogen ist sie mit diesem Gerät.

Eine andere Antje, eine Thüringerin, auch fünf Geburten, lässt das erste und das letzte Kind am Leben. Die drei mittleren bringt sie unmittelbar nach der Geburt um.

Wenn Väter ihre Kinder töten, lässt sich dafür meist ein Motiv formulieren, das zwar nicht nachvollziehbar ist, sich jedoch einer Erklärung nicht völlig entzieht: gedemütigt und zermürbt von einer egoistischen Partnerin etwa oder in eine als unentrinnbar empfundene Schuldenfalle geraten. Oder getrieben von Eifersucht oder Hass gegen die Frau, die bestraft werden soll und dergleichen. Wenn Frauen töten, ist das anders. Ich habe vor Gericht noch nie erlebt, dass eine dieser Angeklagten hätte sagen können, warum sie es getan hat.

Ich habe Frauen erlebt wie Nicole vor dem Landgericht Hildesheim, die unter Qualen gleichsam Worte aus sich herauszupressen, zu gebären versuchte für das, was ihr da geschehen war. Ein erstes Mal hatte sie die Schwangerschaft verheimlicht, war zur Geburt in eine Klinik gegangen und hatte dann zu Hause, in ihrer kleinen Studentenwohnung, als sie sich vor dem schreienden Bündel plötzlich ihrer Situation bewusst wurde, das Kind erstickt. Dann sofort die zweite Schwangerschaft. Wieder verheimlicht. Alles genauso wie gehabt. Geburt in der Klinik. Nach Hause. Das Kind erstickt. Der Vorsitzende Richter herrschte sie im Prozess an: „Zwischen den Wehen sind doch Pausen. Da hätten Sie doch darüber nachdenken können, was nun werden soll!" Dass Nicole erbarmungslos zu einer lebenslangen Freiheitsstrafe verurteilt werden würde, war fast zu erwarten.

Warum, warum, warum. Warum haben diese Frauen nicht verhütet? Warum haben sie nicht abgetrieben oder das ungewollte Kind in eine Babyklappe gelegt? Oder zur Adoption gegeben? Oder haben sie das Kind vielleicht doch gewollt – und auf ein Wunder gehofft, dass plötzlich alles gut werde? Es gibt kein nachvollziehbares Motiv. Es lässt sich kein jedermann einleuchtender Grund finden, warum eine Mutter ihr Kind umbringt. Es gibt keinen solchen Grund. Und doch geschieht es wieder und wieder. Es geschieht allen Hilfsangeboten, aller Aufklärung zum Trotz. Und wenn es geschieht, dann nicht, weil die Mutter eine gewissenlose Kriminelle ist, eine eiskalte Mörderin, ein Monster. Keine dieser Frauen ist ein Monster.

Auch Sabine nicht, die ihren ältesten Sohn erstickt und die jüngeren Zwillingsmädchen, so monströs das auch klingen mag, mit der Axt erschlagen hat. Ihr Fall ist der erste, der in diesem Buch beschrieben wird. Ich war dabei, als Sabine, mit Perücke, vor Gericht stand, weil sie nicht kahlköpfig um Mitleid heischen wollte. Ich habe miterlebt, wie diese krebskranke Angeklagte Rechenschaft ablegte über ihr gescheitertes Leben und die furchtbare Tat, wie sie diese Bilanz mit den Worten schloss: „Ich bin so ein Stück Dreck. Mir graust vor mir selbst." Ich habe miterlebt, wie das anfängliche Misstrauen gegenüber dieser Frau, die so viele Menschen, sogar Angehörige, immer wieder betrogen hatte – und wer wusste schon, ob sie nicht auch das Gericht betrog –, einer tiefen Erschütterung wich. Ein Mensch am finstersten Abgrund. Sabine hat sich selbst töten wollen, nicht ihre Kinder. Im Angesicht des eigenen Todes schickte sie die Kinder nur voraus.

Michael Soyka öffnete damals einen Weg zu der Angeklagten, den zuvor Entsetzen, Abwehr und Vorurteile versperrt hatten. Die junge Staatsanwältin beschritt ihn tapfer und beantragte Freispruch. Das Gericht verurteilte nach Anhörung eines Zweitgutachters dann doch. Und aus dem Nachhinein betrachtet, war diese nach ernstem Ringen getroffene Entscheidung nicht einmal zum Nachteil der Angeklagten. Sabine traf in der Haft auf Personen, die ihr, was die Krankheit anging, beistanden und inzwischen behutsam wieder ins Leben zurück helfen.

Sie selbst hätte es wohl am wenigsten, noch weniger als die Öffentlichkeit, begriffen, wenn sie ohne Strafe sich selbst überlassen worden wäre. Sie bereite sich vor, heißt es, erstmals das Grab ihrer Kinder zu besuchen. Sie hat einen weiten Weg vor sich.

Frauen wenden Gewalt an, so eine Redensart, um Gewalt zu beenden. Sie sind nicht die besseren Menschen. Aber sie kommen weniger aus eigenem Antrieb mit dem Gesetz in Konflikt. Sie töten nach jahre- oder jahrzehntelangem Martyrium, bisweilen mithilfe ihrer Kinder, den gewalttätigen Ehemann. Sie töten, um einen Albtraum zu beenden. Sie töten, weil sie, allein gelassen, sitzen gelassen, getäuscht und gedemütigt, auf andere Weise aus den Labyrinthen ihrer beschädigten Biografie, eigener Schwäche und dazu noch oft desolaten Lebensumständen nicht mehr herausfinden.

Die Fälle, die Michael Soyka in diesem Buch analysiert, gewähren bestürzende Einblicke in die Lebenswirklichkeit von Frauen mitten unter uns. Jeder Jurist, der mit dem Strafrecht zu tun hat, jeder Journalist, der die Welt, in der wir leben, zu beschreiben versucht, jeder, der mehr wissen will, als die Medien an Sensationsmeldungen täglich ausspucken, wird darin Orientierungshilfen finden – auch wenn Soyka nicht auf jedes „Warum" eine Antwort parat hat.

Gisela Friedrichsen

Vorwort

Ich weiß nicht, warum sich bei mir vor einigen Jahren der Gedanke verdichtete, ein Buch über Frauen zu schreiben, die getötet haben oder es versuchten, obwohl ich sicher bin, dass einige der Fälle, die ich schildern werde, mich so beschäftigt haben, dass ich sie mit einigem Abstand noch einmal betrachten musste. Die beschriebenen Taten habe ich nicht danach ausgesucht, ob sie besonders spektakulär oder bizarr waren, sondern es sind schlicht diejenigen, die ich gesehen habe. Der Leser mag sich ein Urteil darüber bilden, mit welchen Fragen sich der Psychiater im Alltag – auch – zu beschäftigen hat.

Dieses Buch wäre nicht möglich gewesen ohne die tatkräftige Unterstützung einiger Freunde und Kollegen, z.B. der forensische Psychologe Dr. Joachim Weber, ein langjähriger Weggefährte, mit dem zusammen ich einige der Fälle untersucht habe und den ich an mehreren Stellen zitiere, aber auch Prof. Norbert Nedopil, bei dem ich das Handwerk der psychiatrischen Gutachtenerstellung gelernt habe. Mein Bruder Martin, Staatsanwalt in Kiel, hat mich vor einigen juristischen Irrtümern bewahrt. Sollten an der ein oder anderen Stelle rechtliche Unschärfen sein, so gehen sie allein auf mein Konto.

Besonders danken möchte ich Herrn Prof. Gerhard Köpf, der mich als versierter und an der Psychiatrie interessierter Germanist und Literat nicht nur vor vielen sprachlichen Fehlern bewahrt hat, sondern den Text kenntnisreich kommentiert und mich auf viele Analogien in Literatur und Geschichte hingewiesen hat. Sein Wirken hat das Buch entscheidend bereichert. Großer Dank gebührt meinem Lektor Volker Drüke, aber auch dem Schattauer Verlag, insbesondere Herrn Dr. Wulf Bertram, der mutig genug waren, sich dieses sperrigen Themas anzunehmen. Gisela Friedrichsen vom *Spiegel* bin ich für ein unverhofft freundliches Geleitwort dankbar.

Wenn ich oben von einigen Jahren gesprochen habe, so war dies richtig. Unter den konkreten Arbeitsbedingungen einer deutschen Universitätsklinik kann man ein solches Buch nur nachts oder an dienstfreien Wochenenden schreiben. Herausragender Dank gilt meiner langjährigen Sekretärin Kyra Dimopoulos, die mit unendlicher Geduld und nie versiegender mediterraner Freundlichkeit Fassung um Fassung korrigiert, formatiert und oft auch kritisch redigiert und mich vor allem in Phasen nachlassender Schaffenskraft zum Weitermachen angeregt hat. Ohne sie hätte ich womöglich die Lust an dem Projekt verloren. Überhaupt fiel auf, dass mich vor allem Frauen zum Weiterschreiben angeregt haben – aus welchen unerforschten Motiven auch immer.

München, im Herbst 2004 **Michael Soyka**

Inhalt

Einführung

Was will dieses Buch? Was alle guten Bücher wollen: Unterhalten und (etwas) lehren (nach Horaz: Prodesse et delectare). Es ist kein Lehrbuch zur forensischen Psychiatrie oder über Gutachten, nicht einmal ein Versuch in diese Richtung. Es soll aber ein gewisses Rüstzeug zum Verständnis psychisch kranker Rechtsbrecher und Möglichkeiten der Ursachenforschung und des psychiatrischen Gutachtens liefern.

Mordprozesse und Tötungsdelikte ziehen seit jeher das Interesse der Öffentlichkeit und der Medien an. In einer zunehmend freizeit- und medienorientierten Gesellschaft ist das Interesse daran eher noch gewachsen, oft angefacht durch eine lebhafte Berichterstattung. Auch deswegen haben viele Menschen das Gefühl, in einer zunehmend unsicheren Umwelt zu leben – ein falscher Eindruck. Zunehmend bevölkern Justizshows das Fernsehen, in denen die psychologische Seite meist holzschnittartig in intellektuell einfachster Form präsentiert wird. Eifersucht, Neid, Rache werden plakativ dargestellt und psychologisch kaum hinterfragt. Es gibt wohltuende Gegenentwürfe: Zu nennen wäre die Berichterstattung über Gerichtsprozesse im „Spiegel". Bei Mordprozessen wird die Meinung des Sachverständigen aufgegriffen und durchaus kritisch diskutiert – das gute Recht der veröffentlichten Meinung. Der Fall sowie Täter- und Opferperspektive werden aber meist nicht so dargestellt, dass das Bedingungsgefüge der Tat deutlich wird. Angesichts der Fülle journalistischer Berichte und Bücher über Tötungsdelikte überrascht das relative Schweigen der Psychiater.[1]

Dabei wirft die Aufarbeitung wichtiger Fälle immer auch ein Licht auf allgemeine gesellschaftliche Entwicklungen sowie auf Probleme der Kommunikation und Fehlentscheidungen. Die individuelle Pathologie spiegelt immer auch die gesellschaftliche wider. An dieser Stelle sei nur an Jugendliche erinnert, die mit Schusswaffen in die Schule kommen und sich und andere töten, an Sexualstraftaten und -morde, den sexuellen Missbrauch in Familien oder die Verbreitung von Gewalt- und Kinderpornografie, zum Beispiel im Internet.

Das psychiatrische Schweigen mag etwas mit der Sorge um die Stigmatisierung psychisch Kranker als Gewaltverbrecher zu tun haben – weiter unten wird gezeigt, dass dies nicht stimmt. Schweigen heißt aber immer auch Nichtwissen, Unverständnis und Vorurteil.

---

[1] Ausnahmen bestätigen die Regel: Vgl. Marneros (1997; 2003) sowie Rauchfleisch (1999).

Im Mittelpunkt des Buchs stehen sechs Straftaten und Schicksale von Frauen, die getötet haben oder versucht haben, es zu tun – und ihre motivischen Hintergründe und Psychen.

Frauen, die töten oder morden? Das Thema ist eher in Dichtung als in der Forschung berührt worden. Die Literatur dazu ist dürftig. Eine der Ausnahmen stellt das Buch „Schwarze Witwen und eiserne Jungfrauen" von Bolte und Dimmer (1997) dar. Die sechs im vorliegenden Buch berichteten Fälle werden ihre eigene Sprache sprechen. Beispielhaft wollen wir an ihnen untersuchen, wie es dazu kommen konnte und welche Erklärungshilfen der psychiatrische Gutachter bei Kapitalverbrechen geben kann oder vor welchen Problemen er steht.

Alle sechs Täterinnen sind vom Autor, zum Teil auch von anderen Psychiatern und Psychologen, untersucht oder behandelt worden. Einige der Frauen sind psychisch krank, andere nicht.

Es geht aber in diesem Buch auch um anderes: um das Verbrechen an sich, um den Psychiater, der sich mit Verbrechen beschäftigt, um die gerichtliche Psychiatrie insgesamt, ihre Methoden und Grenzen und schließlich um Menschen; um solche, die zu Tätern, und solche, die zu Opfern werden oder manchmal beides sind. Wir wollen psychiatrische Annäherungen an sie wagen, ohne den Anspruch, alles erklären oder verstehen zu können. Beginnen wollen wir mit einem Blick auf Gewalt und Kriminalität in Deutschland.

Verbrechen in Deutschland

In der Literatur ist zweifellos England als das Land des Tötens und Mordens führend. Nirgendwo sonst ist Verbrechen in Kunst und Literatur so genussvoll inszeniert worden.

Kaum ein Shakespeare-Drama kommt ohne ausgefeilte Tötungen, ohne Verstümmelung und Abschlachten aus – manchmal mit immensen Kämpfen und Konflikten wie in „Hamlet", manchmal in zunehmend wahnsinnigem Blutrausch wie in „Titus Andronicus". Oft stehen gierige, machtbesessene Frauen hinter Gattenmord und Blutrausch. Lady Macbeth als treibende Kraft – was für eine Frauenrolle.

Einer der berühmtesten Engländer des viktorianischen Zeitalters war ein Serienmörder, auch wenn er ohne Gesicht geblieben ist. Jack the Ripper – wenn er überhaupt Engländer war (aber wer will daran zweifeln) – beflügelt noch immer unsere Phantasie, füllt Bücher und Filme. Die grausamen Prostituiertenmorde blieben ungesühnt. Sie üben auch heute noch eine seltsame Faszination aus und sind beinahe zum Kunstwerk überhöht worden.

War der Ripper nicht vielleicht sogar von königlichem Blut? Wer immer in Whitechapel mordete, er hat Weltruhm erlangt. Hätte es die Leichen nicht gegeben, müsste man an ein Phantom glauben.

Auch der berühmteste Detektiv ist Engländer – und ein Phantom: Sherlock Holmes. Sein Scharfsinn ist Legende. Er wurde zum Prototyp des modernen, mit wissenschaftlicher Genauigkeit beobachtenden und schlussfolgernden Detektivs. Arthur Conan Doyle war schlau genug, ihm einen etwas trottelig wirkenden, absolut loyalen Bewunderer und Helfer zur Seite zu stellen, einen Mediziner: Dr. Watson, aus dessen Sicht die Fälle geschildert werden. Leider kommt seine Kombinationsgabe nicht an die von Holmes heran, und so reicht es auch nicht zum forensisch oder psychologisch geschulten Ermittler, sondern nur zum Chronisten von Holmes' Fällen. Watson vertritt die Perspektive des „naiven" Lesers, stets aufs Neue überrascht und beeindruckt von Holmes' überragendem Intellekt.

Wer will, mag in dieser Konstellation sogar schon den Stellenwert des Psychiaters oder Psychologen bei Strafverfahren erahnen: Der Kriminalist schreitet voran, deckt auf und diktiert den Fortgang des Verfahrens, der Arzt oder Gutachter leistet Hilfestellungen und versucht Erklärungen des Geschehenen zu geben. Seine Rolle geht aber weit über die des Chronisten hinaus. Dennoch: So sind die Machtstrukturen bei der Aufdeckung von Mord und Totschlag. Im Endeffekt ist es die Aufgabe und Pflicht der Juristen, einen Sachverhalt aufzuklären, zu beurteilen und gegebenenfalls zu richten. Geht es um Fälle psychisch kranker Rechtsbrecher, so ist das Gericht zwar gehalten und meist willig, sich an die Ausführungen eines hinzugezogenen Gutachters und medizinischen Sachverständigen, sei er Psychiater, Rechtsmediziner oder Chirurg, zu halten; immer tut es dies allerdings nicht, sondern urteilt – wie vom Gesetz verlangt – nach eigener Überzeugung. Der Sachverständige ist wichtig, hat aber nie das letzte Wort.

Zurück nach England: Vor diesem soziokulturellen Hintergrund, begünstigt durch ungünstige Wetterlagen mit Regen und Nebel, bekannt schlechtem Essen und einem bisweilen wenig sinnenfroh getönten Umgang der Geschlechter (alles Faktoren, die einen Rückzug ins Häusliche begünstigen), bleibt dem Briten das Interesse am Ungewöhnlichen und Schrecklichen – am Verbrechen. Unzählige Autoren von Kriminalromanen sind Engländer – auffallend oft Engländerinnen, die ihre schöpferische Kraft dem Verbrechen widmen. Auch wenn die Realität die Fiktion immer wieder einholt und einige der berühmtesten (Massen-)Mörder Engländer sind – es bleibt ein friedliches Land. Sieht man von Hooligans in Fußballstadien ab.

Deutsche töten, literarisch gesehen, nicht seltener, aber sicher weniger lustvoll als der Brite. Mag der Tod auch ein Meister aus Deutschland sein, er hat das Töten nur geplant, nicht studiert oder gar zur Kunstform stilisiert. Deutsche Kriminalromane erreichen kaum je das Niveau britischer Bücher, auch Fernsehserien übrigens selten. Dabei ist auch die deutsche Kriminalgeschichte sehr reich und ergiebig. Einige der berühmtesten Mörder waren dabei Frauen. An einige sei einleitend kurz erinnert.

Nehmen wir zum Beispiel Vera Brühne (Mörderin oder wahrscheinlich Anstifterin): Eine auch in der Rückschau elegant wirkende Lebedame, die im spießigen Mausgrau der (Post-)Adenauer-Zeit nicht viel weniger auffallend gewirkt haben muss als heutzutage eine Punkerin in der Oper. Auf Prozessbildern kann man biedere Zuschauer erkennen, die Vera Brühne mit kaum verhüllter Schadenfreude, einer sehr deutschen Eigenschaft, bestaunen – der Begriff hat in anderen Sprachen kaum ein Pendant und ist ungefiltert ins Englische übernommen worden. Hat sie ihren Liebhaber ermorden lassen? War das Urteil gerecht? Fragen, die auch heute noch packen können.

Ein anderer, besonders tragischer Fall hat mehrere Instanzen beschäftigt und ist trotz wiederholter Verurteilungen nicht ganz ausgestanden: Monika Weimar. Hat sie ihre beiden Kinder ermordet, um frei zu sein für ihren amerikanischen Liebhaber? Kann eine Mutter, ohne verrückt zu sein, wirklich ihre Kinder töten? Diese Frage beschäftigt Gericht und Öffentlichkeit über Jahre. Sie wird uns auch in diesem Buch bewegen.

Erwähnt sei auch Marianne Bachmaier, die am 06. März 1981 im vollbesetzten Lübecker Schwurgerichtssaal den Mörder ihrer Tochter während seines Prozesses erschießt – ein klassischer Fall von Selbstjustiz. Der Fall Marianne Bachmaier erregt viel Aufsehen: eine junge, schöne Mutter, zutiefst verletzt und verwundet, die als Rachegöttin auftritt. Auch dieses Motiv wird uns in diesem Buch beschäftigen. In der Öffentlichkeit findet sie viel Sympathie, nicht zuletzt, weil ihre Gründe für die Tat so klar und nachvollziehbar sind. Eine Interessengemeinschaft „Freispruch für Marianne Bachmaier" wird gegründet.

Der Prozess findet großes Medieninteresse, ebenso wie der ungewöhnlich schillernde Lebensweg der Angeklagten, die mit 17 das erste von drei Kindern bekam, es weggab und anschließend als Barfrau arbeitete. Ihr Leben wird in zwei Spielfilmen verfilmt. Am 02. März 1983 wird Marianne Bachmaier zu sechs Jahren Haft verurteilt. Nach der Haftentlassung geht Marianne Bachmaier nach Palermo, kehrt im September 1996 schwer krebskrank nach Lübeck zurück und lässt auch ihren langen Tod im Fernsehen dokumentieren „Das langsame Sterben der Marianne Bachmaier".

Einige andere Beispiele:

Der Fall Gesche Gottfried

Gesche Gottfried wurde am 06. März 1785 als Tochter eines Damenschneiders und einer Wollnäherin geboren. Das Elternhaus war fromm und streng, dazu auch sehr sparsam. Schon als Kind soll sie ihrer Mutter geringe Summen entwendet haben. Als junge Frau war sie umworben, heiratete 1806 mit 20 Jahren einen Sattlermeister, Sohn wohlhabender Eltern. Die Ehe war eine Mesalliance. Der Mann stellte sich als Trinker heraus, der an Geschlechtskrankheiten und Potenzstörungen litt. 1807 wurde ihr erstes Kind geboren, bald darauf (1810) ein gesunder Sohn. Mehrere andere Kinder verstarben rasch. Gesche wandte sich zunehmend von ihrem Mann ab, hatte Liebhaber. Schließlich beschaffte sich Gesche bei ihrer Mutter Arsen und vergiftete ihren Mann, der am 01. Oktober 1813 nach schmerzhaftem Leiden verstarb. Gesche vergiftete ihre gesamte Familie: Am 02. Mai 1815 verstarb ihre Mutter, jeweils nur acht Tage später ihre beiden Töchter, ihr Vater am 28. Juni, ihr Sohn am 22. September; schließlich vergiftete sie auch ihren Bruder, der als Soldat aus Napoleons Russlandfeldzug zurückgekehrt war, dann mehrere Freunde und Personen, von denen sie sich Geld erhoffte. Belastet von Geldsorgen, tötete sie mindestens 15 Menschen. Obwohl immer wieder betont wird, dass es keine weiblichen Serienmörder gebe – Gesche Gottfried war eine. An ihrem 43. Geburtstag am 06. März 1928 ist sie verhaftet worden, nachdem ihr letztes Opfer, ein Radmachermeister, das Gift auf seinem Salat entdeckt hatte. Im September 1830 ist Gesche in Bremen zum Tode verurteilt, am 21. April 1831 vor 35 000 Zuschauern (!) hingerichtet worden (s. dazu Bolte u. Dimmer 1997).

Gottfrieds Fall fasziniert auch heute noch. 1996 wurde der Fall der angeblich untadeligen, reichen Witwe für das Fernsehen verfilmt („Gesches Gift", Buch und Regie: Walburg von Waldenfels).

Welche Motive hatte Gesche Gottfried?

Es ist müßig, rückwirkend eine „psychologische Autopsie" durchzuführen. Gesichert ist, dass sie unter Geldnot litt, auf Äußerlichkeiten Wert legte, vielleicht verführerisch, jedenfalls stets geschminkt auftrat. Heute würde man vielleicht von histrionischen (früher: hysterischen) Persönlichkeitszügen sprechen, die uns auch in diesem Buch noch öfter beschäftigen werden. Sicherlich litt sie aber zumindest in den letzten Jahren auch an psychischen Störungen im engeren Sinne, hatte Halluzinationen, sah ihre Opfer, hörte Geräusche eines Sarges, wurde von ihren Taten gequält. Ihr Anwalt sah dagegen Habsucht und ihre Triebhaftigkeit sowie Selbstsucht als Hauptmotive an.

„Die schwarze Witwe"

Noch ein aktuellerer Fall sei erwähnt, der von Elfriede Plauensteiner, der „schwarzen Witwe von Wien". Sie wurde 1997 in St. Pölten im spektakulärsten Giftmordprozess der österreichischen Nachkriegsgeschichte verurteilt. 1995 hatte die damals 62-Jährige einen 75-jährigen Witwer, Alois Pichler, über eine Annonce kennen gelernt. Ihr Kompagnon, der 40-jährige Wiener Anwalt Dr. Schmidt, berichtete über die günstigen finanziellen Verhältnisse des späteren Opfers und entwarf einen Schenkungsvertrag, der vorsah, dass Pichlers Grundbesitz an seine neue Freundin fiel. Sie begann, Pichler das blutzuckersenkende Mittel Euglucon® zu geben. Pichler fiel schließlich ins Koma. Dr. Schmidt fälschte sein Testament, während Pichler noch im Krankenhaus lag. Schließlich tötete sie Pichler nur sechs Wochen, nachdem sie ihn kennen gelernt hatte, mit einer Mischung aus Euglucon® und dem Antidepressivum Anafranil®. Von einem Wahlneffen wurde die Kriminalpolizei auf Plauensteiner und Schmidt aufmerksam gemacht, schließlich wurden sie verhaftet und überführt. Nach ihrer Verhaftung gab Elfriede Plauensteiner zu, insgesamt fünf Morde und einmal Beihilfe zum Selbstmord verübt zu haben. Hass auf die Männer, aber auch eine Spielsucht sowie Hilfsbereitschaft wurden als Motive genannt. Plauensteiner wurde psychiatrisch untersucht. Ihr wurde ein enormer Geltungsdrang (auch dieser eher ein histrionischer Charakterzug) sowie ein starkes Bedürfnis nach Macht attestiert. Ein kurzer Kommentar noch zu den Verhaltensmerkmalen der schwarzen Witwe in der Natur: Es handelt sich um eine hochgiftige, in Mittel- und Südamerika, aber auch im Mittelmeer vorkommende Kugelspinne, die ihren Partner zunächst anlockt, ihm aber nach der Begattung eine hochprozentige Giftkonzentration ins Mark spritzt, um daraufhin seinen weichen Kern auszusaugen – die schwarze Witwe tötet also nach dem Beischlaf.

Welche Motive hatte die „schwarze Witwe"?

Elfriede Plauensteiner wurde 1931 als siebtes Kind in ärmlichen Verhältnissen geboren. Der Vater starb wenige Jahre nach der Geburt, die Mutter heiratete erneut, der Stiefvater verließ die Familie rasch. Sie wuchs unter ärmlichen Verhältnissen in Wien auf, heiratete früh, die Ehe war aber unglücklich. 1954 wurde ihre Tochter, eine spätere Psychotherapeutin, geboren. Sie erlitt später eine Fehlgeburt, wurde von ihrem Mann verlassen, begann zu spielen und ging mit Pelz ins Casino. In zweiter Ehe heiratete sie einen Fahrdienstleiter, der 1992 verstarb. Zuvor war Elfriede Plauensteiner zu einer völlig unkontrollierten Spielerin geworden. Zu ihren Opfern gehörte schon 1987 eine Nachbarin, die sie gepflegt hatte, mehrere ähnliche Fälle folgten, wobei Plauensteiner mit Dr. Schmidt gemeinsame Sache machte. Hinter der Fassade der aufopfernden, gebrechliche ältere Menschen Pflegenden verbarg sich wohl eine geltungssüchtige, eiskalte Mörderin. Sie ist zu lebenslanger Freiheitsstrafe verurteilt worden, ihr Kompagnon Dr. Schmidt wegen Betrug und Körperverletzung, nicht jedoch wegen Beihilfe zum Mord, zu sieben Jahren Haft.

Politische Morde

Nicht so selten sind politische Mörderinnen, auch wenn ihre Motive nicht immer nur politischer Natur sein müssen. Zu ihnen kann man die biblische Figur der Judit zählen, die junge jüdische Witwe, die Holofernes, den Kommandanten der unbesiegten Armee des assyrischen Königs Nebukadnezzar, enthauptet. Sie schlägt ihm den Kopf im Schlaf ab und kehrt mit diesem nach Bethulia, ihrem Heimatort, zurück. Die assyrische Armee flieht ohne ihren Kommandanten. Judit führt so die Israeliten zum Sieg. Das Motiv der Judit mit all seinen Facetten gehörte über Jahrhunderte zu den in den bildenden Kunst am häufigsten aufgegriffenen überhaupt.

Eine andere politische Mörderin ist Charlotte Cordai, die 25-jährig am 12. Juli 1793 den Revolutionsführer Jean Paul Marat, den Präsidenten der Jakobiner, in der Badewanne mit dem Küchenmesser ermordet.

Als erfolgreiche „politische" Giftmörderin ist auch Lucretia Borgia (1480–1519) zu nennen.

Zu den politischen Mörderinnen der Zeitgeschichte gehören ohne Zweifel Ulrike Meinhof und andere Terroristinnen der Rote Armee Fraktion, in den letzten

Jahren schließlich auch die Selbstmordattentäter verschiedener islamischer Terrororganisationen.

Weibliche Massenmörder?

Es gibt sie trotz gegenteiliger Behauptungen. Einige Fälle sind oben bereits beschrieben worden.

Die vielleicht größte Massenmörderin war die Vizekönigin von Ungarn, Elisabeth Bàthory (1560–1614), die über 600 Mädchen und junge Frauen auf grausamste Weise gefoltert und getötet haben soll. Angeblich rieb sie sich mit dem Blut der Jungfrauen ein, um sich ewige Schönheit zu sichern.

Ihre unfassbaren Taten hat die Adelige, die einer sehr einflussreichen Familie Südosteuropas entstammte, im Übrigen kaum gebüßt. Erst 1610 war König Matthias II. den Anschuldigungen nachgegangen und ließ vertrauliche Zeugenaussagen einholen. Noch Jahre später zögerte der König, ob und wie er gegen Bàthory vorgehen sollte. Ihr hoher Adel stand einer Gerichtsverhandlung im Wege. Am 19. Dezember 1610 war sie auf ihrer Burg sogar auf frischer Tat ertappt worden – ein Mädchen war tot, zwei weitere schwer misshandelt, zwei weitere gefoltert oder dem Tode nahe. 1611 ist eine Gerichtsverhandlung durchgeführt worden, allerdings, ohne dass die Hauptangeklagte vor Gericht erscheinen musste. Ihre Mittäterinnen sind auf dem Scheiterhaufen verbrannt worden, sie selbst aber blieb bis zu ihrem Tode eingekerkert.

Die Hintergründe ihres beispiellosen Mord- und Blutrausches, den sie ausschließlich an jungen unschuldigen Mädchen ausließ, lassen sich heute kaum mehr erahnen, Ängste vor dem Älterwerden reichen dazu wohl kaum als Motiv aus. Zumindest muss ein kaum fassbarer Sadismus hinzugetreten sein.

Mörderinnen in Film und Show

Weibliche Mörder sind in den letzten Jahren in Film und Fernsehen so häufig geworden, dass es müßig wäre, einzelne Namen zu nennen. Es gibt mehrere Serien, in denen junge Frauen als hochtrainierte Agentinnen mit Tötungslizenz aktiv werden („Alias"). Unter den Filmen der letzten Jahre sei „Basic Instinct" genannt, ein Film, der Sharon Stone als Femme fatale, der auch Michael Douglas erliegt, berühmt machte und erst in seiner letzten Sekunde das Mordwerkzeug zeigt und ihre mögliche Täterschaft enthüllt.

Ebenso amüsant wie spannend ist der Thriller „Thelma und Louise", bei dem das Töten eher feministisch motiviert ist. Hier räumen Susan Sarandon und Geena Davis mit der sexistischen Männerwelt auf. In diesem 1991 in den USA gedrehten Streifen freundet sich die etwas naive Hausfrau Thelma Dickinson, die ihren selbstgefälligen Gatten und ihr Hausfrauendasein gründlich satt hat, mit der lebenserfahrenen Kellnerin Louise Sawyer an, die ebenso genug von ihrem Job und der Tatsache, dass ihr Freund Jimmy sich einfach nicht festlegen will, hat. Thelma und Louise beschließen, ein Wochenende abseits vom Alltag zu verbringen. In einer Bar irgendwo in Arkansas flirtet Thelma heftig mit einem angetrunkenen Fernfahrer, der sie auf einem Parkplatz vergewaltigen will. Louise erschießt den zudringlichen Mann – ab jetzt sind sie Outlaws, werden von der Polizei gejagt. Wer würde ihnen schon ihre Geschichte von der Vergewaltigung abnehmen? Vor allem, nachdem Thelma dem Toten zuvor noch Avancen gemacht hat. Danach entwickelt sich ein rasantes Roadmovie, die Frauen rauben ihren Lebensunterhalt zusammen, wobei den beiden schießwütigen Desperados die Polizei auf den Fersen bleibt.

Regisseur dieses spannenden Thrillers ist übrigens Ridley Scott, der schon als Regisseur von „Alien" eine andere starke Frau, Sigourney Weaver, blendend in Szene gesetzt hatte. Sigourney Weaver jagt und tötet mit unnachahmlicher Kaltblütigkeit und Präzision das außerirdische Monster, handelt aber aus Notwehr.

Bunter geht es in dem Mörderinnen-Musical „Chicago" zu, das in den 20er Jahren spielt und auf einer wahren Geschichte basiert. Zwei Mörderinnen (Roxie Hart, die ihren Liebhaber erschießt, weil er ihr eine Bühnenkarriere vorgaukelt, und Velma, die ihre Schwester tötet, weil sie sie mit ihrem Liebhaber betrügt), trunken von Jazz und Eifersucht, vor allem aber dem unstillbaren Hunger nach Bühnenberühmtheit, tanzen und singen sich aus der Todeszelle erst in den Blätterwald der Yellow Press, worauf sich dann sich ihr größter Wunsch erfüllt: eine eigene Show. Ihre Morde werden ihnen nicht zum Verhängnis, sondern sind der Schlüssel zum Erfolg. Der Stoff ist seit den 40er Jahren mehrfach inszeniert und verfilmt worden. Die Filmversion mit Richard Gere (2003) hat mehrere Oskars bekommen.

Noch bunter ist die Vielfalt der Charaktere in der französischen Musical-Komödie „8 Frauen" von Claude Chabrol. Der Film kreist um die (vermeintliche) Ermordung eines Unternehmers in den besten Jahren. Lustvoll werden die Intrigen und Lebenslügen einer großbürgerlichen Familie inszeniert, in der alle Frauen Motive für die Ermordung des einzigen Mannes haben – sei es die untreue Ehefrau (Catherine Deneuve), ihre neurotische Schwester (Isabelle Huppert), die lesbische Schwägerin (Fanny Ardant), die Tochter, die Schwiegermutter, die Zofe (Geliebte). Alle.

Deutlich lustiger geht es dagegen in der berühmten Kriminalgroteske „Arsen und Spitzenhäubchen" zu, in der der Theaterkritiker Mortimer Brewster (im Film Cary Grant) feststellen muss, dass seine älteren Tanten Abby und Martha älteren Herren mit hausgemachtem Holunderbeerwein zu einem vorzeitigen Ableben verhelfen. Die Leichen werden im Keller des Hauses bestattet. Die Tanten sind, wie Mortimer herausfinden muss, ebenso verrückt wie ihr Neffe Teddy, der sich für den (gleichnamigen) Präsidenten der Vereinigten Staaten hält und gerne die geforderte Beihilfe zum Mord leistet, indem er die Leichen in Panama (im Keller) als Gelbfieberopfer verscharrt. Zum Glück findet Cary Grant am Schluss heraus, dass der in seiner Familie gegenwärtige Wahnsinn nicht vererbt worden sein kann – er wurde adoptiert. Mortimers Bruder, ein steckbrieflich gesuchter Mörder, der nach einer missglückten Gesichtsoperation wie Frankensteins Monster aussieht, muss einsehen, dass seine Tanten viel gefährlicher und erfolgreicher beim Töten waren als er – wenn auch aus ganz anderen Motiven. Der Film spielt liebevoll und äußerst amüsant mit einer der Hauptfragen, mit denen sich auch die forensische Psychiatrie beschäftigt – psychisch kranken, „verrückten" Rechtsbrechern. Unter den Spitzenhäubchen lauert im Film der liebenswerte, nichtsdestotrotz tödliche Wahnsinn.

Zuletzt gab es 2004 sogar einen Oscar für die Darstellung einer weiblichen Massenmörderin. Die zu Drehbeginn 28-jährige Südafrikanerin Charlize Theron, eine bildschöne Schauspielerin, die für ihre Rolle in „Monsters" 13 kg zunehmen musste, spielt in diesem Film eine lesbische Serienmörderin. Stolz nahm sie im Gucci-Kleid die Ehrung entgegen, und Südafrikas Präsident Thabo Mbeki erklärte, sie habe bewiesen, dass „wir als Nation das Beste der Welt hervorbringen können". Ihr eigenes Leben war im Übrigen selbst nicht frei von Gewalt: Die zerrüttete Ehe der Eltern endete damit, dass der betrunkene Vater durch eine verschlossene Tür auf seine damals 15-jährige Tochter feuerte. Um Charlize zu schützen, schoss ihre Mutter aus Notwehr zurück und tötete den Vater. Laut Filmkritikern half Charlize Theron dieses Jugendtrauma, „die gequälte Seele" (SZ vom 02.03.2004) der Serienmörderin Aileen Wuornos so einfühlsam darzustellen.

Aileen Wuornos war 2002 in Florida als erste amerikanische Serienkillerin hingerichtet worden. Sie hatte als Prostituierte zwischen 1989 und 1991 sechs, nach ihren eigenen Angaben sogar sieben Männer getötet. Die 46-Jährige verzichtete auf ein Berufungsverfahren. „Mich zu verschonen bringt nichts", erklärte sie. In einem Brief an das Gericht teilte sie mit, dass sie jedes menschliche Leben hasse und wieder töten würde. Der Fall hat psychiatrische Aspekte: Gutachter hatten ihr eine Borderline-Persönlichkeitsstörung (bzw. Emotional instabile Persönlichkeitsstörung) attestiert. Aileen Wuornos war bei den Großeltern aufgewachsen, ihr Vater war wegen sexuellen Missbrauchs verurteilt worden und hatte sich im Gefängnis umgebracht. Aileen Wuornos hatte mit 14 ein Kind bekommen, später Alkohol und Drogen konsumiert und war Prostituierte geworden. Schon früher war über sie ein Film gedreht worden: „Der Todesstrich" (USA 1992). Im gleichen Jahr war sie schon einmal zu Tode verurteilt worden, hatte damals aber ihre Unschuld beteuert und angegeben, dass sie ihren Freier aus Notwehr erschossen hätte.

Bevor wir uns der Statistik (nach Max Weber die „Hure der Wissenschaft") zuwenden, sei noch ein Hinweis auch unter kriminologischen Aspekten gemacht: Der weibliche Platz im Mörderroulette (sitzt die Täterin nicht dichtend am Schreibtisch), ist meist nicht die Anklagebank, sondern der Opfertisch.

Aber eben nicht immer – wie wir sehen werden.

Die Literatur ist voll von Beispielen, die die Frau als Opfer von Gewalttaten sehen und dabei häufig auch die Tat überhöhen (s. dazu z. B. Bronfen 1994). Edgar Allen Poe schreibt 1846 dazu:

„Demnach ist der Tod einer schönen Frau der Gipfelpunkt aller Poesie, und am berufensten, dieses erhabene Thema zu erörtern, sind fraglos die Lippen des vereinsamten Liebenden." (Poe 1846, S. 73)

Straftäterinnen in der Literatur sind dagegen sehr viel seltener. Ein wichtiges Gegenbeispiel ist „Penthesilea" von Kleist.[2]

Wissenswertes zur Kriminalstatistik

Straftaten, vor allem Gewalttaten wie Mord und Totschlag, werden überwiegend mit dem männlichen Geschlecht in Verbindung gebracht – nicht zu Unrecht. Dabei haben aber Frauen in den letzten Jahrzehnten in manchen Bereichen deutlich aufgeholt. Die jährlich erscheinende polizeiliche Kriminalstatistik bietet dazu reichlich Erkenntnisse: Erfasst werden im Wesentlichen angezeigte Delikte und die ermittelten Tatverdächtigen. Die polizeiliche Kriminalstatistik sagt nichts über Verurteilungen aus – diese werden im Bundeszentralregister festgehalten –, auch nichts über den Anteil psychisch Kranker unter den Straftätern.

Für das Jahr 2002 teilt die Kriminalstatistik mit, dass insgesamt 2 191 604 erwachsene Tatverdächtige erfasst wurden, davon sind 1 684 464 (76,9%) Männer und 507 140 (23,1%) Frauen. Die Anzahl der Straftaten insgesamt hat dabei über die letzten zehn Jahre nicht zugenommen, sondern ist sogar leicht gefallen. Dabei handelt es sich allerdings nur um angezeigte Straftaten, nicht um Verurteilungen. Unter den 6 507 394 erfassten Delikten entfällt der Löwenanteil auf Diebstähle (ca. 3 Millionen) sowie Betrug (ca. 788 000) und Sachbeschädigung (ca. 722 048); 2664 Fälle von Mord und Totschlag sind erfasst worden.

Die Aufklärungsquote bei Mord ist die höchste bei allen Straftaten. Im Jahr 2000 betrug sie 94,7%. 1015 Tötungsdelikte sind vollendet, 2 072 versucht worden (insgesamt 3 087). 64,2% der Opfer waren männlich, 35,8% weiblich.

Deutliche Unterschiede gibt es hinsichtlich der Geschlechterverteilung, vor allem wenn man sich bei Morddelikten die Opferstruktur vergegenwärtigt. Unter den 1108 versuchten oder vollendeten Morden im Jahr 2000 waren insgesamt 41,4% der Opfer weiblich – bei Mord im Zusammenhang mit Raubdelikten nur 28,1%, bei Mord im Zusammenhang mit Sexualdelikten dagegen 92,6%. Sexualstraftaten und Sexualmorde werden fast ausschließlich von Männern begangen, die Opfer sind meist Frauen (rund 95 %).

Wie sieht es bei den Tätern aus?

Von den 3196 Beschuldigten von Mord- oder Totschlagsdelikten im Jahr 2000 waren 2802 (87,7%) Männer, 394 (12,3%) Frauen, also bei jeder achten Tat wurde eine Frau verdächtigt. Tötungsdelikte von Frauen sind immer noch die Ausnahme, aber keine Rarität mehr. Die Kriminalstatistik teilt auch Wissenswertes zur

---

2 In der Tragödie „Penthesilea" (1808) von Heinrich von Kleist (1777–1811) geht es um die erotische Leidenschaft, die Penthesilea, die Königin der Amazonen, mit dem Griechen Achill verbindet. Penthesilea tötet schließlich in sinnlosem Hass, Liebe und Raserei Achill „mit schaumbedeckter Lippe" und jagt ihm einen Pfeil durch den Hals. Am Ende ist ein furchtbares Erwachen und Penthesilea folgt Achill in den Tod. Für Achill ist die Amazonenkönigin „halb Furie, halb Grazie". Die grandiose Tragödie spielt reichlich mit der „tiefenpsychologischen Durchleuchtung extremer Möglichkeiten der Seele" (Nedden u. Ruppel 1981). Penthesilea vereint in ihrem widersprüchlichen Wesen Eros und Gewalt und mag daher als Archetyp der Mörderin aus Leidenschaft angesehen werden.

Beziehung der Tatopfer zu den Tatverdächtigen mit. Bei den 1982 männlichen Tatopfern kamen rund 15% der Tatverdächtigen aus der Verwandtschaft, 29% aus der Bekanntschaft, in den übrigen Fällen lag nur eine flüchtige oder keine Vorbeziehung vor. Bei den 1105 weiblichen Tatopfern kamen dagegen 47,6% der Tatverdächtigen aus der Verwandtschaft, 30,1% aus der Bekanntschaft – in anderen Worten: In über 75% der Fälle war das weibliche Tatopfer mit dem (meist männlichen) Täter verwandt oder bekannt, während dies bei den männlichen Tatopfern nur in rund 45% der Fälle der Fall war.

Der Anteil von Frauen bei kriminellen Handlungen betrug in Deutschland jahrzehntelang etwa 13%, wobei es sich vorwiegend um Eigentumsdelinquenz (Ladendiebstahl, Unterschlagung, Betrug) handelte, gelegentlich auch um eruptive (explosionsartige) Affektdelikte, deren Beurteilung eine häufige Frage an den psychiatrischen Gutachter ist. Ein merklicher Anstieg der Kriminalitätsrate lässt sich in den 70er Jahren erkennen.

Mittlerweile ist der Anteil von Frauen unter den Straftätern auf etwa 23% gestiegen. Die Erklärung dafür ist auch unter Fachleuten, wie zum Beispiel Kriminologen, umstritten. Als Gründe werden indirekte Effekte der feministischen Emanzipationsbemühungen genannt, andere weisen auf einen allgemeinen Werteverlust und einen dadurch bedingten Anstieg, vor allem der weiblichen Jugend- und Heranwachsenden-Kriminalität, hin. Immerhin ist interessant, dass in den letzten 20 Jahren Frauen immer häufiger „klassische männliche Gewalttätigkeit" auch im Bereich von Raub und Körperverletzung zeigen. Dagegen ist der Anteil der Frauen bei Straftaten gegen das Leben, insbesondere Mord oder Totschlag, etwas rückläufig, sodass man, wie der erfahrene forensische Psychologe Joachim Weber vermutet, „in der inzwischen größer gewordenen Autonomie der Frauen eine geringere Notwendigkeit zu solchen Konfliktlösungen vermuten könnte" (Weber 2000).

Ein Blick in die Todeszelle

In Deutschland ist die Todesstrafe seit dem Zweiten Weltkrieg abgeschafft. Die letzte Frau, die auf ihre Hinrichtung wartete, war Irma S., die wegen des Mordes an ihrem 5-jährigen Sohn Günther und ihrer 19 Monate alten Tochter Karin mit 27 Jahren „zweifach zum Tode" verurteilt worden war. Irma S. wartete rund 600 Tage auf die Guillotine, ein Henker war schon ausgesucht. Erst die Verabschiedung des Grundgesetzes rettete der Doppelmörderin den Kopf. Jahrzehnte später verstarb Irma S. nach Verbüßung der Straftat in einem Pflegeheim (s. Fittkau u. Küppersbusch 2000).

Anders ist die Lage in den USA, wo die Todesstrafe in zahlreichen Bundesstaaten noch angewandt wird. Das Verhältnis von Frauen zu Männern bei Festnahmen wegen Mordes beträgt 1 : 8, das Verhältnis unter Todeskandidaten allerdings nur 1 : 72. Von mehr als 700 Tätern, die seit 1976 in den USA hingerichtet wurden, sind nur 7 weiblich gewesen.

Exkurs:
Gewalttäterrisiko bei psychischen Störungen

Hartnäckig hält sich in der Bevölkerung die Ansicht, dass psychisch Kranke häufig gefährlich sind. Dafür spricht aber nicht viel. Die überwiegende Mehrzahl von Verbrechen, vor allem Aggressionstaten, werden von psychisch Gesunden verübt. Nur wenige psychische Störungen gehen mit einem deutlich erhöhten Risiko für Straftaten und – speziell – Gewalttaten einher. Das Stereotyp vom psychisch kranken Gewaltverbrecher ist also ein Märchen.

Die größte Bedeutung haben dabei sicher psychotische Störungen, vor allem schizophrene Erkrankungen. Schizophrenie ist mit einer Häufigkeit von 0,6 bis max. 1% in der Bevölkerung eine relativ seltene Störung, die meist zwischen dem 15. und 25. Lebensjahr, in manchen Fällen aber auch später beginnt.

Der Begriff wurde 1911 von E. Bleuler belegt, der das Charakteristische der Erkrankung darin sah, dass die Patienten in ihrem Denken und Fühlen „gespalten" sind. Leitsymptome der schizophrenen Erkrankungen, die sich sehr unterschiedlich darstellen können, sind bizarre Wahnideen, meist Verfolgungs- und Beziehungsgedanken, manchmal auch Eifersuchtswahn, Halluzinationen (oft in Form von Stimmenhören oder anderen akustischen Halluzinationen) sowie verschiedenste, häufig bizarre Verhaltensauffälligkeiten. Die Denkabläufe sind assoziativ gelockert bis völlig zerfahren, das Gefühlsleben ist oft gestört, häufig im Sinne einer Ambivalenz. In vielen Fällen wirken Gefühlsleben und Stimmung auch verflacht und vor allem unangemessen. Ausgeprägte Antriebsstörungen können hinzutreten, die Patienten wirken in sich zurückgezogen, autistisch, ohne Initiative und Antrieb. Das Durchhaltevermögen ist deutlich vermindert, und – je nach Schweregrad – sind die soziale Integration, die berufliche und persönliche Leistungsfähigkeit gering bis hochgradig betroffen. Manche schizophrenen Psychosen beginnen akut, typischerweise mit Wahngedanken und Halluzinationen, andere eher schleichend mit dann besonders ungünstigem Verlauf. Verschiedene andere Symptome wie motorische Störungen oder Zwangsgedanken und -handlungen können hinzutreten. Es gibt sowohl schubförmige als auch chronische Verläufe, wobei trotz Fortschritten durch moderne Medikamente (Neuroleptika und andere Psychopharmaka) und soziotherapeutische Maßnahmen, welche die Integration und Rehabilitation der Patienten verbessern sollen, die meisten schizophrenen Psychosen mehr oder weniger chronisch verlaufen. Maximal 30% der betroffenen Patienten bleiben dauerhaft symptomfrei, in vielen Fällen bleiben unterschiedlich ausgeprägte psychische Auffälligkeiten bestehen. Weitere Anmerkungen zur Schizophrenie werden bei Fall 6 gemacht (s. S. 152ff.).

Nicht nur das Psychotische, sondern auch das Bizarre und schwierig Vorhersagbare sowie die Probleme, das Denken und die Gefühle schizophrener Patienten zu verstehen, führen mitunter zu Fehleinschätzungen, auch was die Gewaltbereitschaft schizophrener Patienten angeht. Eine Reihe von Attentaten gegen Politiker oder Prominente sind auf das Konto psychisch Kranker, überwiegend schizophren Erkrankter zurückzuführen und haben das Bild dieser Erkrankung in der Öffentlichkeit deutlich geprägt: Zu nennen sind die Attentate auf den ehemaligen US-Präsidenten Ronald Reagan und die deutschen Politiker Oskar Lafontaine und Wolfgang Schäuble oder aber die Ermordung von John Lennon.

Gerade der unter dem Einfluss starker Wahnideen stehende Patient gilt als besonders schwer einschätzbar. Die Frage, wie häufig schizophren Erkrankte Gewalttaten verüben, ist Gegenstand intensiver Forschungen gewesen. Eine Reihe von Untersuchungen haben zum Beispiel gezeigt, dass schizophrene Patienten in Gefängnissen überrepräsentiert sind. Eine wichtige deutsche Untersuchung wurde von Böker und Häfner (1973) vorgelegt, die das Gewalttäterrisko bei psychisch Kranken, die ein Tötungsdelikt oder eine Körperverletzung begangen hatten, mit nichtgewalttätigen psychischen Kranken und mit Gewalttätern aus der allgemeinen Bevölkerung verglichen. Unter den psychisch kranken Gewalttätern nahm die Gruppe der Schizophrenen den größten Platz ein. Das geschätzte Risiko eines an Schizophrenie erkrankten Patienten, gewalttätig zu werden, betrug nach dieser Untersuchung 5 : 10 000 und war damit 9-mal so hoch wie bei anderen psychischen Störungen. Ähnliche Ergebnisse sind in einer Reihe anderer Untersuchungen bestätigt worden. Eine eigene Arbeitsgruppe hat vor kurzem eine von der Deutschen Forschungsgemeinschaft unterstützte Untersuchung durchgeführt, bei der die Einträge im Bundeszentralregister für eine große Gruppe von Patienten, die wegen einer schizophrenen Erkrankung stationär behandelt worden waren, für einen mehrjährigen Zeitraum nach der Entlassung nachverfolgt wurden. Immerhin waren rund 13 % der Patienten 7 bis 12 Jahre nach der Entlassung straffällig geworden, und unter den Straftaten fanden sich auch mehrere versuchte oder vollendete Tötungsdelikte (Soyka et al. 2004).

Das Risiko für Gewalttaten mit Todesfolge war demnach sogar höher als das in der Untersuchung von Böker und Häfner. Trotz allem: Die Mehrzahl schizophren erkrankter Patienten wird nicht straffällig, und Tötungsdelikte sind ausgesprochen selten, wenn auch etwas häufiger als in der Normalbevölkerung. Es ist eine ärztliche Aufgabe, die Therapie, aber auch die Prognose-Einschätzung bei schizophrenen Patienten so zu verbessern, dass das Gewalttäterrisiko noch weiter sinkt.

Zu den anderen psychischen Erkrankungen, die mit Gewalttaten einhergehen, gehören vor allem die Suchterkrankungen. Nicht nur Verkehrsunfälle, sondern auch Tötungsdelikte werden häufig unter Alkoholeinfluss verübt (20 bis 30 %). Alkoholismus, gelegentlich auch Drogenabhängigkeit, enden häufig in Gewalttätigkeit. Vor allem körperliche Auseinandersetzungen werden durch einen schweren Alkoholrausch begünstigt. Suchtkranke gehören auch zu den Patienten, die besonders häufig als psychisch kranke Rechtsbrecher im so genannten Maßregelvollzug in psychiatrischen Kliniken untergebracht werden. Interessanterweise wird gerade bei Tötungsdelikten von den Gerichten häufig eine verminderte oder sogar aufgehobene Schuldfähigkeit angenommen. So ist etwa aus der Strafverfolgungsstatistik 1991 ersichtlich, dass bei Strafverfahren insgesamt nur 0,07% aller Verurteilten als schuldunfähig, 2,0% als vermindert schuldunfähig angesehen wurden. Bei Sexualdelikten betrug die Rate 0,66% für Schuldunfähigkeit und 12,1% für verminderte Schuldfähigkeit, während bei Tötungsdelikten 11,6% als schuldunfähig exkulpiert und immerhin 45,7% als vermindert schuldfähig angesehen wurden. Diese Ergebnisse deuten allerdings nicht zwangsläufig darauf hin, dass ein Großteil der Angeklagten mit Tötungsdelikten psychisch krank war – vielmehr kann die häufige Zuerkennung verminderter Schuldfähigkeit bei Tötungsdelikten auch eine gewisse Scheu vor der möglichen Maximalstrafe widerspiegeln.

Die Waffen der Frauen

Hinsichtlich der eingesetzten Tötungsinstrumente gibt es zwischen Männern und Frauen seit jeher markante und nahe liegende Unterschiede. Männer töten ihre Opfer zum Teil mit bloßen Händen, erschlagen sie mit einfachen Werkzeugen, benutzen Messer und Pistole. Die typische weibliche Mörderin nimmt, dem althergebrachten Klischee entsprechend, Gift oder (neuerdings) Medikamente. Dass das Klischee der Giftmörderin nicht immer stimmt, werden die dargestellten Fallvignetten belegen – unter den beschriebenen Fällen dieses Buchs findet sich keine einzige Giftmörderin.

Die Kulturgeschichte ist seit der Antike voll von Giftmörderinnen. So soll zum Beispiel der römische Kaiser Claudius im Jahre 54 n. Chr. von seiner Frau vergiftet worden sein – wahrscheinlich mit einem Gericht von Kaiserlingen (Amanita Caesaria), das den Auszug oder Saft von grünen Knollenblätterpilzen enthielt (vgl. Weiler 1998).

Die Wahl des Mordwerkzeugs hat nicht nur kriminologische, sondern auch forensische und psychiatrische Aspekte. Wir werden uns später noch dem Begriff des Affektdeliktes zuwenden. Vorab schon dies: Der Täter, der aus einer Erregung oder aus einer Gefühlsaufwallung heraus tötet, wird vor Gericht meist anders beurteilt als derjenige, der die Tat geplant, kühl und überlegt vorbereitet hat. Die Giftmischerin handelt selten spontan, sondern überlegt und mit kalter Hand. Werden deswegen „männliche" Tötungsdelikte vor Gericht manchmal weniger hart geahndet als „weibliche" Taten, die naturgemäß seltener mit den eigenen Händen und kurz entschlossen verübt werden? Diese Einschätzung findet sich manchmal in der Literatur, sie ist jedoch umstritten.

Wissenswertes über die forensische Psychiatrie

Psychiatrie und Forschung: Woher kommen Geisteskrankheiten?

Zum Verständnis psychischer Störungen haben moderne Untersuchungstechniken viel beigetragen (s. Andreasen 2002). Neuere apparative Möglichkeiten, etwa im Bereich der Bildgebung des Gehirns, haben einen deutlichen Wissenszuwachs gebracht. Hier können zum Beispiel durch Computertomographie oder Kernspintomographie Schichtaufnahmen des Gehirns angefertigt werden, die Aussagen über strukturelle Veränderungen im Gehirn (z. B. Verletzungen, Blutungen, Tumoren) ermöglichen.

Trotzdem: Im Kern gelingt das Verständnis von psychischen Störungen nicht bei aufopferungsvollen Studien am Rattenhirn oder der intensiven Beobachtung so genannter Knock-Out-Mäuse[3], denen dieses oder jenes Gen fehlt und aus dessen Fehlen man dann auf Gründe für Depression oder Schizophrenie zurückschließen möchte. Man denke nur daran, wie eingeschränkt das Verhaltensrepertoire von Labormäusen und -ratten ist – entweder sie sind etwas mehr oder weniger ängstlich, bewegen sich etwas mehr oder weniger, fressen etwas mehr oder weniger oder sind in ihrem Paarungsverhalten verändert. Aus ihrem Verhalten werden zum Teil weitreichende Schlüsse über die Verursachung und Behandlung psychischer Störungen gezogen. Schizophren werden sie allerdings selten, und über mögliche Wahnvorstellungen erfährt man meistens nichts.

Auch die Aussagekraft moderner bildgebender Verfahren ist begrenzt. Zwar kann man abnorme Veränderungen der Gehirnstruktur durch Computertomographie oder Kernspintomographie sichtbar machen oder Stoffwechselvorgänge, zum Beispiel durch die Positronenemissionstomographie (PET), bei der entweder radioaktiv markierter Zucker (Glukose) oder Sauerstoff oder aber bestimmte Substanzen zugeführt werden, die Rezeptoren für Neurotransmitter markieren und so ihre Häufigkeit und Verteilung sichtbar machen – die Diagnose einer psychischen Störung lässt sich bislang durch kein wie auch immer geartetes Schichtbild, durch keine PET-Aufnahme alleine stellen. Die Diagnose einer Schizophrenie oder einer Depression erfolgt bis heute nicht aufgrund der Ergebnisse bildgebender Verfahren. Psychiatrische Diagnosen sind immer noch im Wesentlichen klinische Diagnosen, d. h. sie beruhen auf dem klinischen Bild, dem psychopathologischen Befund oder den Verhaltensbeobachtungen. Biochemische oder genetische Tests oder so genannte bildgebende Verfahren können eine bestimmte Diagnose nur wahrscheinlich machen, für sich alleine aber nicht begründen. Eine der wenigen Ausnahmen in diesem Bereich ist die Huntington-Chorea, eine vererbbare Erkran-

---

3 Knock-Out-Mäuse sind genetisch veränderte Mäuse, denen ein bestimmtes Gen fehlt (oder inaktiviert wurde). Dies ist ein beliebtes Forschungsmodell in der (psychiatrischen) Genetik (s. beispielsweise Andreasen 2002).

kung mit gesichertem Gendefekt, die sich klinisch durch hirnorganische Störungen und abnorme Bewegungen („Veitstanz") äußert und tödlich verläuft.

Das Verständnis für den einzelnen Patienten, den zu begutachtenden vermeintlichen psychisch Kranken (im Fachjargon: Proband), erschließt sich nur über die Kenntnis seines Lebenswegs, seiner Vorstellungen und Hoffnungen, der in der Familie, der Gesellschaft vermittelten Werte und Ansichten und seiner Persönlichkeit – jenem Amalgam aus Anlage, Erfahrung und Temperament, das die Psychiatrie so gerne beschreiben möchte, das aber so schwierig zu fassen ist. Wir setzen dazu, wie wir sehen werden, eine Reihe von Untersuchungsinstrumenten ein – Interviews, Fragebögen, Check-Listen, projektive Testverfahren. Manches lässt sich in diesen Tests abbilden und beschreiben, anderes weniger. Dennoch: Keiner dieser Tests ist wert- und kulturfrei. Selbst Intelligenztests kommen ohne Rückgriffe auf Wissen und Verständnis, auf Sprache und einige kulturelle Besonderheiten nicht aus. Man mag als Psychiater ein bestimmtes Störungsbild oder eine Krankheit an diesen oder jenen Symptomen erkennen und als Depression, Schizophrenie oder Alkoholabhängigkeit diagnostizieren – die Bedeutung der Störung für den Einzelnen, seine Heilungs- und Therapiechancen lassen sich ohne Kenntnis der Persönlichkeit, seiner Biografie, der Erlebniswelt kaum ermessen.

Wie wird man psychiatrischer Gutachter?

Die forensische Psychiatrie, die sich mit der Erstellung von Gutachten und Beurteilungen in allen möglichen Schattierungen beschäftigt, ist eher unbeliebt, weil die Kerngruppe von Menschen, mit denen sich die forensische Psychiatrie beschäftigt, nämlich die psychisch kranken Rechtsbrecher, ebenfalls unbeliebt und zum Teil gefürchtet sind. Gleichzeitig ist die forensische Psychiatrie für das äußere Erscheinungsbild der Psychiatrie äußerst wichtig. Der Anteil psychisch Kranker an Straftaten und speziell Gewalttaten ist eher gering, die Öffentlichkeit nimmt psychisch Kranke aber häufig als gemeingefährlich und unberechenbar wahr. Die Boulevard-Presse tut ihr Übriges. Jeder Ausbruch eines psychisch Kranken, eines im Maßregelvollzug (geschlossene Psychiatrie für verurteilte Straftäter) Untergebrachten, jede missverständliche, kontroverse oder sogar Fehlbegutachtung eines Mörders, jede falsche Prognose oder unsichere Therapieeinschätzung wiegt schwerer als alle Therapiefortschritte, die es sonst geben mag. Diese erreichen nie die erste Seite der Tagespresse, erschreckend selten auch den Wissenschaftsteil seriöser Tageszeitungen. Ein aus einer psychiatrischen Klinik entflohener Mörder schafft es problemlos.

Die Nachlässigkeit im Bereich Sicherheit in manchen forensischen Kliniken ist zu Recht ebenfalls Thema kritischer Berichterstattungen. Die Öffentlichkeit hat ein waches Auge und ein offenes Ohr, wenn es um Fragen der öffentlichen Sicherheit und ihrer Gefährdung durch Straftäter geht. Bei jedem verschwundenen Kind stellt sich sofort die Frage nach einem psychisch Kranken, der dahinterstecken mag.

Selbst in Literatur und Kunst wird der psychisch Kranke häufig als gefährlicher Irrer rezipiert, oder es wird zumindest mit diesem Bild gespielt. Man denke nur an Dürrenmatts großartige „Physiker": Die drei (vermeintlich) irren Physiker töten alle ihre Krankenschwestern, um unerkannt zu bleiben, die Strafe folgt auf dem Fuße – in Form einer wirklich verrückten Anstaltsdirektorin. Ein Mord in der Psychiatrie erscheint in den „Physikern" als etwas nicht nur Vorstellbares, sondern fast Normales. Auch in neueren Filmdramen wie dem Schizophrenie-Epos „A Beautiful Mind" klingt zumindest die Möglichkeit an, dass das geisteskranke Mathematikgenie seiner Frau und vor allem seinem Kind etwas antun könnte. Ein wesentlich drastischeres Beispiel ist der Film „Shining", in dem Jack Nicholson einen Alkoholiker spielt, der in einem abgelegenen Hotel wahnsinnig wird und versucht, Frau und Kind mit der Axt zu töten.

Gemeingefährliche Irre? Ja, es gibt sie, aber sie sind die Ausnahme. Die forensische Psychiatrie beschäftigt sich mit ihnen. Geisteskranke, Depressive, Alkoholkranke oder eifersüchtige, triebgesteuerte Täter – die meisten müssen zum Gutachter, und wehe, er irrt sich.

Die forensische Psychiatrie steht an der Schnittstelle zwischen Rechtswissenschaft und klinischer Psychiatrie, steht aber auch der Rechtsmedizin nahe. Tatsächlich gibt es einen breiten Überlappungsbereich zwischen Recht und Psychiatrie, aber auch Philosophie. Die forensische Psychiatrie berührt noch viel stärker als die klinische Psychiatrie in vielen Fragen die philosophische Problematik des „freien Willens", insbesondere bei der Frage, ob ein Straftäter schuldfähig war. Der Begriff spielt aber auch im Zivilrecht, bei Fragen der Geschäfts- und Einwilligungsfähigkeit eine große Rolle, also wenn es um die Gültigkeit von Verträgen oder Testamenten geht. Tatsächlich können psychische Erkrankungen nicht nur die Hirnfunktion, sondern auch den Willen eines Menschen beeinträchtigen, sodass ihm entweder vernünftige Willensäußerungen nicht mehr möglich sind oder er nicht mehr nach seinem eigenen Willen handeln kann. Ungesetzliches oder auch nur ungewöhnliches Verhalten heißt dabei keineswegs automatisch, dass eine Aufhebung der vernünftigen Willensentscheidung vorliegt – dies ist tatsächlich nur in Ausnahmefällen der Fall, eben gerade dann, wenn eine echte psychische Erkrankung vorliegt. Die Frage, ob und (gegebenenfalls) in welchem Ausmaß die psychischen Funktionen oder der „freie Wille" eines Menschen beeinträchtigt waren, ist gerade Kernaufgabe der Begutachtung in der forensischen Psychiatrie. Es ist augenfällig, dass dabei das rechtliche Verständnis und auch die rechtlichen Begriffsbestimmungen von den medizinischen bzw. psychiatrischen weit abweichen.

Neben medizinischen und juristischen haben auch soziologische Forschungsansätze und daraus abgeleitete kriminologische Theorien große Bedeutung für das Verständnis von Straftätern, aber auch speziell psychisch kranken Rechtsbrechern gewonnen. Dabei werden Straftaten nicht ausschließlich dem Individuum, also dem Einzelnen, zugeordnet, sondern im Spannungsfeld des jeweiligen gesellschaftlichen Systems und Rechtssystems gesehen. Kriminalität wird nicht nur auf den Mikrokosmos (Familie, Freunde, Arbeitswelt), der den einzelnen Täter oder auch das Opfer umgibt, zurückgeführt, sondern auch auf den Makrokosmos von Gesellschaft, Wirtschaft, Recht und Politik. In diesem Buch wird bei den geschilderten Fällen die Betrachtung des Mikrokosmos größeres Gewicht haben als die des Makrokosmos.

Kurzer Abriss zur Historie

Unter historischen Aspekten ist es interessant, dass lange bevor sich die Psychiatrie als eigene medizinische Disziplin überhaupt gebildet hat, schon im römischen Recht „furiosi" (die Rasenden) oder „mente capti" (die Verblödeten) bzw. „dementes" (Toren) straffrei blieben. Man ging davon aus, dass diese durch ihr Schicksal schon genug belastet und bestraft seien.

Im späten griechisch-römischen Altertum (6. Jahrhundert n. Chr.) kannte man sechs psychiatrische Exkulpierungsgründe, nicht unähnlich den heutigen diagnostischen Einteilungen.

Unter dem römischen Kaiser Justitian (483–556) gab es bereits so genannte Kuratoren für Personen, die wegen Verstandesschwäche („imbecilitas") in ihrer Verfügungsfreiheit eingeschränkt waren. Das römische Recht legte allerdings nicht genau fest, wer den Geisteszustand des Angeklagten zu beurteilen hatte. Immerhin haben sich Ärzte wie Gallenus (129–201) auch mit Geisteskrankheiten befasst.

Im kanonischen Recht wurden im Mittelalter in der Frage nach Strafausschließungsgründen römische Traditionen fortgesetzt. Erstmals in der Rechtsgeschichte wurde jetzt allerdings ein Täter bestraft, weil er sich schuldhaft in einen die Zurechnungsfähigkeit beeinträchtigenden alkoholischen Rauschzustand versetzt hatte.

Im Übergang vom Mittelalter zur Aufklärung spielte Paolo Zacchia (1584–1659), den man als Begründer der forensischen Psychiatrie sehen kann, eine große Rolle. Er war der Leibarzt zweier Päpste und Berater der Rota Romana und empfahl, bei bestimmten Verfahren Ärzte hinzuzuziehen. In den meisten deutschen Reichsstädten und Fürstentümern wurden im Mittelalter Geisteskranke nicht mit dem Tode bestraft, sondern anderweitig „unschädlich gemacht". In der Gesetzesgebung des „Heiligen Römischen Reiches Deutscher Nation" wurde 1532 durch Karl V. die „Constitutio criminalis carolina" eingeführt, die den öffentlichen Charakter der Strafe betonte. Geisteskranke wurden in Mitteleuropa dabei nicht bestraft. Wahrscheinlich wurden Ärzte erst ab dem 18. Jahrhundert gehört, wenn es um Fragen der freien Willensbestimmung ging.

Auch im Laufe des 18. Jahrhunderts bestanden noch Unsicherheiten, wer die verminderte Willensfreiheit eines Menschen zu beurteilen hatte. Kant (1724–1804) meinte dazu 1798 in einer Anthropologie, dass es sich dabei um ein psychologisches und nicht um ein medizinisches Problem handelt:

„Eine gerichtliche Arzneikunde betreibt, wenn es auf die Frage ankommt, ob der Gemütszustand des Täters Verrückung oder mit gesundem Verstande genom-

mene Entschließung sei, Einmischung in fremdes Geschäft." (Kant 1798, zit. n. Nedopil 2000)

Mit der Etablierung einer eigenen Krankheitslehre über psychiatrische bzw. geistig-seelische Störungen und deren systematische Beschreibung (etwa ab der zweiten Hälfte des 18. Jahrhunderts) begann aber auch der Einfluss von Ärzten bei der Beurteilung der „freien Willensbestimmung" zu wachsen. Philippe Pinel (1745–1826) versuchte als einer der ersten, psychiatrische Krankheitsbilder detailliert zu beschreiben. Sein Schüler Joan Etienne Dominique Esquirol (1772–1840) entwarf die so genannte „Monomanien-Lehre", die zunächst großen Einfluss auf die forensische Psychiatrie hatte. Noch heute erinnern Begriffe wie „Pyromanie" oder „Kleptomanie" an Esquirol. Auch wenn die Monomanien-Lehre später heftig angefeindet wurde, hatte sie eine große Bedeutung für die Entwicklung der forensischen Psychiatrie, im Übrigen auch für die Gesetzgebung.

Aus medizinhistorischer Sicht sei noch eine spezielle Entwicklungslinie gezeichnet, nämlich die so genannte Entartungslehre, die auch im Bereich der forensischen Psychiatrie und der Kriminalanthropologie große Bedeutung hatte. Hier wurde zum Beispiel von Caesare Lombroso (1836–1910) in seinem 1876 erschienenen Werk „Delinquente nato" beschrieben, dass Geisteskrankheit und Kriminalität eine ähnliche Genese haben. Erbfaktoren, eine ausschweifende Lebensführung, Alkoholismus wurden als wichtige Voraussetzungen von Kriminalität und Geisteskrankheit angesehen. Nach Ansicht von Lombroso waren die Verbrecher Menschen, die auf eine sehr niedrige Evolutionsstufe zurückgesunken waren, wobei diese Degeneration sich nicht nur in ihrem Verhalten äußerte, sondern auch an anatomischen Merkmalen feststellen ließ. Es zeigte sich aber, dass diese Degenerationslehre wissenschaftlich nicht haltbar war. Trotzdem fand sie immer wieder ein gewisses Echo, gerade in radikalen Ideologien und einem menschenverachtenden Umgang mit psychisch Kranken, wie zum Beispiel in der Zeit des Nationalsozialismus.

In der ersten Hälfte des 19. Jahrhunderts wuchs nicht nur das Verständnis für psychische Störungen, vielmehr waren auch Reformbewegungen der Rechtssprechung entstanden und ein gewisses Bedürfnis nach Fachwissen über psychische Erkrankungen, um es für die Rechtssprechung nutzbar zu machen. Fragen nach charakterologischen Voraussetzungen und Motiven des Verbrechers wurden aufgeworfen. Das Problem war jetzt: „Wer kann bestraft werden?" und nicht mehr „Was muss man wie bestrafen?" (Foucault 1976) Das Problem, ob es überhaupt einen freien Willen gibt und wie man ihn definiert, ist bis heute in allen ihren psychiatrischen, rechtlichen und philosophischen Aspekten nicht geklärt und zieht sich durch die wissenschaftliche Auseinandersetzung über die strafrechtliche Verantwortlichkeit von Straftätern.

Ein besonders tragischer Aspekt des Gutachterwesens soll nicht verschwiegen werden: (Psychiatrische) Gutachter waren im Dritten Reich auch an der Selektion so genannten lebensunwerten Lebens beteiligt – eine besonders grausame Pervertierung des Gutachterwesens in einer unmenschlichen Zeit.

Die Massentötung und Vernichtung „lebensunwerten Lebens" und ihre „wissenschaftlichen" Vorbereitungen sind durch einige Juristen und Psychiater gedanklich vorbereitet worden: Berühmt geworden ist die Schrift „Die Freigabe der Vernichtung lebensunwerten Lebens" des Leipziger Juristen K. Binding und des Freiburger Psychiaters Alfred Hoche von 1920. Diese lieferten letztlich die ideologische Grundlage und Rechtfertigung für Angriffe auf die Freiheit, schließlich sogar auf die Ermordung psychisch Kranker.

In dieser Schrift stellte Binding die Frage: „Gibt es Menschenleben, die so stark die Eigenschaft des Rechtsgutes eingebüßt haben, dass ihre Fortdauer für die Lebensträger wie für die Gesellschaft dauernd an Wert verloren hat?" Dies gelte u. a. für Krebskranke, Tuberkulöse und tödlich Verwundete, aber eben auch für „unheilbar Blödsinnige". Diese aus einem radikalen Sozialdarwinismus stammenden Überlegungen bereiteten der späteren Vernichtung „lebensunwerten Lebens" durch die Nationalsozialisten den Boden, sind aber in den 20er Jahren gerade auch von der psychiatrischen Fachwelt eher ignoriert, zum Teil totgeschwiegen worden (s. dazu u. a. Meyer 1988).

Diese Schrift und das Leben und Werk von Alfred Hoche (1865–1943) haben nicht nur in der psychiatrischen, sondern auch der geisteswissenschaftlich-philosophischen Literatur breiten Nachklang gefunden (s. Müller-Seidl 1999). Hoches Interesse für das Grenzgebiet der forensischen Psychiatrie war groß, auch während seiner Zeit als Ordinarius für Psychiatrie in Freiburg. Von ihm stammen auch Aufsätze wie „Die Todesstrafe ist keine Strafe" (1932), in dem er argumentiert, dass sie weniger als das Verbüßen von zehn Jahren Freiheitsstrafe bedeute, da ihre Vollstreckung kurz und schmerzlos vor sich gehen könne. Hoche schlägt die „Ausschaltung" von Verbrechern aus der menschlichen Gesellschaft vor. Die oben erwähnte Schrift „Die Freigabe der Vernichtung lebensunwerten Lebens" (Binding u. Hoche 1920) ist noch vor dem Ersten Weltkrieg konzipiert worden. Von humanitären Ideen, die bei anderen Zeitgenossen Hoches zu ähnlichen Überlegungen geführt haben – und wie sie im Moment in anderem Zusammenhang mit der aktuell aufkeimenden Diskussion zur Sterbehilfe (Euthanasie) wieder vermehrt hörbar werden –, ist bei Hoche wenig zu spüren.

Gesetzliche Grundlagen

Die gesetzlichen und rechtlichen Entwicklungen haben der Erkenntnis, dass es psychisch kranke Rechtsbrecher gibt, Rechnung getragen. Schon im Strafgesetzbuch des Deutschen Reichs von 1871 wurde ein Strafausschluss wegen psychischer Erkrankungen festgelegt. Allerdings gab es noch keine „verminderte Schuldfähigkeit", wie sie das heutige Strafgesetzbuch kennt. Vereinfachend kann man sagen, dass es 1871 nur eine Schwarz-Weiß-Lösung gab: Entweder es lag eine psychische Erkrankung (Bewusstlosigkeit oder krankhafte Störung der Geistestätigkeit) vor, die eine freie Willensbestimmung ausschloss, oder eben nicht (s. Krafft-Ebing 1892).

Erst später wurden Zwischenstufen zwischen „gesund" und „krank" gezogen. In der Strafrechtsreform 1933 wurde im § 51, Abs. 2 eine verminderte Zurechnungsfähigkeit eingeführt.

Die vom Juristen formulierten so genannten Eingangsmerkmale (Bewusstseinsstörung, Geistesschwäche, krankhafte Störung der Geistestätigkeit) sind seither praktisch unverändert geblieben. In der Strafrechtsreform von 1975 wurde dieser juristische Merkmalskatalog noch einmal ergänzt und erweitert (s. Nedopil 2000).

Die relevanten Strafrechtsparagraphen (s. Tab. 1) kennen heute vier so genannte Eingangsmerkmale oder Obergruppen psychischer Erkrankungen, die für die Aberkenntnis der Schuldfähigkeit von Bedeutung sein können:
- krankhafte seelische Störung
- tiefgreifende Bewusstseinsstörung
- Schwachsinn
- schwere seelische Abartigkeit

Tab. 1: Wichtige Strafrechtsparagraphen

- § 20 StGB Schuldunfähigkeit wegen seelischer Störungen: „Ohne Schuld handelt, wer bei Begehung einer Tat wegen einer krankhaften seelischen Störung, wegen einer tiefgreifenden Bewusstseinsstörung oder wegen Schwachsinns oder einer schweren anderen seelischen Abartigkeit unfähig ist, das Unrecht einer Tat einzusehen oder nach dieser Einsicht zu handeln."

- Zu den Voraussetzungen der Schuldunfähigkeit:
  - krankhafte seelische Störung: exogene Psychosen, Epilepsie, progressive Paralyse, Demenz, Hirnatrophie, Alkoholintoxikation
  - tiefgreifende Bewusstseinsstörung: z. B. schwere Schlaftrunkenheit, starke Übermüdung, hypnotische Zustände, hochgradige Affekte
  - Schwachsinn: angeborene Intelligenzschwäche, Formen von Idiotie, Imbezilität, Debilität
  - schwere andere seelische Abartigkeit: Persönlichkeitsstörungen (Psychopathien), Neurosen, Triebstörungen

- Wird aufgrund einer psychiatrischen Erkrankung Schuldunfähigkeit festgestellt, kann der Täter nicht bestraft werden. Es stellt sich allerdings die Frage nach Maßregeln der Besserung und Sicherung gem. §§ 63 oder 64 StGB, wenn die psychische Störung länger dauernd besteht bzw. wenn weitere erhebliche Straftaten zu erwarten sind.

- § 21 StGB Verminderte Schuldfähigkeit: „Ist die Fähigkeit des Täters, das Unrecht der Tat einzusehen oder nach dieser Einsicht zu handeln, aus einem der in § 20 bezeichneten Gründe bei der Begehung der Tat erheblich vermindert, so kann die Strafe nach § 49 Abs. I gemildert werden."

Fortsetzung auf S. 22

Tab. 1: Wichtige Strafrechtsparagraphen (Fortsetzung)

- § 63 StGB Unterbringung in einem psychiatrischen Krankenhaus: „Hat jemand eine rechtswidrige Tat im Zustand der Schuldunfähigkeit (§ 20) oder der verminderten Schuldfähigkeit (§ 21) begangen, so ordnet das Gericht die Unterbringung in einem psychiatrischen Krankenhaus an, wenn die Gesamtwürdigung des Täters und seiner Tat ergibt, dass von ihm infolge seines Zustandes erhebliche rechtswidrige Taten zu erwarten sind und er deshalb für die Allgemeinheit gefährlich ist."

- Gemäß § 136 StVollzG richtet sich die Behandlung der aufgrund des § 63 StGB Untergebrachten nach ärztlichen Gesichtspunkten.

- Bei der Maßregel im Sinne des § 63 muss die Schuldfähigkeit zumindest erheblich gemindert sein bzw. die Schuldunfähigkeit nicht ausgeschlossen werden können.

- § 64 StGB Unterbringung in einer Entziehungsanstalt (maximal 2 Jahre):
  - „Hat jemand den Hang, alkoholische Getränke oder andere berauschende Mittel im Übermaß zu sich zu nehmen und wird er wegen einer rechtswidrigen Tat, die er im Rausch begangen hat oder die auf seinen Hang zurückgeht, verurteilt oder nur deshalb nicht verurteilt, weil seine Schuldunfähigkeit erwiesen oder nicht auszuschließen ist, so ordnet das Gericht die Unterbringung in einer Entziehungsanstalt an, wenn die Gefahr besteht, dass er infolge seines Hanges erhebliche rechtswidrige Taten begehen wird."
  - „Die Anordnung unterbleibt, wenn eine Entziehungskur von vornherein aussichtslos erscheint."

- § 126a Strafprozessordnung (Einstweilige Unterbringung): „Wird während des Ermittlungsverfahrens festgestellt, dass die Voraussetzungen für die Unterbringung in einem psychiatrischen Krankenhaus oder in einer Entziehungsanstalt nach den §§ 63f, 64 StGB vorliegen, so kann der Haftrichter aufgrund eines psychiatrischen Gutachtens eine einstweilige Unterbringung nach § 126a StPO anordnen. Sie dauert bis zur Hauptverhandlung oder bis die Voraussetzungen für die Unterbringung entfallen. Die einstweilige Unterbringung soll eine möglichst frühzeitige Behandlung eines psychisch kranken Rechtsbrechers sichern. Sie ersetzt im Übrigen die Untersuchungshaft."

Diese juristisch definierten Eingangsmerkmale mit psychiatrischem Leben zu füllen, sie sozusagen in medizinisches Fachwissen zu übersetzen oder dieses anzuwenden, ist Aufgabe der forensischen Psychiatrie. Dabei weicht der medizinische Krankheitsbegriff von dem juristischen Krankheitsbegriff erheblich ab. Dass es dabei Verständigungsprobleme zwischen Arzt, Psychologen und Juristen gibt, ist nachvollziehbar.

Eine wichtige Frage für den psychiatrischen Gutachter betrifft auch die nach der Unterbringung psychisch kranker Rechtsbrecher im so genannten Maßregelvollzug. Dieser wurde mit der Strafrechtsreform 1933 eingeführt. Sicherheitsaspekte standen dabei ganz im Vordergrund, d. h. der Schutz der Allgemeinheit vor dem psychisch Kranken. Psychisch kranke Rechtsbrecher können gemäß § 63 StGB in einer psychiatrischen Klinik ohne zeitliche Begrenzung untergebracht werden, wenn entweder eine aufgehobene oder zumindest verminderte Schuldfähigkeit (§§ 20, 21 StGB) angenommen worden ist und die psychische Störung, die zur Annahme der §§ 20, 21 StGB geführt hat, nicht nur vorübergehend bestand. Schließlich, eine häufige Frage an den psychiatrischen Gutachter, muss auch ein Zusammenhang zwischen Straftat und Störung bestehen und das Risiko für weitere erhebliche Straftaten aufgrund der psychischen Störung groß sein. In der Regel sind dort Straftaten gegen Leib und Leben und Gewalttaten, aber auch schwerwiegende Vermögensdelikte gemeint. Suchtkranke Patienten, die straffällig geworden sind, können nach § 64 StGB untergebracht werden. Für Suchterkrankungen gibt es dabei zwei gesonderte Regelungen:

- Im Gegensatz zum Maßregelvollzug gemäß § 63 StGB, der dauerhaft oder zumindest langjährig sein kann, ist die Unterbringung nach § 64 StGB auf maximal zwei Jahre begrenzt und kann unterbleiben, „wenn die Heilungsaussichten und Therapieaussichten von vornherein als sinnlos eingeschätzt werden". Diese Einschränkung kennt der § 63 StGB nicht. Daraus lässt sich schon ersehen, dass der Maßregelvollzug invasiver sein kann als eine lebenslange Freiheitsstrafe, denn anders als diese kann er tatsächlich ein Leben lang dauern.
- Nach der neuen Rechtssprechung des Bundesverfassungsgerichtes darf eine Unterbringung nach § 64 StGB nur angeordnet werden, wenn hinreichend konkrete Aussichten auf Erfolg bei Ende der Behandlung bestehen, also ein begründeter therapeutischer Optimismus vorliegt.

Maßregelvollzug heißt nicht Gefängnis, wohl aber Therapie psychisch kranker Rechtsbrecher unter besonderen Sicherheitsauflagen. Tatsächlich ähneln psychiatrische Kliniken, in denen Patienten im Maßregelvollzug behandelt werden baulich und in ihrem Sicherheitsstandard oft stark Gefängnissen, und die Öffentlichkeit hat ein besonders wachsames Auge auf mögliche Entweichungen aus dem Maßregelvollzug. Je nach Schweregrad sind im Verlauf der Behandlung von Patienten im Maßregelvollzug bestimmte Lockerungen möglich, d. h., dass der Patient bei positivem Verlauf zunehmend Möglichkeiten erhält, sich auch innerhalb und letztlich außerhalb der Einrichtung zu bewegen und zu bewähren. Sicherheitsbedenken und Konflikte im Umfeld solcher Einrichtungen sind dabei verständlicherweise häufig – und zuweilen auch berechtigt.

Interessanterweise steigt in den letzten Jahren, umgekehrt proportional zur sonstigen Entwicklung in psychiatrischen Krankenhäusern, die Zahl der im Maßregelvollzug untergebrachten psychisch Kranken stark an. Forensische Experten werden also gesucht, sind aber rar. Die Deutsche Gesellschaft für Psychiatrie, Psychotherapie und Nervenheilkunde (DGPPN) als Fachgesellschaft der Psychiater und Nervenärzte hat diesen Missstand im Übrigen erkannt und vor einigen Jahren eine Qualifizierungsoffensive (so genannte Zertifizierung) in diesem Bereich angeregt. Die Zahl der auf diesem Gebiet Erfahrenen ist aber immer noch sehr gering.

Die forensische Psychiatrie hat in der Psychiatrie eine Außenseiterstellung und zieht deshalb vielleicht auch den ein oder anderen akademischen Außenseiter an. Nur wenige deutschsprachige Forensiker haben ein eigenes wissenschaftliches Format, das über die Einstellung von Gutachten hinausgeht, ganz wenige sind von internationalem Rang.

Ein wenig will dieses Buch Lust machen an der Beschäftigung mit diesem Gebiet und seinen Problemstellungen. Der Fokus wird dabei auf dem Aspekt der weiblichen Gewalt liegen.

1. Fall
Sabine – die verlorenen Kinder

Im Fall 1 geht es um eine krebskranke Frau, die in einer für sich selbst aussichts-
losen Situation sich und ihre drei Kinder töten will. Sie überlebt nur knapp, die
Kinder sterben. Welche psychischen und sozialen Wurzeln hat diese fürchterliche
Verzweiflungstat?

Die Tat

Dieser Fall führt in die großstadtnahe oberbayerische Provinz, in die Idylle und
deshalb in das Grauen. Der Tatort ist der Wohnort von Sabine Mühlhäuser, einer
40-jährigen Rechtsanwaltsgehilfin, geschiedene Mutter dreier Kinder. Sie hat ihre
schlafenden Kinder in einer Märznacht getötet. Wir werden noch hören, wie.

Sabine lebt von ihrem Mann getrennt, die Ehe ist lange zerrüttet. Geldsorgen
quälen Sabine, auch schwere gesundheitliche Probleme. An ersteren ist sie nicht
schuldlos. Sie wohnt in einer Wohnung in einem Haus, das ihren Schwiegereltern
gehört. Zusammen mit ihren Kindern bewohnt sie eine Wohnung im ersten Stock.
Die Großeltern sehen sie zuletzt am Abend vor der Tat. Am nächsten Morgen ist
geplant, dass Sabine mit ihrer Schwiegermutter wegen eines Autokaufs eine Fahrt
unternehmen will. Die Schwiegereltern wohnen im Erdgeschoss. Am Abend der
Tat hören sie nichts Verdächtiges.

Sabines Schwiegermutter steht am nächsten Morgen um 07.00 Uhr früh auf,
um eine Stunde später mit ihrer Schwiegertochter wegzufahren. Im Laufe des
Morgens fällt ihr auf, dass im 1. Stock keine Geräusche zu hören sind, wie sonst
– keine Stimmen von Kindern, keine Fußschritte. Die Wohnungstüre ist verschlossen. Sabines Schwiegermutter läutet mehrfach. Der Schwiegervater nimmt
schließlich eine Leiter und steigt auf den Balkon. Die Balkontüre ist verschlossen.
Durch die Tür sieht er den 11-jährigen Vincent, von dem er glaubt, dass er schläft.

Die Großeltern rufen eine Schreinerei an. Ein Handwerker erscheint, es gelingt
ihm schließlich über das gekippte Fenster eines Zimmers gewaltsam in die Wohnung einzudringen. Er sperrt von innen die Eingangstüre auf, und die Schwiegereltern betreten die Wohnung ihrer Schwiegertochter. Zunächst finden sie Vincent,
dann die 10-jährige Julia – tot in ihren Betten. Sofort verständigt die Großmutter
den Hausarzt und die regionale Polizeiinspektion. Der Hausarzt kann nur den Tod
von Vincent sowie den 10-jährigen Zwillingen Julia und Carola feststellen.

Ein makabres Detail am Rande: Auch die in der Wohnung befindliche Hauskatze ist von Sabine getötet worden.

Auch Sabine wird gefunden.

Aus dem Polizeiprotokoll:

„Die Mutter der Kinder wurde leblos in der gefüllten Badewanne des Badezimmers aufgefunden. Das Badewasser war blutdurchtränkt, Sabine Mühlhäuser war nicht ansprechbar. Auf dem Badboden war reichlich Blut erkennbar. Herr Dr. Wimmer und der Polizeibeamte Mösl bargen Sabine Mühlhäuser ..."

Was hier in der nüchternen Polizeisprache festgestellt wird, sieht auf Fotos vom Tatort farbig und blutrot, wie ein Schlachtfest aus. Offensichtlich war Sabine zunächst für tot gehalten worden. Das Bild von ihr, wie sie in der Badewanne liegt, das Blut im Wasser und an den Kacheln, die tiefrot getränkt sind, prägt sich dem Gutachter ein. Der Notarzt kümmert sich zunächst gar nicht um Sabine. Einem Polizisten fällt eine leichte Bewegung des Badewannenwassers auf – letzte Atemzüge, trotz zahlreicher Stichverletzungen und einem riesigen Blutverlust. Neben den etwa zehn schweren Stichverletzungen hat Sabine auch versucht, sich mit einem Föhn zu töten.

Sabine wird vom Rettungshubschrauber schließlich mit schweren Stichverletzungen an Hals, Brust und Schnittverletzungen an den Handgelenken in ein Universitätsklinikum geliefert. Sie überlebt nur knapp.

Wir werden weiter unten noch lesen, wie die Kinder zu Tode gekommen sind. Die ersten Eindrücke der Polizisten: Vincent ist erdrosselt oder erstickt worden, die Zwillingsmädchen weisen im Kopf- und Brustbereich Hiebverletzungen auf. In einem Schrank wird eine 1,2 kg schwere Axt als Tatwerkzeug sichergestellt. Auf der Küchenzeile finden die Polizisten einen 4-seitigen Abschiedsbrief.

Das Polizeiprotokoll:

„Sabine Mühlhäuser wurde vor 2 Jahren von ihrem Ehemann Bernhard Mühlhäuser geschieden. In letzter Zeit hatte sie ihre drei Kinder bei sich und hatte sie, soweit als möglich, zu versorgen. Ihr geschiedener Ehemann zahlte angeblich keinen Unterhalt, was ihre prekäre finanzielle Lage noch mehr verschlechterte. Auch soll es immer wieder bei unregelmäßigen Besuchen des geschiedenen Ehemannes zu Streitereien und dabei körperlichen Auseinandersetzungen und Sachbeschädigungen in der Wohnung gekommen sein. Teilweise mussten die Schwiegereltern ihre Schwiegertochter finanziell unterstützen.

Erste Ermittlungen zeigen noch andere Problemfelder. Aus einem Telefonat mit der Arztpraxis Dr. Wimmer ergibt sich, dass bei Sabine wenige Wochen zuvor ein Brustkrebs diagnostiziert worden war. Eine Operation stand unmittelbar bevor.

Noch am selben Tag wird Sabines ein Jahr älterer Ex-Mann befragt. Er gibt an, dass aufgrund verschiedener Vermögensdelikte seiner geschiedenen Frau das Haus hochbelastet war und versteigert werden sollte. Nach der Scheidung war ihm das Sorgerecht für Vincent, seiner Frau das Sorgerecht für die Zwillingsmädchen zugesprochen worden. Vincent hatte bis zum Herbst vor der Tat bei ihm gewohnt, seither wieder bei der Mutter. Herr Mühlhäuser hatte zugestimmt, als seine geschiedene Frau ihn darum gebeten hatte und außerdem Vincent beklagte, dass er kaum noch seine Schwestern sehe."

Laut Herrn Mühlhäuser hatte seine geschiedene Frau ein sehr inniges Verhältnis zu den gemeinsamen Kindern. Zu seiner geschiedenen Frau hielt er nur äußerst sporadischen Kontakt, zuletzt war er am Dienstag dieser Woche bei ihr und hat mit ihr gesprochen, Streit gab es dabei nicht ...""

Der Abschiedsbrief

Sabines Abschiedsbrief spricht Bände:

„An alle meine Lieben, für Mutti, Oma ...
Ich stehe vor dem absoluten Chaos, mein Leben ist kein Leben mehr, sondern nur noch ein Spießrutenlauf. Jeder sagt mir, so geht es nicht mehr weiter, und jeder davon hat recht. Ich habe so viele Menschen derart enttäuscht durch meine Lügen, durch das ewige Hinhalten, weil ich immer daran geglaubt habe, den Karren noch aus dem Dreck ziehen zu können. Ich hatte gehofft, den großen Gewinn zu machen, endlich alle Schulden begleichen zu können. Aber das Glück war nicht auf meiner Seite, es hat sich schon lange von mir abgewandt, jedem Menschen bringe ich Unheil und Kummer. Dass ich die Kinder mitnehme, werdet ihr nicht verstehen, aber was hätten sie für eine Zukunft? Sie würden das nicht verkraften, ein Vater, zu dem sie kein Vertrauen haben, der nicht mit seinen Eltern spricht, wo nur Hass regiert? Nein, das kann keine Zukunft sein. Es wird schwer werden für alle, aber ihr werdet darüber hinwegkommen. Es ist niemand mehr da, der ständig um Geld bettelt und jammert. Die Schlinge um meinen Hals hat sich so eng zugezogen, dass es kein Morgen mehr geben kann.
Ich bitte euch nur noch um eins, keine Schuldzuweisungen, schon gar nicht dem Bernhard gegenüber. Ich habe ihm wirklich alles genommen, und er hat nichts wie Ärger und Schulden – wegen mir.
Der bevorstehende Unterhaltsprozess, ich kann es nicht tun. Ich bin wirklich allein schuld daran, dass alles so gekommen ist, ich ganz alleine ... Ständig rufen Leute an, die Geld von mir bekommen, oder sie kommen ins Haus. Ich habe nicht mehr die Courage und Kraft, mich dem Ganzen zu stellen. Meine Luftschlösser sind zusammengefallen, es gibt keine Hoffnung mehr, niemanden, der mich noch stützt und mir helfen würde.
Zum anderen ist da noch meine Krankheit, ich weiß nicht, was auf mich zukommt, und ich hätte es nur durchgestanden, wenn ich vorher alles in Ordnung hätte bringen können.
... es war grauenvoll, die Menschen die ich liebe, zu bemühen in der Hoffnung, dass ja doch noch alles gut wird. Ich hätte es mir für uns alle so sehr gewünscht, aber es soll nicht sein. Der liebe Gott hat mich wahrscheinlich schon lange verdammt, ich sehe es ein, dass ich in dieser Welt verloren habe. Bitte verzeiht mir!
Oma, wenn du uns gefunden hast, bitte verständige nicht die Mama, sondern den Karl übers Handy ... und die Moni hat die Nummer ... und zuletzt: Jetzt ist es schon 08.00 Uhr morgens, ich war die ganze Nacht wach, bis um 04.00 Uhr habe ich im-

mer wieder alles abgewägt, aber mein Entschluss blieb. Es war furchtbar mit den Kindern, ich wollte keine solche Sauerei machen, aber es ging nicht anders, weil der Vincent so gelitten hat. Ich bin so ein Stück Dreck, mir graust vor mir selbst."

Die Ermittlungen

Über den Tathergang kann es nach erstem Augenschein wenige Zweifel geben, über Motive und Hintergründe schon. Die Polizei beginnt ihre Ermittlungen, befragt erste Angehörige.

Die zwei Jahre ältere Schwägerin von Sabine will wenig bemerkt haben. Den Scheidungsgrund will sie nicht gekannt haben. „Ich möchte das Eheverhältnis meines Bruders als normal bezeichnen. Sicherlich gab es auch hin und wieder geringfügige Streitigkeiten, wie sie sich in jeder Ehe zutragen." Wir werden sehen, dass dies nicht stimmt.

Eine andere Schwägerin von Sabine berichtet ähnlich Abenteuerliches: „Die eheliche Beziehung zwischen den beiden möchte ich als normal bezeichnen ... Weshalb sich mein Bruder von der Sabine scheiden ließ, weiß ich nicht ... Ich glaube schon vom Gefühl her sagen zu können, dass sie mit ihren Kindern normal und liebevoll umgegangen ist. Ich habe nie etwas bemerkt, dass sie ihre Kinder geschlagen hätte ... Ich kann mir nicht vorstellen, dass meine Schwägerin Sabine zu einem solchen Fall fähig wäre. Es gab keinerlei Anhaltspunkte für eine solche geplante Tat durch meine Schwägerin."

Sabines Bruder Karl, der offensichtlich weniger zum Verdrängen neigt, berichtet, Sabine und die Zwillingsmädchen zuletzt zwei Tage vor der Tat gesehen zu haben: „An meiner Schwester Sabine bemerkte ich nichts Auffälliges ... Wie ich von meiner Mutter gehört habe, sei meine Schwester Sabine am vergangenen Montag (Anmerkung: Vortag der Tat) nochmals dagewesen. Sie hätte für unsere Mutter Blumenbesorgungen gemacht. Für meine Mutter sei die Sabine auch an diesem Tag ganz unauffällig gewesen. Bevor sich meine Schwester Sabine mit dem Herrn Mühlhäuser verehelichte war es so, dass er schon dem Sport des Fußballs sehr zugeneigt war. Als dann die Ehe geschlossen worden ist, verhielt sich der Bernhard so, dass er seinen Sport noch mehr ausbaute. So machte er unter anderem den Trainerschein ... Es gab vor der Heirat Probleme zwischen ihm und seinem Vater ... Als dann der Vincent auf der Welt war, bekam ich mit, dass man das Haus der Familie Mühlhäuser aufstocken könnte. Der Aufbau des Hauses war fast abgeschlossen, als meine Schwester in Anlagebetrügereien reingefallen war. Wie lange das mit den Anlagebetrügereien schon vorgegangen ist, weiß ich nicht. Plötzlich war es halt so, dass sie vor dem ‚Nichts' stand. Bereits beim Bau des Hauses und auch später, beim Anbau des anderen Hauses, habe ich meine Schwester immer wieder finanziell unterstützt. Ich muss hier sagen, dass mich meine Schwester öfter, was ihre finanzielle Lage anbelangte, angelogen hatte. Das Vertrauensverhältnis war dadurch erheblich gestört.

Das Eheverhältnis meiner Schwester möchte ich als normal bezeichnen ... Meine Schwester war vorbildlich gegenüber ihren Kindern ... Bei meinem Schwager war es so, dass er sich von jeglicher Verantwortung distanziert hatte, zumindest hat sich das bei mir so dargestellt. Allerdings war es auch so, dass, wenn er bemerkte, dass wieder Geld geflossen war, er der Erste war, der das Geld an sich nahm. Meistens kaufte er sich auch davon neue Autos ... Allgemein möchte ich sagen, dass meine Schwester einen chronischen Geldmangel gehabt hatte. Sie musste auch einmal den Offenbarungseid leisten ... Kurz bevor die Sache mit dem Anlagebetrug aufflog, war meine Schwester mit ihren drei Kindern plötzlich für zwei Tage weg. Es wusste keiner, wo sich die Sabine mit ihren Kindern aufhalten würde. Sie hat dann angerufen und ihren Aufenthaltsort mitgeteilt. Jedenfalls bestand von den Schwiegereltern damals die Befürchtung, die Sabine könnte ihren Kindern was antun. Meine Schwester kam dann unversehrt mit ihren Kindern zurück ..."

Dieser Warnschuss, wenn er einer war, war ungehört verhallt. Vielleicht wären Sabine und ihre Kinder zu retten gewesen.

Einen Tag nach der Tat äußert sich ihr Schwiegervater. Er schildert, dass im Herbst vor der Tat seine Schwiegertochter aufgrund von Mietschulden ihre Wohnung verloren hatte und bei ihm eingezogen war. Die Mietschulden waren schließlich von den Schwiegereltern übernommen worden. „Unsere Schwiegertochter Sabine ist Rechtsanwaltgehilfin, und sie war halbtags bei einem Sportverein beschäftigt. Sie nahm auch Gelegenheitsjobs an." Zum letzten Besuch seines Sohnes bei seiner Ex-Frau am Tag vor der Tat, weiß der Schwiegervater Folgendes zu berichten: „Wie so üblich, ging es wieder laut zu in der Wohnung der Mühlhäuser, wahrscheinlich war es zwischen dem geschiedenen Ehepaar wieder zum Streit, wie so oft, gekommen."

Der Sohn Vincent soll nach einer Auseinandersetzung der Eltern später erzählt haben, dass er seinen Vater hingewiesen habe, „er solle nicht so laut schreien. In diesem Zusammenhang möchte ich eine Begebenheit im März berichten, wo unser Sohn den Vincent abgeholt hat. An dem genannten Tag war es zwischen 09.30 Uhr und 10.00 Uhr, als plötzlich unser Sohn hier erschien. Er forderte den Vincent auf, sich sofort anzuziehen, weil er mit ihm wegfahren wolle. Diesbezüglich machte ihm seine geschiedene Frau Vorwürfe. Dennoch nahm er seinen Sohn Vincent mit, und er fuhr Richtung Regensburg, um offensichtlich den Geburtstag der Mutter seiner Freundin zu feiern. Er brachte seinen Sohn gegen 19.30 Uhr am selben Tag zurück. Mein Sohn wurde dann sehr aggressiv, trat eine Tür eines Buffets ein und verletzte auch unsere Schwiegertochter Sabine im Gesäßbereich. In der Folgezeit konnte unsere Schwiegertochter Sabine kaum mehr sitzen, sodass sie sich einem Arzt anvertraute. Sie war dann diesbezüglich bei Herrn Dr. Wimmer in ambulanter Behandlung. Wir hatten zu unserem Sohn ein schlechteres Verhältnis als zu unserer Schwiegertochter Sabine ... Unser Sohn ist ein rechthaberischer Mensch ..." Zu den Motiven der Tat sagt der Schwiegervater Folgendes: „Zum Motiv kann ich nur sagen, dass meine Schwiegertochter Sabine mehr oder weniger mittellos war. Unser Sohn zahlte für die Kinder keinen Unterhalt, auch hatte sie Angst vor körperlichen Misshandlungen seitens des geschiedenen Ehemannes. Meine Frau hat dann für unsere Schwiegertochter Sabine bei einem Rechtsanwalt wegen der Nicht-Unterhaltszahlung einen Termin vereinbart. Über den Rechtsanwalt sollte veranlasst werden, dass unser Sohn den Unterhaltszahlungen nachkommt. Ob unser Sohn bereits ein Schreiben erhalten hat, entzieht sich meiner Kenntnis ... Wenn die Sabine ihrem geschiedenen Mann diesbezüglich Vorhaltungen machte, dann sagte er, sie solle auf den Strich gehen, wenn sie Geld benötigen würde ...“

So spricht Sabines Schwiegervater über seinen Sohn!

Obduktionsprotokolle

Der Psychiater verirrt sich naturgemäß nur selten in die Sektionssäle von Pathologie und Rechtsmedizin, wenn überhaupt, dann nur in den tragischen Fällen, in denen ein vermisster Patient identifiziert werden muss. Dennoch hat zumindest der Gerichtsgutachter über seine zahlreichen Kontakte mit Obduzenten Einblicke in Abläufe und Stimmungen in Sektionssälen. Für die dort tätigen Ärzte ist es ein normaler Beruf, sie haben gelernt, mit Leichen umzugehen, sich ihnen mit Sachkenntnis, aber auch Würde zu nähern. Dies gilt auch für Opfer von Tötungsdelikten, bei denen besondere Sorgfalt, auch an Spurensicherung und Erhebung von Befunden geboten ist. Befunde, wie sie bei Gewaltverbrechen bzw. Tötungsdelikten erhoben werden, müssen im Regelfall vor Gericht vertreten werden: Sie müssen sicher sein und Beweiskraft haben.

Besonders bedrückend ist die Stimmung auch für hartgesottene Obduzenten, wenn Kinderleichen zu untersuchen sind. Niemand kann sich der Tragik eines schon im Kindesalter zu Ende gegangenen, verlorenen Lebens entziehen, wenn die schmalen, kleinen Körper in den für sie zu großen Sektionswannen liegen.

Wir wollen uns den voyeuristischen Blick auf die Obduktionsprotokolle der Kinder versagen. Ihre Todesursachen aber seien genannt. Vincent, ein gesunder 11-jähriger Junge, ist nach Untersuchungen an zentraler Lähmung bei Ersticken verstorben. Die Ergebnisse der Sektion der beiden Zwillingsmädchen sind noch bedrückender. Julia ist demnach durch eine Kombination aus Ersticken (bei Bluteinatmung) mit intensivem Blutverlust nach außen verstorben. Es finden sich insgesamt fünf scharfe Hiebverletzungen, darunter eine besonders große Wunde am Hals, wobei eine große Vene völlig durchtrennt war. Das Kind Carola ist nach den Befunden an zentraler Lähmung bei Abtrennung des hohen Halsmarkes durch eine Beilhiebverletzung auf gewaltsame Weise verstorben. Mit anderen Worten: Sabine hat ihre Tochter im Schlaf fast geköpft.

Beile, Äxte und Schwerter sind für Frauen sicher sehr ungewöhnliche Mordwerkzeuge, wenn auch in der Antike und Mythologie nicht ohne Vorbild. Über die Enthauptung des Holofernes durch Judits Schwert haben wir eingangs schon gesprochen. Ähnlich bei Orpheus, der den Tod der geliebten Eurydike nicht verwindet und deren Befreiung aus dem Totenreich scheitert. Er wendet sich von allen Frauen ab. Durch seinen Gesang verzückt er die Männer, und er erzürnt die Frauen, weil er sie missachtet. Schließlich wird er von den Thrakerinnen mit Beilen und Sicheln erschlagen und zerrissen, die Leichenteile ins Wasser geworfen. Sein Kopf treibt den Hebros hinunter und landet an der Insel Lesbos. Sein Kopf soll dort geweissagt und orakelt haben. Während beiden Taten etwas von einer Opferung anhängt, scheint dieses Motiv bei Sabine keine Rolle gespielt zu haben. Hier geht es eher um Verzweiflung und – vielleicht – Todessehnsucht.

Befunde

Sabines Verletzungen

Eine Woche nach der Tat wird Sabine in eine psychiatrische Klinik eingeliefert. Zuvor war sie wegen ihrer Verletzungen chirurgisch behandelt worden. Die Arztbriefe nennen Messerstichverletzungen mit einer Durchtrennung einer großen Halsvene (Vena jugularis links), Stichverletzungen im Brustbereich linksseitig, mehrere Stichverletzungen um den Nabel herum sowie Verletzungen im Bereich des rechten Handgelenkes, wobei große Armarterien (Arteria ratialis und ulinaris) durchtrennt waren, außerdem einige Nerven und Muskeln im Handbereich. Besonders gefährlich und sonst fast immer tödlich war eine Stichverletzung des Herzens (Perforation des rechten Ventrikels). Auch der medizinische Laie wird sagen: Ein Wunder, vielleicht keines der guten Art, dass Sabine überlebt hat. Die chirurgischen Ärzte finden bei ihr im Übrigen auch ein Mammakarzinom, einen Brustkrebs mit ersten Metastasen, der drei Wochen nach der Tat operiert wird. Danach wird Sabine mit Zytostatika, aggressiven Medikamenten zur Krebsbehandlung, behandelt. Als der Gutachter sie zuerst sehen wird, wird sie keine Haare mehr haben und eine Perücke tragen.

Wie haben die psychiatrischen Kollegen Sabine bei Aufnahme erlebt?

„Eine gut kontaktfähige, wache und voll orientierte Patientin. Im Affekt erschien sie deutlich depressiv verstimmt, verzweifelt über die derzeitige Lebenssituation. Es fand sich kein Anhalt für das Bestehen eines Wahnes, keine Halluzinationen, keine Ich-Störungen. Aufgrund der Gesamtsituation wurde die Suizidalität (Selbstmordgefährdung) als manifest eingestuft, die Patientin war jedoch paktfähig und von akuter Suizidalität distanziert."

Sabine wird in dieser Klinik sechs Wochen behandelt werden, der Gutachter wird sie, sozusagen als Gast in dieser Klinik, dort auch das erste Mal sehen. Der nüchterne Arztbrief vermag Sabines Verzweiflung und ihren Zustand kaum in Worte zu fassen:

„Wir behandelten Frau M. antidepressiv mit 20 mg X, aufgrund einer Schlafstörung erhielt die Patientin zusätzlich 1 mg Y zur Nacht. Unter diesem Therapieregime zeigte sich eine Stabilisierung der depressiven Reaktion, dabei immer wieder Stimmungsschwankungen mit größerer Verzweiflung bezüglich der Lebenssituation und der Krebserkrankung. Bezüglich der Verletzungen zeigte sich bei der massiv verletzten rechten Hand eine gute Heilungstendenz, in Zukunft wird weiterhin eine krankengymnastische Übungsbehandlung notwendig sein. In Zusammenhang mit diesen massiven Verletzungen konnten die von der Karzinomerkrankung der Patientin befallenen Lymphknoten bisher nicht entfernt werden. Dies soll in einem zweiten operativen Eingriff erfolgen. Darüber hinaus steht noch eine Strahlentherapie aus, die ebenfalls mit den Gynäkologen in unserem Haus besprochen werden soll. Nach der Ablatio mammae rechts (Brustamputation) zeigte sich ein postoperativ unkomplizierter Verlauf, ein erster Zyklus mit Chemotherapie ... erfolgte, die nächste Behandlung ist in 14 Tagen geplant ... Aufgrund des zu erwartenden Haarausfalles bei Chemotherapie wurde in Absprache mit der Justizvollzugsanstalt Kontakt zu einem Perückenstudio aufgenommen. Die Finanzierung soll von den Justizbehörden auf Darlehensbasis vorgestreckt werden. Bezüglich des notwendigen Spezial-BHs wurde die Firma ‚Müller‘ beauftragt.

In der psychosozialen Situation der Patientin spielte neben der Karzinomerkrankung vor allen Dingen die finanzielle Situation eine große Rolle. Dabei hatte Frau M. subjektiv zuletzt keine Perspektive mehr gesehen, ihre Situation zu bewältigen, insbesondere auch, nachdem das Verhältnis zum geschiedenen Ehemann als äußerst ungünstig beschrieben wird ... In Absprache mit der Justizvollzugsanstalt ... erhielt Frau M. die Möglichkeit, Spaziergänge im unmittelbaren Klinikgelände mit zwei Begleitpersonen zu unternehmen, hierbei kam es zu keinem Zeitpunkt zu irgendwelchen Schwierigkeiten."

Vorverurteilungen

Es klang oben schon an: Sabine ist schon vor diesen Morden strafrechtlich in Erscheinung getreten. Wir werden unten sehen, wie es dazu gekommen ist. Das Urteil des zuständigen Landgerichtes, sechs Monate vor den Morden mit Rechtskraft zugestellt, bezieht sich auf Betrugsfälle, die etwa vier Jahre zurückliegen. In der Begründung des Urteils ist zu lesen, dass Sabine im Zeitraum von September 1992 bis Juli 1994 Kapitalanlagen im Freundes- und Bekanntenkreis vermittelt hatte.

„Dabei spiegelte die Angeklagte den Anlegern eine Beteiligung an einem gewinnbringenden Immobiliengeschäft vor. Nach den Angaben der Angeklagten sollten mit dem Kapital der Anleger zur Versteigerung anstehende Immobilien angekauft und nach deren Renovierung gewinnbringend weiterverkauft werden. Die Angeklagte gab insoweit vor, dass aus diesen Finanztransaktionen hohe Renditen für die Geldgeber zu erwirtschaften wären. Die Angeklagte täuschte vor, dass ihr ehemaliger Chef, ein gewisser Rechtsanwalt Winfried P. und ein Wirtschaftsberater Kellner diese Immobiliengeschäfte abwickeln würden und sie lediglich als Vermittlerin, hauptsächlich betreut mit der Weitergabe der Gelder, tätig wäre. Die investierten Kapitalanlagen seien, wie die Angeklagte gegenüber den Anlegern vorgab, durch eine Bankbürgschaft abgesichert. Für die angelegten Gelder erhielten die Anleger von der Angeklagten ein so genanntes ‚Beteiligungszertifikat' ... Die Verzinsung der Gelder wurde in der Regel mit mindestens 15% für einen Zeitraum von drei Monaten zugesagt ... Diese gab die eingenommenen Gelder jedoch nicht, wie von ihr gegenüber den Anlegern angegeben, an die Herren P. und Kellner weiter, die von ihr erfunden waren, sondern nützte das Kapital eigennützig zur Tilgung privat anfallender Forderungen in Zusammenhang mit einem Hausbau. Außerdem verwendete die Angeklagte das eingenommene Kapital nicht nur für private Zwecke, sondern auch, um die von ihr erfundenen Beteiligungsgeschäfte als Schneeballsystem weiterlaufen zu lassen."

Das Urteil nennt einen Gesamtschaden von rund 450 000 €. Dem Urteil ist auch zu entnehmen, dass die Angeklagte missbräuchlich den Briefkopf eines bekannten Rechtsanwaltes verwendete, in dem bestätigt wurde, dass die Immobiliengeschäfte ordnungsgemäß abgelaufen und die zu erwartenden Gelder ausbezahlt werden würden. Auch andere Schreiben wurden gefälscht. Frau Mühlhäuser formulierte so, dass die Anleger, denen sie das Schreiben vorlegte, den Eindruck hatten, dass die bei einer Bank hinterlegten Bürgschaften in Darlehen umgewandelt würden. Auch der juristische und wirtschaftliche Laie wird sagen: Hier war mir Raffinesse vorgegangen worden.

Die Begutachtung – erste Eindrücke

Der Gutachter sieht Sabine das erste Mal während des stationären Aufenthaltes in der auswärtigen psychiatrischen Klinik. Sie ist auf der geschlossenen Frauenabteilung untergebracht, noch zusätzlich bewacht von zwei Polizisten – dies nicht, weil man sie für besonders fluchtgefährdet hält, vielmehr gilt Sabine, auch wenn sie dies bestreitet, als selbstmordgefährdet. Sicher zu Recht. Erst später werden die Polizisten abgezogen werden, und Sabine wird sich in den „normalen" Stationsalltag einer geschlossenen psychiatrischen Station einfinden.

Der erste Eindruck? Eine kleine, zäh wirkende, bei aller Niedergeschlagenheit doch lebhafte Frau. Ist sie depressiv? Anders als bei vielen Patienten mit Depressionen, bei denen schon die Gesichtszüge etwas Leidendes, vielleicht auch Versteinertes haben, wirkt Sabine kaum gehemmt. Vor dem Hintergrund des Verbrechens verbietet es sich fast, so zu denken, aber der erste Eindruck ist: Eine lebhafte, überraschend unbeschwerte Frau. Der zweite Eindruck verwischt dies wieder. In ihrer Lebhaftigkeit, ihrer Hilfsbereitschaft für andere Patienten auf der Station versucht sie ihr Unglück, ihre Verzweiflung zu überspielen. Dennoch: Es hat den Anschein, Sabine sei eine Frau, mit der man reden kann. Sie ist offen, wirkt kooperativ.

Andere Eindrücke treten hinzu. Natürlich ist da die Krebserkrankung: Sabine trägt eine Perücke, erst später wird der Gutachter sie ohne Haare sehen. Sie macht sich zurecht, ist nicht uneitel. Die erst wenige Wochen zurückliegende Brustamputation, die begonnene Chemo- und Strahlentherapie scheint sie mit zähem Willen zu tolerieren.

Das erste Gespräch ist ein Abtasten. Der Gutachter wird Sabine ankündigen, dass sie bald in seine Klinik verlegt werden wird. Sie ist damit einverstanden, will sich dem Gutachten stellen. Sie weiß, dass sie ihre Kinder getötet hat, gibt aber für die Minuten, vielleicht Stunden der Tat eine Bewusstseinslücke (Amnesie) an. Weiß sie auch, wie sie ihre Kinder getötet hat? Tastend, vorsichtig erste Fragen in diese Richtung. Sabine verneint, sich an die Tat erinnern zu können, ihr Rechtsanwalt hat sie womöglich noch nicht mit den Details der Ermittlungen vertraut gemacht. Der Gutachter lässt diesen Punkt ruhen, er wird später wichtig werden.

Kurze Zeit später wird Sabine in die eigene Klinik übernommen. Schwer bewacht mit Polizei-Eskorte kommt sie auf die geschlossene Abteilung. Die Schwestern und Pfleger dort haben Angst, dass Sabine sich etwas antun wird. Es wäre nur zu verständlich. Während der folgenden sechs Wochen wird Sabine in einer Psychiatrischen Universitätsklinik begutachtet und behandelt werden.

Für den Gutachter hat das Gericht die vertraute Frage gestellt: War Sabine krank? Liegt eine Schuldunfähigkeit vor? Wie war ihre psychische Verfassung vor der Tat, bei der Tat? Der Fall wird an die Grenzen dessen gehen, was die Psychiatrie an Aufklärung zu leisten vermag.

Sabines Lebenslauf

Sabine ist bei der Tat 40 Jahre alt. Sie ist ehelich geboren worden. Nichts spricht für eine schwierige Schwangerschaft, für frühkindliche Entwicklungsstörungen. Sie ist normal aufgewachsen. Ihr Vater war bei der Geburt schon 41 Jahre alt, ein Schreiner, der im Krieg Soldat gewesen war. Der Vater wird als freundlich geschildert, aber auch verschlossen. Er soll nicht viel erzählt haben, hat nicht viel von sich preisgegeben. Er verstirbt, als Sabine 28 Jahre alt ist, an einem Schlaganfall. Das Verhältnis zu ihm, wie zur Mutter, wird als gut geschildert.

Die Mutter, vier Jahre jünger als der Vater, ist Hausfrau. Die Familie lebt in einfachen, aber geordneten Verhältnissen. Die Mutter leidet an einer Herzerkrankung und einer Knochenschwäche (Osteoporose) im rechten Bein. Sabine berichtet, die Mutter habe ein schweres Leben geführt, die Familie habe früher wenig Geld gehabt. Ihr ein Jahr älterer Bruder lebt noch bei der Mutter. Er ist ein selbstständiger Holzwirt, forstet Wälder auf, verkauft das Holz. Er ist unverheiratet. Die fünf Jahre jüngere Schwester, eine gelernte Kinderpflegerin, ist selbst Hausfrau und Mutter dreier Kinder. Auch sie lebt in der Nähe des Elternhauses. Zu beiden Geschwistern besteht ein guter Kontakt, trotz aller Belastungen besuchen die Geschwister Sabine in der Haft, später auch in der psychiatrischen Klinik. Ihr älterer Bruder schildert Sabine als geradlinig und erfolgreich, wenn auch innerlich eher weich. Sabines Schwester sieht sie als offen, ehrlich und hilfsbereit an, vielleicht steht sie Sabine etwas näher.

Das Klima in ihrer Familie beschreibt Sabine als sehr ruhig und gut. Prügel hat sie nie erlebt. Trotz aller finanziellen Einschränkungen wird die Kindheit insgesamt als glücklich geschildert. Dennoch müssen die Verhältnisse beengt gewesen sein. Sabine berichtet, dass sie bis zu ihrem 10. Lebensjahr mit der gesamten Familie in einer 3-Zimmer-Wohnung gewohnt hätte. Alle Familienmitglieder schliefen im selben Zimmer. Erst später konnte die Familie ein eigenes Haus mit Garten bauen.

Sabine wächst in einem Ort mit ca. 1500 Einwohnern auf. Sie schildert sich als immer schon kontaktfreudig, sie habe viele Freunde unter den anderen Kindern und Jugendlichen im Ort gehabt. Psychische Erkrankungen in der Familie sind unbekannt.

Andere Krankheiten? Masern, Mumps, Röteln, Windpocken, die üblichen Kinderkrankheiten, folgenlos verheilt.

Wie sie ihre Kindheit in Erinnerung hat? Schön, berichtet Sabine. Man habe nicht viele Spielsachen gehabt, das Fehlende aber mit Phantasie ausgeglichen. Viele Kinder habe es in der Nachbarschaft gegeben, es war doch eine gute Zeit.

Sabine besucht die örtliche Grund- und Hauptschule neun Jahre lang. Sie strengt sich an, ist eine gute Schülerin. Danach besucht sie mit einer Freundin, für ihre Familie nicht selbstverständlich, eine Realschule in München, schließt diese mit der mittleren Reife ab. Sabine ist ehrgeizig, will etwas leisten, etwas erreichen. Vielleicht will sie es einmal besser haben als die Eltern. An diesem Vorsatz wird sie grausam scheitern.

Mit 16 beginnt sie eine Ausbildung als Anwaltsgehilfin. Während der Ausbildungszeit und noch drei Jahre darüber hinaus, wohnt sie bei den Eltern. Die Ausbildungsstelle besorgt sie sich selbst, nimmt keine Berufsberatung in Anspruch. Insgesamt bleibt sie 9 Jahre bei der Rechtsanwaltskanzlei. Sie klagt zwar über den niedrigen Verdienst, hält dem Ausbildungsbetrieb aber bis zu ihrem 27. Lebensjahr die Treue.

Ihr Examen als Anwaltsgehilfin schließt sie mit der Note 2,5 ab, stürzt sich danach in die Arbeit, die ihr viel Spaß macht. Sie kündigt, vor allem aus persönlichen Gründen, aber auch, weil ihr der Weg nach München zu weit ist.

Sabine ist eine lebenslustige junge Frau. Mit 18 Jahren hat sie ihren ersten „festen Freund", mit dem sie wohl glücklich ist. Der Freund hat aber ein „schlimmes Elternhaus", die Freundschaft zerbricht. Sexualität ist für sie nie ein Problem, die Mutter hat sie aufgeklärt, sie ist offen, hat einen großen Bekanntenkreis („Clique"), mit dem sie Ausflüge macht oder Bergsteigen geht.

Mit 21 Jahren lernt Sabine ihren späteren Mann kennen, einen ein Jahr älteren EDV-Kaufmann, mit dem sie ein Jahr später zusammenlebt. Der Ehemann ist beruflich erfolgreich, arbeitet zuletzt bei einer Autofirma, bildet sich zum EDV-Fachmann weiter, beschäftigt sich mit Großrechnern. Sie lernen sich in ihrer Clique kennen, haben gemeinsame Interessen. Von Anfang an schwierig und auch für die Beziehung belastend ist das schlechte Verhältnis ihres (späteren) Mannes zu seinen Eltern. Trotzdem ziehen die beiden drei Jahre nach der Eheschließung in das Elternhaus, das Haus, in dem auch später die Tat verübt wird. Dieser Umzug sei „der größte Fehler" gewesen, meint Sabine, weil sie ihre Selbstständigkeit, an der ihr so viel liegt, aufgibt. Immer wieder kommt es zu Streitereien zwischen ihrem Mann und seinem Vater, den sie als herrschsüchtig beschreibt. Vater und Sohn brüllen und schreien sich an, die Schwiegermutter wiederum braucht Sabine als Zuhörerin und Zeugin ihres Kummers. Sie schüttet Sabine ihr Herz aus. Sabine berichtet, im Haus der Eltern hätten sie zwar eine eigene Wohnung, aber keine abschließbaren Türen gehabt, die Räume seien nur durch einen Vorhang vom anderen Haushalt getrennt gewesen.

Trotzdem hält die Beziehung. Drei Jahre später heiratet Sabine. Rückblickend meint sie, dass die Gefühle vor der Hochzeit wohl stärker gewesen seien, trotzdem habe sie ihren Mann noch lieb gehabt, sie hätte aber „besser überlegen sollen". Die Streitereien nehmen rasch zu, vor allem, wenn die Schwiegereltern vorbeikommen. Schon in der Hochzeitsnacht gibt es Streit mit dem Schwiegervater.

Warum sind sie überhaupt in das Haus der Schwiegereltern gezogen? Beide Partner haben einen guten Beruf, ein festes Auskommen. Dennoch nennt Sabine finanzielle Probleme als Grund für den Umzug. Sie berichtet, dass sie zwar sparsam erzogen worden sei, von jeher aber gewisse Probleme mit dem Geldausgaben gehabt habe. Sabine schildert, sie habe sich das Geld nie gut einteilen können, sei am Monatsende stets pleite gewesen. Ihr Bruder, ihre Familie würden es „schlauer machen". Wo das Geld geblieben ist? Sabine beteuert, nie Interesse an Luxus gehabt, keine unsinnigen Sachen gekauft zu haben. Bei aller Vorsicht, die bei solchen Aussagen geboten ist: Dies erscheint glaubhaft. Sabine vermittelt nicht den Eindruck eines Luxusweibchens. Trotzdem: Finanzielle Sorgen sind unübersehbar.

Zwei Jahre später kauft sie mit ihrem Mann ein Haus im Rohbau. Die geplante Finanzierung scheitert, die beiden müssen ein Jahr später das Haus mit einigem Verlust wieder abstoßen. Schon zuvor hatte sich Sabine mit einem eigenen Schreibbüro selbstständig gemacht. Zwar fällt dadurch die Pendlerei nach München weg, der Auftragseingang ist aber sehr schwankend, und die Einnahmen sind wohl nicht sehr groß. Ihre durch die Selbstständigkeit gewonnene Unabhängigkeit und Freizeit schätzt sie zwar, aber es fehlt Geld.

Immer mehr kommt es zu Miss-Stimmungen mit ihrem Mann, der sich zunehmend dem Fußball verschreibt. Früher hat er selbst aktiv gespielt, jetzt übernimmt er das Jugendtraining. Fast jeden Abend ist er im Fußballverein, trinkt auch gerne mit den Freunden Alkohol. Die wenigen Male, wenn sie alleine weggeht, gibt es zu Hause Streit, ihr Mann reagiert mit grundloser Eifersucht. Auch die frühere Clique zieht sich zunehmend von ihnen zurück, freundschaftliche Kontakte gehen verloren, auch weil ihr Mann wohl kein Interesse hat, mit den anderen mitzugehen.

Die Konflikte häufen sich. Einer Freundin sagt Sabine, dass sie sich verändert habe, früher sei sie lustig, lebensbejahend gewesen, jetzt zurückgezogen, zunehmend gedrückt. Ihr Mann gibt ihr zu verstehen, dass sie zu Hause bleiben solle, wenn er zum Fußball gehe. Mehrfach kommt es zu Streitereien, manchmal schlägt er sie.

Zwei Jahre nach der Eheschließung, Sabine ist 30, wird der älteste Sohn Vincent geboren. Sabine freut sich über das Kind, wahrscheinlich auch ihr Mann. Ihr Schwiegervater besucht sie in der Klinik gar nicht, redet nicht mit ihr. Die familiären Spannungen nehmen zu, ebenso die finanziellen Schwierigkeiten. Sabine berichtet, ihr Mann habe sich zwei Autos „eingebildet", obwohl kein Geld dagewesen sei. Umgekehrt läuft das Schreibbüro immer schlechter. In diese Zeit wachsender familiärer Sorgen fallen auch Sabines Betrügereien.

Rückblickend mag man darüber spekulieren, ob die Kinder eine schon scheiternde Ehe retten sollten. Sie tun es nicht. Vincent ist zunächst ein Sorgenkind, hat unklare Anfälle und Gleichgewichtsstörungen, entwickelt sich dann aber gut. Sabine hat immer ein gutes Verhältnis zu ihm. Er ist begabt, aber aufbrausend. Nach der Scheidung wird der Junge drei Jahre bei seinem Vater leben, sich aber stets nach seiner Mutter und seinen ein Jahr jüngeren Zwillingsschwestern zurücksehnen. Die Zwillingsschwestern sind zweieiig, sehen einander aber ähnlich. Trotz der zunehmenden Eheprobleme und der enormen Finanznöte sollen die Kinder lange Zeit eher unbeschwert aufgewachsen sein.

Der Geldmangel zwingt Sabine dazu, zusammen mit ihrem Mann und den Kindern zu ihren Schwiegereltern zurückzuziehen. Nach der Geburt der Töchter ist das Geld noch knapper. Sabine arbeitet kurzfristig als Sachbearbeiterin bei einem Fußballverein, muss die Stellung dann wieder aufgeben. Immer wieder kommt es zu Auseinandersetzungen und Beschimpfungen. Schließlich trennt sich ihr Mann von ihr. Er soll „hysterische Wutausbrüche" gehabt haben. Gestritten wurde ums Geld. Rückblickend berichtet Sabine, dass ihre Ehe schon zur Geburt ihres Sohnes zerrüttet gewesen sei, erst recht nach der Geburt der Zwillinge. Vier Jahre später zerbricht die Ehe. Sabine muss die Kinder bei ihrem Mann zurücklassen, da sie keine eigene Wohnung hat. Sie zieht zunächst zu ihrer Mutter, dann zu ihrem Bruder. Erst zwei Jahre später findet sie eine eigene Wohnung und holt die beiden Mädchen zu sich. Der Sohn Vincent, sechs Jahre alt, bleibt bei seinem Vater, wahrscheinlich gegen seinen Willen. Erst zwei Jahre später kann sie ihn zu sich holen. Sie selbst arbeitet sporadisch in Anwaltskanzleien; obwohl er ein gutes Einkommen hat, unterstützt ihr Mann sie finanziell nicht, leitet angeblich nicht einmal das Kindergeld an sie weiter. Trotz aller Differenzen kümmern sich zumindest die Schwiegereltern zeitweise um sie. Zunehmend wird sie von Schuldnern bedrängt. Das Leben wird zum Spießrutenlauf.

Große Bedeutung hat die Vorstrafe. Sabine macht dabei dem Psychiater gegenüber Angaben, die sich mit den vorliegenden Gerichtsunterlagen kaum in Einklang bringen lassen. Sie schildert, zwei Jahre vor der Geburt ihres Sohnes Kontakt zu einer Immobilienfirma gefunden zu haben. Diese habe eigentlich nur ein Schreibbüro gesucht. Die Verantwortlichen der Firma hätten dann bei ihr angerufen und sie angesprochen, ob sie nicht schneller und lukrativer arbeiten und Wohnungen vermitteln könnte. Sabine berichtet, sie sei schließlich auf Provisionsbasis als Kundenvermittlerin tätig gewesen. Die Kunden habe sie überwiegend aus ihrem eigenen Freundes- und Bekanntenkreis gewonnen. Ihr Mann und sie hätten selbst erhebliche Mittel in die Immobilienfirma reingesetzt. Diese habe versprochen, die Kredite mit einer Rendite von 15% bis 20% nach einem halben Jahr zurückzuzahlen – offensichtlicher Schwindel und Betrug. Mit dem eigentlichen Inhaber der Firma, einem Herrn P., habe sie sich nur ein paar Mal getroffen, ansonsten telefonischen Kontakt gehabt. Ihr sollen keine Bedenken wegen der Seriosität der Firma gekommen sein. Insgesamt habe es 14 oder 15 Geschädigte gegeben.

Vier oder fünf Jahre nach dem ersten Kontakt sollen die Zahlungen von der Firma zurückgegangen und schließlich ganz eingestellt worden sein. In den ersten Jahren sollen die Gelder prompt zurückgezahlt worden sein, schließlich hätten die eingesetzten Kredite aber nicht mehr bedient werden können. Sabine ist bankrott. Sie bestätigt, ein Bankformular gefälscht und Rückzahlungen fälschlich angekündigt zu haben. Sabine schildert sich selbst eher als Opfer denn als Täterin. Seit 1993 seien die nicht zu ermittelnden Hintermänner verschwunden, das Büro der Firma sei leergeräumt gewesen. Der ominöse Herr P. bleibt unermittelt und verschwunden, er soll sich in die USA abgesetzt haben. Sabine wird angeklagt, der Anwalt, bei dem sie arbeitet, verteidigt sie. Es bleiben riesige Schuldenberge. Ihre Gläubiger, betrogen und verbittert, werden sie bis zu ihrer Tat bedrängen und verfolgen.

Danach ist die finanzielle Lage desaströs. Es kommt zu Gehaltspfändungen, Unterhaltszahlungen des Mannes bleiben aus. Die Unterstützung durch die Familie reicht nicht. Belastender als die finanziellen Sorgen ist für Sabine aber die zeitweise Trennung von ihren Kindern. Immer wieder überlegt sie, gegen ihren Mann auf Unterhalt zu klagen, schrickt aber vor den Auseinandersetzungen zurück. Sie hat Angst vor ihm, auch nach der Trennung. Sabine schildert, er habe sogar einmal Schaum vor dem Mund gehabt, als er sie verprügelte. Zum Sozialamt will sie zunächst nicht gehen. Ihr Mann droht, ihr den Sohn Vincent wieder wegzunehmen.

Die finanzielle Schuldensituation wird im Rückblick ausführlich mit Sabine thematisiert. Trotz aller Probleme scheint sie für den Gutachter aber nicht in einer ausweglosen Situation gewesen zu sein – die Familie und die Schwiegereltern hatten sie gestützt, selbst nachdem sie ihrem Schwiegervater Münzen gestohlen hatte, um diese zu versetzen. Es ist fraglich, wie viel die Kinder von diesen Auseinandersetzungen mitbekommen haben – unbelastet können sie nicht gewesen sein. Schließlich entschließt sich Sabine, doch gegen ihren Mann wegen fehlender Unterhaltszahlungen gerichtlich vorzugehen. Diese Entscheidung muss ihr extrem schwer gefallen sein und sie stark belastet haben.

Die finanziellen Probleme waren bedrängend geworden. Zahlungen an die Krankenversicherung, die Autoversicherung und Handwerkerrechnungen waren offen. Darlehen konnten nicht bedient werden. Freunde, bei denen Geld geliehen worden war, wurden vorstellig. In diese Zeit fällt für Sabine auch noch die Krebserkrankung. Sie bringt ihr Seelengebäude zum Einsturz.

Bemerkt hat Sabine einen Knoten in der rechten Brust. Sie wird zum Arzt geschickt, zur Mammografie, zu Ultraschalluntersuchungen. Röntgenuntersuchungen werden gemacht. Die einzelnen diagnostischen Schritte geraten für sie zu einem Spießrutenlaufen, es dauert einige Wochen, bis die Diagnose eines Brustkrebses gestellt wird. Er muss operiert werden. Die Einweisung in die Klinik zur Operation steht unmittelbar bevor. In diese Zeit fallen letzte Streitgespräche mit dem Mann, der ihr mit Krieg droht, falls sie Unterhalt fordere. Wieder stehen Ankündigungen im Raum, ihr die Kinder wegzunehmen. Die Auseinandersetzungen werden häufig in Gegenwart der Kinder geführt. Wenn sie ihn um Unterhalt bittet, meint er: „Das ist dein Problem." Wohl im Streit sagt er ihr auch einmal, dass sie doch auf den Strich gehen soll, wenn sie Geld brauche. Sabine spricht von einem „Gestapo-Ton".

In den Tagen vor der Tat scheint sich auch Sabines Verhältnis zu den Kindern zu ändern. Sie spüren ihre Angst. Abends sitzen sie am Tisch zusammen und halten sich an den Händen. Sabine berichtet später, sie könne noch die Augen der Kinder sehen, sich an ihre Bitten erinnern, sie auf keinen Fall alleine zu lassen. Die Kinder haben Angst, zum Vater zurück zu müssen. Sie berichtet, am Ende gewesen zu sein, keinen Pfenning Geld mehr gehabt zu haben. Erst in den letzten Wochen vor der Tat sollen die Kinder den großen Druck gespürt haben, der lange Zeit auf ihr lastete. Konnte sie zuvor den Kindern noch Vertrauen und Stärke vermitteln, ist dies nach der Krebserkrankung wie weggeblasen. Sabine fühlt sich mutlos. Abends liegen die Kinder im Bett und bitten sie: „Mama, lass uns nicht allein." Sie hat Angst, dass ihr Mann die Kinder abends abholt, wenn sie, wie geplant, den Brief mit den Forderungen nach Unterhaltszahlungen zum Anwalt schickt.

Selbstmordgedanken stellen sich ein. Sabine kann schlecht schlafen, denkt vor allem an Vincent, der sie zuletzt noch gedrückt und ihr gesagt habe, dass sie ihn nicht alleine lassen solle. Auch die Mädchen hätten an ihr „geklebt": „Mama, wenn dir was passiert, was soll aus uns werden, dann wollen wir auch nicht mehr leben." Nach der Krebsdiagnose hat Sabine nicht mehr die Kraft, Briefe zu schreiben, ihre Gläubiger zu beschwichtigen. Sie bricht zusammen. Es sei ihr wie Schuppen von den Augen gefallen, in welcher ausweglosen Situation sie gewesen sei. Schließlich geht sie doch zum Sozialamt. Dort wird ihr aber geraten, doch ihren Mann auf Unterhalt zu verklagen. Hilfe von außen ist für sie nicht mehr erkennbar. Zuletzt habe sie sich gefühlt, als hätte sie „Hornissen im Kopf". Sie ist innerlich angespannt, verzweifelt, niedergeschlagen, ihr Lebensmut verlässt sie, Selbstmord erscheint ihr zunehmend als einziger Ausweg. Aber die Kinder?

Ihre Ängste und Depressionen verstärken sich. Am Abend vor der Tat sitzen sie zusammen in ihrer Wohnung. In ihrem Kopf verdichtet sich der Gedanke, sich und den Kindern etwas anzutun. Weiß sie, wie sie es anstellen will? Dies verneint Sabine später. Sie erzählt, plötzlich eine große Ruhe in sich gespürt zu haben. Stundenlang sitzt sie in ihrer Wohnung, bringt die Kinder zu Bett. Die Nacht ist hell, wahrscheinlich Vollmond. Sie braucht in ihrer Wohnung kein Licht zu machen. Immer wieder denkt sie über sich und die Kinder nach. Langsam wächst der Entschluss, wegen der Erkrankung nicht mehr leben zu wollen. Die Kinder will sie auf keinen Fall zurücklassen.

Nachts um zwei setzt sie sich dann an den Esstisch, schreibt den Brief an ihre Familienangehörigen. Den genauen Wortlaut kann sie später nicht mehr angeben, ihn aber sinngemäß schildern. Der Nachsatz ihres Briefes, nach der Tat geschrieben, ist ihr allerdings nicht erinnerlich. Sabine ist verzweifelt und sieht sich in einer ausweglosen Situation – sie beschließt, sich zu töten und auch die Kinder umzubringen. An einen konkreten Plan will Sabine sich später nicht mehr erinnern.

Hat sie einen Plan zur Tötung der Kinder gehabt? Woher kam die Axt? Kann Sabine sich erinnern, wie sie sich selbst umbringen wollte? Welche Tatwerkzeuge hat sie benutzt? Welches Kind hat sie zuerst getötet?

An all dies kann sich Sabine später nicht erinnern. Sie selbst wacht im Krankenhaus auf. Für die weitere Nacht, ihren Selbstmordversuch und die Tötung der Kinder fehlt ihr die Erinnerung. Ist dies glaubhaft? Nicht nur der psychische Schock, auch ihre eigenen Verletzungen und der Blutverlust können natürlich zu einer solchen Erinnerungslücke geführt haben. Sabine spricht später von einer weißen Wand mit roten Flecken, wenn sie an diese Nacht denkt. Erinnerungsfetzen? Will sie sich nicht erinnern, kann sie es nicht? Verdrängt sie das Unvorstellbare?

Der Gutachter muss mit Sabine ausführlich die Tat besprechen, nachfragen, wie ihr Entschluss gefallen ist, wie sie sich gefühlt hat, woran sie sich erinnern kann. Im Laufe der Untersuchung wird deutlich, dass Sabine nicht genau weiß, wie sie ihre Kinder getötet hat. Der Gutachter ist in einer schwierigen Situation. Er muss sich tastend an das Unaussprechliche heranwagen. Weiß Sabine, dass sie bei den Zwillingsmädchen eine Axt benutzt hat? Als es ihr vorgehalten wird, bricht Sabine zusammen, weint und ist entsetzt. Ein fürchterlicher Moment, auch für den Gutachter. Für die Gutachtenfragen ist entscheidend, wie weit Sabine ihre Tat geplant und vorbereitet hat. Woher kam das Beil? Gab es ein Beil in der Wohnung? Woher kam das Messer, mit dem sie sich töten wollte? Fragen, auf die Sabine keine Antwort weiß.

Die Tat arbeitet in ihr. Sabine erzählt von einem Traum, den sie während ihres Aufenthaltes in der Psychiatrie hat. Sabine schildert, nachts im Wald gewesen zu sein und ihre Kinder, allerdings wesentlich jünger als zum Zeitpunkt ihres Todes, etwa vier bis fünf Jahre alt, gesehen zu haben. Die Kinder seien zunächst nicht zu ihr gekommen, hätten sich von ihr ferngehalten. Dann habe im Traum die Schwägerin die Kinder zu ihr gebracht. Sie hätten dann zusammen mit ihrem Ex-Mann eine Wohnung angeschaut, die Kinder seien um sie herum gewesen. Noch im Traum habe sie gedacht, dass das doch gar nicht gehe. Bei den Töchtern hätte sie sich gewundert, dass der Kopf „noch dran sei" (!!). Im Traum hätte sie bei den Töchtern am Hals nach Wunden gesucht, nicht aber bei Vincent. Die Kinder seien ihr im Traum kleiner erschienen als sie zuletzt waren. Sie wacht mit dem Gefühl auf, sich mit dem Mann und den Kindern im Traum versöhnt zu haben.

Träume einer Kindsmörderin.

Befunde

Sabine ist eine kleine, man möchte sagen, zähe Frau. Sie ist durch die Krebsoperation gezeichnet. Noch während der stationären Begutachtung werden mehrere Krebsbehandlungen mit Chemotherapie durchgeführt. Sabine hat keine Haare mehr, toleriert diese aggressive Behandlung sonst aber gut. Sie hat ausgeprägte Narben an beiden Handgelenken als Folge der Selbstmordversuche. Die rechte Hand ist schwer geschädigt, unter Krankengymnastik bessert sich ihre Funktion aber.

Psychisch wirkt Sabine offen, kooperativ, ist den Untersuchungen gegenüber aufgeschlossen. Mit den schwierigen Begleitumständen (geschlossene Abteilung, zunächst Polizeiüberwachung) kommt sie gut zurecht. Sieht man von der Erinnerungslücke für die Tat ab, gibt es keine Hinweise für Gedächtnis- oder Hirnleistungsstörungen. Der Psychologe wird dies noch zusätzlich untersuchen. Aber auch hier werden sich keine Hinweise auf eine Störung von Konzentration, Gedächtnis oder Merkfähigkeit ergeben.

Sabine ist lebhaft, der Antrieb kaum vermindert. Überraschend, für viele Pflegekräfte irritierend ist ihr Verhalten auf der Station: Sie wirkt aktiv, nimmt rasch Kontakt mit Mitpatienten auf, wirkt mitfühlend und kümmert sich um sie. Manchmal scheint Sabine sogar in einer Art „Therapeutenrolle" gegenüber anderen Kranken zu schlüpfen, passt sich im Übrigen dem Stationsalltag gut an. Niemand auf der Station würde vermuten, es mit einer dreifachen Kindsmörderin zu tun zu haben.

Die Stimmung ist wechselhaft. Im Gespräch wirkt sie häufig depressiv und niedergeschlagen, erkennbar traurig und verzweifelt wegen des Verlustes der Kinder. Berührt man dieses Thema, wirkt sie hoffnungslos. Auf der Station ist sie dann wieder offener, ist bei anderen Patienten beliebt, erscheint hilfsbereit und mitfühlend. Trotz der Vorgeschichte ergibt sich kein Anhalt für eine Selbstmordgefährdung. Sie freundet sich rasch mit anderen Mitpatienten an, macht diese oder jene Zukunftspläne. Das Antidepressivum scheint sie gut zu vertragen.

Nichts spricht für eine Psychose, nichts für Sinnestäuschungen oder Wahngedanken. Schlafstörungen treten auf und verschwinden wieder. Der Appetit ist ausreichend, ihr körperlicher Zustand alles in allem zufrieden stellend.

Sabine ist eine intelligente Frau, man kann offen mit ihr sprechen. Sie selbst benutzt im Rahmen der Untersuchung immer wieder Begriffe wie Verdrängung. Es scheint ihr klar zu werden, dass sie selbst Schuld an ihrem Lebensweg hat. Zumindest einige Ansätze einer kritischen Selbstreflexion werden spürbar. Ihre Kritikfähigkeit, ihr Urteilsvermögen scheinen zumindest nicht krankhaft beeinträchtigt. Immer wieder kommt es zu Selbstbezichtigungen und Schuldvorwürfen, was den Tod der Kinder angeht. Trotz allem ist sie auf der Station nicht zurückgezogen, sondern stellt sich der Gemeinschaft. Ihre anfängliche Gleichgültigkeit gegenüber der Krebserkrankung legt sie zunehmend ab, fragt nach dem Krankheitsverlauf oder Laborbefunden.

Was für ein Mensch ist Sabine?

Schon die ersten Eindrücke verraten, dass es sich um eine sehr lebhafte, kontakt-
freudige, offene Frau handelt. Sie ist sprachlich geschickt, ein gewisser Charme
und ein Einfühlungsvermögen, was Empfindungen anderer angeht, sind unübersehbar. Hier und da scheint sie etwas oberflächlich, zu echter Wärme und Anteil-
nahme ist sie aber durchaus fähig. Eine persönliche Bindung an ihre Familie,
Geschwister wie Mutter, werden spürbar. Bei allen Kränkungen und Verwundun-
gen bringt sie manchmal sogar Verständnis für ihren geschiedenen Mann auf, be-
dauert, was sie ihm zugemutet hat. Je länger man Sabine kennt, desto deutlicher
wird auch eine gewisse Selbstwertproblematik spürbar, die sie mit Aktivität zu
verdecken denkt. Ihre Stimmungslage ist insgesamt wechselhaft. Vieles spricht
für eine histrionische Persönlichkeit. Darüber wird unten zu sprechen sein.

Eine Reihe von Untersuchungen wird durchgeführt. Die Hirnstromkurve, das
EEG, ist genauso unauffällig wie die Computertomografie des Kopfes: keine
strukturellen Veränderungen des Gehirns, im Übrigen auch kein Hinweis auf Ab-
siedlungen der Krebsgeschwulste im Gehirn.

Überraschendes liefert die Testpsychologie (s. S. 95ff.): Sie ist bei der psychologischen Testung kooperativ und strengt sich an. Einiges kann sie wegen ihrer
verletzten rechten Hand nicht erledigen, aber auch dem Psychologen fällt auf, dass
sie eine „angesichts der hinter ihr liegenden tragischen Tat merkwürdig gute Stimmung" zeigt. Auch er empfindet aber ihre unbeschwerte Miene als aufgesetzt.

In der Leistungsdiagnostik erreicht Sabine einen Intelligenzquotient von 130,
einen weit überdurchschnittlich hohen IQ, den viele Abiturienten nicht erreichen.
Nichts spricht für eine Merkfähigkeitsstörung. Ihr Denken ist produktiv und variabel, auch spontan.

Aus den Tests spricht bei ihr ein Mangel an Ich-Stärke, auch ein Mangel an ra-
tionaler (vernünftiger) Orientierung und Konzentration – vor allem in Situationen,
die nicht sachlich-neutral sind, sondern gefühlsmäßig angespannt. Sie scheint
leicht verletzlich, zeigt auch Wärme. In anderen Tests klingt eine Angst vor dem
Verlassenwerden an. Problematisch ist auch der Bereich der ehelichen Solidarität,
Treue und Verlässlichkeit. Im thematischen Apperzerptionstest (TAT), einem
häufig eingesetzten Testverfahren, in dem Interpretationen zu Bildvorlagen gegeben werden müssen, stellt sich bei Sabine der folgende psychodynamische Fokus
heraus:

- Tafel 4 (s. Abb. 1-1): „Nach einem Streit zwischen der Tänzerin Lola und ihrem
  Freund Gent wollte dieser die Garderobe verlassen und war schon auf dem Weg
  zum Gang. Lola, die die harten Worte, die sie an ihn gerichtet hatte, schon längst
  wieder bereute, rannte ihm nach. Als sie ihn in der Diele stehen sah, umfasste
  sie ihn, Gent wendete sich sofort von ihr ab und wollte weiterlaufen. Sie hat ihn
  gebeten, doch zu warten und sich ihre Erklärung anzuhören. Sie wäre eifersüchtig gewesen und hätte ihm falsche Vorwürfe gemacht, und es täte ihr Leid, dass
  sie ihn damit vergrault oder beleidigt oder ihm wehgetan hat. Gent, der diese
  Vorhaltungen immer noch nicht fassen konnte, weil sie wirklich unbegründet

Abb. 1-1: Thematischer
Apperzeptionstest – Tafel 4.

waren, sah verzweifelt von ihr weg und dachte: Zum wievielten Mal soll ich noch verzeihen? Denn es war nicht der erste Vorwurf dieser Art und nicht die erste Szene dieser Art. Er wusste nicht, wie er sich verhalten sollte, ob er ihrem Flehen und ihrem Bitten wieder nachgeben sollte oder ob er endlich den Versuch wagen würde, sich von ihr zu trennen, da er wusste, dass diese Beziehung auf Dauer keine Zukunft hatte. Aber auch diesmal gelang es Lola wieder, ihn davon zu überzeugen, dass es der letzte Auftritt dieser Art war und dass sie ihr doch noch einmal eine Chance geben sollte. Und genau das tat Gent dann auch."

- Tafel 3 GF (s. Abb. 1-2): „Schluchzend, die Hand vors Gesicht, den Kopf gesenkt, ging Anna aus dem Zimmer. Gerade hatte sie vom Arzt erfahren, dass ihr Mann an einer unheilbaren Krankheit leidet. Sie wusste nicht, wie sie mit dieser Nachricht fertig werden sollte, zumal ihr Mann noch nichts davon wusste. In sich zusammengesunken und völlig ratlos stand sie an der Tür, umfasste sie und war nicht fähig, sie hinter sich zu schließen, denn sie dachte, wenn sie jetzt zumacht, könnte es vielleicht das letzte Mal sein, dass sie ihren Mann gesehen hat oder lebend gesehen hat. Sie wagte es nicht, aus dem Zimmer zu treten. Die Gedanken kreuzten durch ihren Kopf, wie es denn nun weitergehen sollte. Da waren die Kinder, die ihren Vater brauchten, sie, die als Hausfrau auf seine Arbeitskraft und seine Hilfe angewiesen war, in einer Zeit, wo es schwer genug war, überhaupt zu überleben. Es ist die Zeit ein paar Jahre nach dem Krieg, wo jeder froh war, gerade ein bisschen gefestigt zu sein. Plötzlich spürte sie, wie etwas Unbekanntes durch ihren Körper ging. Sie dachte, es ist eine Hand oder ein Arm, der sie stützt und der sie hält und ihr sagt: ,Sei zuversichtlich, sei stark und hilf deinem Mann, diese Krankheit zu überwinden!' Und sie

Abb. 1-2: Thematischer Apperzeptionstest – Tafel 3 GF.

spürte eine unendliche Kraft in sich. Geführt von diesem Gedanken und von dieser inneren Stärke, ging sie zurück ins Zimmer ihres Mannes und versuchte ihm durch Worte und durch den Beweis ihrer Liebe zu helfen und ihn aufzubauen. Er hat die schwere Krankheit überlebt, und die Kraft und die Stärke seiner Frau haben ihm dabei sehr geholfen."

- Tafel 13 MF (s. Abb. 1-3): „Rolf stand da, angezogen, und schaute auf das Bett, in dem seine Geliebte schlief. Er schlug den Arm vors Gesicht und dachte sich: ‚Was habe ich nur getan?' Er dachte plötzlich an seine Familie, an seine Frau und Kinder, an sein ganzes Umfeld und war wie blockiert. Er stand unbeweglich im Zimmer und wusste nicht, wie er seiner Frau am Abend gegenübertreten sollte. Zu ihr hatte er gesagt, er sei geschäftlich unterwegs und würde eine Nacht nicht nach Hause kommen. Denn er wusste, dass dieses Treffen am Abend nicht ohne Folgen bleiben würde. Er hatte das Mädchen im Zuge seiner Arbeit kennen gelernt und hatte sich auch sofort in sie verliebt. Obwohl sich seine Vernunft meldete, er solle seinen Gedanken nicht nachgeben, hat er es nicht fertiggebracht. Jetzt, im Nachhinein, bereut er. Und er ist sich aber nicht sicher, ob er ihr nicht bei nächster Gelegenheit wieder verfallen würde und das Glück seiner Familie, an der er doch hing, wieder aufs Spiel setzen würde. Er vermochte auch nicht, sie zu wecken, sondern zog sich fertig an und schlich wie ein Dieb aus dem Zimmer. Er brachte es auch in Zukunft nicht fertig, sich sei-

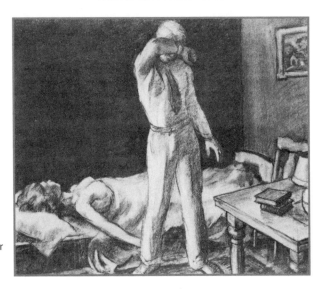

Abb. 1-3: Thematischer Apperzeptionstest – Tafel 13 MF.

nen Gefühlen zu erwehren, und setzte das Verhältnis mit seiner Geliebten fort. Letztlich aber war sie es, die ihm sagte, dass sie spürt, dass er mit seinen Gedanken doch sehr oft bei seiner Familie ist, dass er auch, ohne es zu merken, sehr viel von seiner Familie spricht. Und es tat ihr scheinbar nicht sonderlich weh, sich von ihm zu trennen, bzw. sagte sie ihm, dass es besser wäre, wenn er zu seiner Familie zurückkehren würde. Beschämt über dieses Ende seiner Beziehung und noch mehr beschämt über sich selbst, hatte auch er dieses Verhältnis beendet. Jedoch konnte er seiner Frau nie mehr mit der Offenheit und mit der Ehrlichkeit, die er vorher hatte, begegnen. Er fand aber auch nicht den Mut, ihr dieses Verhältnis zu beichten."

Andere Tests sprechen für eine gewisse, aber nicht sehr starke Depressivität. Sabine erscheint sehr impulsiv, erreicht in einigen Skalen extrem hohe Werte für „Weiblichkeit", die auf ein übertrieben weibliches Rollenklischee hindeuten.

Insgesamt sind die Befunde nicht stark auffällig, einige Akzentuierungen klingen aber an.

Der klinische Psychologe schreibt:

„Sabine war bei den verschiedenen testpsychologischen Verfahren bemüht, in ‚disziplinierter' und freundlich-zugewandter Weise aufzutreten. Sie erledigte klaglos und zügig alle Aufgaben, war gesprächig und eher heiter, doch konnte man schon bei einer kurzen Gesprächsführung ihre Verzweiflung und Verletztheit erkennen. Eine gewisse hypochondrische Fixierung ... muss vor dem Hintergrund der realen, ernsthaften Erkrankung relativiert und als verständliche Besorgnis aufgefasst werden. Diesbezügliche Ängste werden von ihr durch ein starkes basales Hoffnungspotenzial bzw. ein fundamentales Vertrauen auf eine Wendung zum Besseren abgewehrt. Hier klingen hysterische Strukturanteile an ... die, in der Kombination von geringer Frustrationstoleranz, gewissen zänkisch-sthenischen Zügen und dem Nebeneinander von Rebellion und überzogenem weiblichen Rollenklischee den Partner in einen Beziehungskonflikt treiben können, dessen Folgen dann in einem ‚masochistischen Triumph‘ ausgekostet werden. Der Ehemann wird von Sabine ohnehin als viel herschsüchtiger, unbeschwerter und emotional verschlossener charakterisiert. ... In dem Nebeneinander von Geltungsstreben und Selbstwertproblematik dürfte genauso ein Konfliktpotenzial zu sehen sein wie in ihrer akzentuierten Beachtung der ehelichen Treue und Solidarität, die von einer pessimistischen Sicht flankiert ist. Angesichts der guten kognitiven Differenzierung, der empathischen Fähigkeiten und auch des gewissen Introspektionsvermögen liegen gute Voraussetzungen für eine aufdeckende Psychotherapie vor, welche ihr die Verantwortung für die noch weitgehend bewusstseinsfernen Medea-Anteile vermitteln kann.“

Exkurs: Medea

Für viele psychiatrische Fragestellungen und Charaktere bieten die griechische Mythologie und überlieferte Tragödien breiten Stoff und Anschauungsmaterial für Prototypen gewalttätigen oder abnormen Verhaltens und Handlungsmuster, die sich über Jahrtausende wiederholen. Wir haben uns eingangs schon mit Penthesilea beschäftigt. Ein anderer Archetyp, der sich als Bild tief in unser Bewusstsein eingegraben hat und ein auch in der bildenden Kunst und Dichtung vielfach aufgegriffenes Motiv ist Medea, eine Mutter, die aus Rache und Eifersucht ihre eigenen Kinder tötet.

In der griechischen Mythologie ist die asiatische Prinzessin Medea die Tochter des Aietes, des Königs von Kolchis, außerdem die Nichte der Kirke und Enkelin des Sonnengottes Helios. Medea gilt als Hexe und Priesterin der Hekate. Als Iason auf der Argonautenfahrt an den Hof ihres Vaters kommt, verliebt sie sich in ihn und hilft ihm, das Goldene Vlies zu entwenden. Das Goldene Vlies war für die Bewohner von Kolchis heilig. Sie flieht mit ihm vor ihrem Vater in seine Heimat. Die Flucht gelingt, weil Medea ihrem Vater die Gliedmaßen ihres Bruders Apsyrtos in den Weg streut. In Iasons Heimat Jolkos kocht Medea in einem Kessel den Vater des Iason, Aison, in einem Kräuterbad und gibt ihm so seine Jugend wieder. Aison war von Pelias vom Thron gedrängt worden, dessen Töchter wünschen sich auch einen jungen Vater. Medea rät ihnen, auch ihren Vater in Kräutern zu kochen, gibt ihnen aber eine wirkungslose Kräutermischung, sodass Pelias durch seine eigenen Töchter getötet wird.

Medea und Iason fliehen und gelangen nach Korinth. Iason und Medea bekommen zwei Kinder, die sie sehr lieben.

In Korinth verlässt Iason sie zugunsten der Kriusa, der Tochter des dortigen Königs Kreos. Eifersüchtig schickt Medea ihr ein vergiftetes Kleid. Sie übt

Rache, indem sie ihre eigenen und Iasons Kinder tötet. Diese bestellt sie ins Heiligtum der Hera, der Gattin des Zeus, die selbst unter der Untreue ihres Mannes zu leiden hat.

Schließlich flieht Medea nach Athen, wo sie den Aigeus heiratet. Mit ihm hat sie einen Sohn namens Medos. Medea versucht in Athen, den Theseus zu töten, was misslingt. Auf Anraten flieht sie, diesmal nach Medien. Die geglückte Flucht verdankt sie einem von einem geflügelten Drachen gezogenen Wagen, den sie von ihrem Großvater Helios bekommen hatte. Der Name Medien geht auf ihren und den ihres Sohnes zurück, den sie auf der Flucht mitnimmt. Sie sind die Vorfahren der Meder.

Das Schicksal der Medea fand in der antiken, aber auch in der Gegenwartsliteratur regen Widerhall. Medea, die „Frau zwischen den Zeiten und zwischen zwei Welten", ist in der antiken Tragödie der Prototyp der Frau, die als Zauberin, Hexe, Weise, Verräterin und bedingungslos liebend ihre eigenen Kinder tötet. Gleichzeitig ist sie als Nicht-Griechin eine Barbarin, ihre Handlung entsetzlich „barbarisch".

Erstmals erwähnt wird sie von Hesiod (um 700 v. Chr.), später schufen Sophokles und Aischylos Tragödien, die leider verloren gingen. Berühmt dagegen ist die Fassung von Euripides (um 430 v. Chr. uraufgeführt), die immer noch häufig gespielt wird. Der antike Stoff hat zum Beispiel auch Christa Wolf zu einem Buch inspiriert („Medea. Stimmen"). Auch Franz Grillparzer hat eine entsprechende Tragödie hinterlassen („Das goldene Vliess").

Psychiatrische Erkenntnisse

Psychische Krisen, wie sie Sabine durchgemacht hat, sind oft schwierig in psychiatrische Kategorien zu drängen. Trotzdem fordern der Arzt und erst recht das Gericht eine klinische Diagnose. Nichts spricht bei Sabine für das Vorliegen einer schweren Psychose, nichts für eine Wahnerkrankung. Der Gutachter geht bei Sabine von dem Vorliegen einer (reaktiven) Depression zum Tatzeitpunkt aus. Dem wird sich das Gericht später nicht verschließen. Schwierig ist dagegen die Einordnung des Schweregrads der depressiven Störung. War sie so ausgeprägt, dass nicht nur eine deutliche Beeinträchtigung der psychischen Funktionen, eine Verminderung der Steuerungsfähigkeit anzunehmen ist, sondern war sie sogar so stark, dass sie fast wahnhafte Züge annahm, dass Sabine in ihrem Fühlen und Handeln völlig eingeengt war, dass eine völlige Aufhebung der Steuerungsfähigkeit zu diskutieren ist? Die diagnostischen Überlegungen dazu lesen sich in dem Gutachten so:

> „Auch wenn latent Selbstmordgedanken vielleicht schon über einen Zeitraum von einer Woche vorhanden gewesen zu sein scheinen, fiel der Entschluss zur Selbsttötung und Tötung der Kinder ... erst in der fraglichen Nacht. An Eindrücken schilderte die Probandin die letzten Gespräche mit den Kindern, das ge-

meinsame Essen und die Angst der Kinder, alleine bleiben zu müssen. In den folgenden Stunden saß die Probandin alleine in der Wohnung, die trotz ausgeschaltetem Licht, möglicherweise aufgrund des Vollmonds, ihr taghell erschien, wog das Für und Wider ab und entschloss sich schließlich aufgrund ihrer depressiven Verstimmung und der für sie subjektiv erlebten Hoffnungslosigkeit, sich selbst und die Kinder zu töten. Ein genauer Tatplan war der Probandin im Rahmen der jetzigen psychiatrischen Untersuchung ebenso wenig erinnerlich wie der genaue Tathergang. Sie konnte aber in etwa angeben, bis 02.00 Uhr nachts am Tisch gesessen und schließlich den Abschiedsbrief, der ihr mit Ausnahme des Nachsatzes zwar nicht wörtlich, aber inhaltlich in Erinnerung war, zu schreiben. Sabine fühlte sich in den Tagen vor der Tat eigenanamnestisch in einem sehr wörtlichen Sinne ‚von Gott verlassen‘, erschien verzweifelt und erwartete, anders als früher, von nirgendwo mehr Hilfe, hatte im Übrigen wegen der aufgetretenen Krebserkrankung Angst davor, die Kinder nicht mehr versorgen zu können.

Ist der Entschluss zur Tat und das Schreiben des Abschiedsbriefes der Probandin noch erinnerlich, so konnte der Tathergang, für den bei ihr eine Amnesie besteht, nicht exploriert werden. Die Probandin war etwa um 08.00 Uhr morgens bewusstlos mit starken Verletzungen in der Badewanne liegend gefunden worden. Die Probandin selbst war nach Kenntnisstand des Gutachters weder vonseiten der Staatsanwaltschaft noch der Verteidigung über den genauen Tathergang informiert worden, der nach Aktenlage mit ihr im Rahmen der psychiatrischen Exploration thematisiert wurde. Kurz vor Eröffnung der Tatumstände durch den Gutachter berichtete Frau M. von sich aus einen Traum, den sie während des stationären Aufenthaltes in der psychiatrischen Klinik gehabt hätte ... Diese Traumschilderung mag darauf hindeuten, dass der Probandin zumindest unbewusst einige Elemente der Tat in Erinnerung sind, die von ihr möglicherweise so stark verdrängt werden, dass sie derzeit nicht bewusst sind ... (Weiter) muss nach Befundlage bei Frau M. schon über einen längeren Zeitraum eine erhebliche affektive Anspannung mit innerer Zermürbung und Überforderung vorgelegen haben, sodass sie schließlich eine depressive Anpassungsstörung entwickelte, die man dem juristischen Merkmal der ‚schweren anderen seelischen Abartigkeit‘ zuordnen muss. Die Intensität des depressiven Syndroms mag über einen längeren Zeitraum schwankend gewesen sein, führte aber schließlich im Kontext der aufgetretenen Krebserkrankung zu einer psychischen Dekompensation mit weitgehender Einengung des psychischen Erlebens auf die Sorgen um die Kinder und dem Gefühl einer zunehmenden Hoffnungslosigkeit und Verzweiflung. Offensichtlich wurden die konkret als sehr belastend einzustufenden Lebensumstände nach langer Zeit der Verdrängung und Verleugnung auch als solche wahrgenommen, auch die finanzielle Situation wurde als endgültig hoffnungslos eingeschätzt. Ängste vor dem Verlust der Kinder und den zum Teil sehr massiven Auseinandersetzungen mit dem Ehemann sowie die Bedrängung durch die Gläubiger haben zudem zu einer weiteren Labilisierung der Probandin beigetragen. Auf dem Boden dieser inneren Zermürbung entwickelte sich schließlich das geschilderte depressive Syndrom, das in der fraglichen Nacht offensichtlich rasch an Intensität gewann und schließlich zum Entschluss der Selbsttötung unter Mitnahme der Kinder führte ... Die forensisch-psychiatrische Zuordnung der bei Frau M. zum Tatzeitpunkt bestehenden psychopathologischen Auffälligkeiten bereitet einige Mühe. Das liegt zum einen daran, dass die genauen Tatumstände im psychiatrischen Gespräch nicht exploriert werden konnten und der konkrete Tathergang noch etwas im Dunkeln liegt, wenn auch immerhin der Entschluss zum erweiterten Suizid, der wohl in der Nacht fiel, Frau M. erinnerlich war und im Übrigen der Abschiedsbrief sehr deutlich die Verzweiflung und Gefühle der Probandin im Tatvorfeld zum Ausdruck bringt.

Denkbar ist, dass das bei Frau M. zum Tatzeitpunkt bestehende depressive Syndrom sowohl als depressive Anpassungsstörung und damit dem juristischen Merkmal der ‚schweren anderen seelischen Abartigkeit‘ als auch einem so genannten ‚psychogenen Ausnahmezustand‘ und damit dem juristischen Merkmal der ‚tiefgehenden Bewusstseinsstörung‘ zugeordnet werden kann. Dieser Unterschied soll kurz diskutiert werden, spielt aber für die forensisch-psychiatrische Würdigung eine eher untergeordnete Rolle.

Tatsächlich trägt die gefundene Störung Elemente beider Merkmale. Dass bei der Probandin im Tatvorfeld und im Übrigen auch postdeliktisch ein erhebliches depressives Syndrom vorlag, ... ist klar. Begleitende Merkmale, wie Niedergeschlagenheit, Schlafstörungen, Hoffnungslosigkeit, aber eben auch eine zunehmende Suizidalität (Selbstmordneigung), deuten darauf hin, dass es sich bezüglich der Intensität um ein deutliches, zum Tatzeitpunkt wohl massives depressives Syndrom handelte. Hinweise für eine psychotische Symptomatik, etwa mit depressivem Wahn oder Sinnestäuschungen, fanden sich zwar nicht, von der Intensität her dürfte das bei der Probandin bestehende depressive Syndrom aber dem einer affektiven Psychose (depressiven Psychose) nahe gekommen sein.

Weiter müssen aber auch die innerpsychische Dynamik bei der Entwicklung eines depressiven Syndroms sowie die zahlreichen belastenden Faktoren, die sich im Tatvorfeld finden, berücksichtigt werden. Hier waren ... eine massive affektive Zermürbung und langjährige innere Anspannung wegen der finanziellen Belastung und der Ehekrise und aktuell eine existenzielle Verzweiflung mit dem Eintritt der Krebserkrankung wichtige Bedingungsfaktoren, die zur psychischen Dekompensation der Probandin führten. Auch wenn einige ‚kritische Persönlichkeitszüge‘ gefunden wurden, muss doch festgestellt werden, dass sich das depressive Syndrom bei einer primär psychisch gesunden Frau ... entwickelte. Dies sind Voraussetzungen, wie man sie ähnlich bei vielen Affektdelikten findet. ... Weiter scheint es recht abrupt zu einer Änderung des psychischen Erlebens gekommen zu sein, wobei sich die starke innere Anspannung schließlich in der wohl auch vom äußeren Tathergang sehr brutalen und blutigen Tat entlud. ... Der Vollständigkeit halber sei erwähnt, dass sich weder aus den übersandten Akten noch aus den Obduktionsprotokollen irgendwelche

Hinweise auf frühere Misshandlungen der Kinder ergeben hatten. Insofern kann man die Tat im weitesten Sinne als persönlichkeitsfremd ansehen. Schließlich deuten auch die im Rahmen des Selbsttötungsversuchs beigebrachten Verletzungen auf eine massive Erregung hin. ... Ergänzend kann angeführt werden, dass sich derartig ausgedehnte Stichverletzungen im Rahmen eines Selbsttötungsversuchs typischerweise fast ausschließlich bei psychotischen Patienten, kaum dagegen bei affektiven Störungen finden lassen.

... Aufgrund der bei der Probandin zum Tatzeitpunkt vorliegenden depressiven Störung ist eine Verminderung der Steuerungsfähigkeit im Tatvorfeld im Sinne des § 21 StGB sicher anzunehmen. Zu diskutieren ist, ob die Beeinträchtigung des psychischen Erlebens und des Persönlichkeitsgefüges zum Tatzeitpunkt derart ausgeprägt war, dass dadurch auch eine völlige Aufhebung der Steuerungsfähigkeit nicht ausschließbar erscheint. Hier wäre eventuell noch zu diskutieren, ob es zwischen der (mutmaßlichen) Ersttötung des Sohnes und der sich wahrscheinlich anschließenden Tötung der Töchter noch zu einer weiteren Zuspitzung der seelischen Krise und Enthemmung der Probandin gekommen sein könnte ...“

Und schließlich heißt es zur Prognose:
„Ein Risiko für vergleichbare rechtswidrige Daten scheint aber aufgrund des ungewöhnlichen, zum Tatzeitpunkt vorliegenden Bedingungsgefüges und der spezifischen Opferwahl nicht belegbar, sodass sich keine Anhaltspunkte für die Bejahung der psychiatrischen Voraussetzungen für eine Unterbringung der Probandin nach § 63 StGB ergeben haben. Es sei ausdrücklich betont, dass – wenn auch nicht zum jetzigen Zeitpunkt – auch zukünftig suizidale Krisen (Selbstmordgefährdung) bei der Probandin auftreten können. Die psychiatrische Prognose muss also durchaus als unsicher angenommen werden. Das Risiko für fremdaggressive Handlungen stellt sich aus psychiatrischer Sicht dagegen als sehr gering dar.“

Der Prozess

Das Medieninteresse im Fall Sabine ist enorm. Die ersten Reihen des nüchtern wirkenden Schwurgerichtssaals sind mit Journalisten besetzt, die mit Spannung der Anklageschrift, der Einlassung der Angeklagten und den Zeugenaussagen folgen.

Über den Fall wird in seriösen Journalen durchaus kompetent und sachkundig berichtet. Das Schicksal einer Mutter, die ihre drei Kinder grausam tötet, findet überragendes Interesse. Bei allem Abscheu, den die Tat hervorruft, schwingt aber auch in vielen Berichterstattungen Mitleid für die Täterin mit. Im Gerichtssaal ist davon allerdings wenig zu spüren.

Die Anklageschrift wirft Sabine Mord vor. Sie wird nüchtern und sachlich vorgetragen. Über den schwarzen Roben der Richterbank hängt ein schlichtes Kreuz.

Als die Angeklagte in den Gerichtssaal geführt wird, ergeht über sie ein Blitz-lichtgewitter. Fotojournalisten sind vor Beginn des Prozesses nicht aus dem Ge-richtssaal ausgeschlossen worden. Anders als andere Angeklagte versteckt sich Sabine nicht vor den Kameras, blickt offen, fast ein wenig kokett in die Kameras. Ihr Gesicht wird in Tageszeitungen klar zu erkennen sein.

Ihre Einlassungen zur Tat wiederholt Sabine vor Gericht. Ausführlich schildert sie ihre finanzielle und seelische Not, die zerrüttete Ehe, die Kränkungen durch den Ehemann und ihre Ängste vor der Zukunft. Das Bild einer innerlich gebroche-nen, überforderten Frau wird deutlich. Ihre Angaben zur Tat sind ähnlich wie bei der psychiatrischen Untersuchung: An den Abschiedsbrief und die Stunden vor der Tat will sie sich erinnern, nicht dagegen an den Tathergang. Zweifel des Ge-richtes klingen an, lassen sich aber nicht völlig klären. Die Verhandlungstage steht Sabine gut durch, wirkt bei aller Verzweiflung gefasst und dem Prozess ge-wachsen. Vieles spricht dafür, dass Sabine den Prozess auch als „gerechte Strafe" empfindet, als Möglichkeit einer kritischen Selbstreflexion. Auch ihre eigenen Bestrafungs- und Reuephantasien, die sie haben mag, dürften eine Rolle spielen. Sie bewahrt Haltung.

Die Zeugenaussagen bringen zunächst wenig neue Erkenntnisse. Sabines Ex-Mann, Vater dreier ermordeter Kinder, wirkt vor Gericht angespannt, niederge-schlagen, voller Hass auf seine Ex-Frau, die ihn menschlich und finanziell ruiniert und ihm schließlich auch noch seine Kinder genommen hat. Dennoch macht er vor Gericht eine schlechte Figur. Er wirkt als Vater von drei toten Kindern unin-teressiert, wenig liebevoll. Wenn er um seine Kinder stark trauert, dringt dies zu-mindest nicht in den Verhandlungssaal. Es ist überdeutlich: Er hat seine Familie in der Not alleine gelassen.

Erstaunliches ergibt die Vernehmung von Sabines Schwiegereltern, vor allem der Schwiegermutter. Man muss sich vorstellen: Verhandelt wird die Ermordung ihrer dreier Enkelkinder, die in ihrem Haus getötet, von ihnen gefunden wurden. Angeklagt ist ihre Schwiegertochter, die ihren Sohn ruiniert und Leid und Elend über die Familie gebracht hat. Es sind einfache Leute, die harte Arbeit ist ihren Gesichtern anzusehen. Eine große Verbitterung ist spürbar, Trauer um die getöte-ten Enkelkinder. Deren Sorgen und Ängste haben sie, abgesehen von Sabine, wohl am ehesten gespürt. Bei aller Distanz zu ihrer Schwiegertochter klingt aber auch eine gewisse Wärme für sie an. Ihren eigenen Sohn beurteilen sie fast hass-erfüllt negativ. Sabines Schwiegermutter schildert anschaulich die Ängste der Kinder, die kurz vor der Tat gesagt haben sollen, dass sie alle drei an ihrem Wohn-ort bleiben wollten. „Und so ist es auch gekommen. Die Kinder liegen in heimat-licher Erde." In einfachen Worten werden diese Kinderschicksale mit aller Härte deutlich. „Und da erschlug Sabine ihre Kinder ..."

Ihr Bruder wird gehört, auch die Schwestern. Sie wollen von Eheproblemen, Sorgen nichts mitbekommen haben. Verdrängung und Verleugnung von Proble-men, so weit das Auge reicht. Nur Sabines Bruder wirkt differenzierter, lässt auch Kritisches gegenüber seiner Schwester anklingen, ihre Unaufrichtigkeit und ihre Lügen, wenn es um Geldsorgen ging. Sabine war eine Meisterin des Selbstbetrugs und der Täuschung. Gleichzeitig wird deutlich, dass ihre Situation trotz des Ausfalls ihres Mannes nicht so trostlos gewesen war. Die Schwiegereltern, zumindest aber der Bruder haben und hätten ihr geholfen. Sie hat dies nicht mehr erkennen können. Der Krebs hat nicht nur ihre Brust, sondern auch ihre Seele, ihr Rückgrat zerfressen. Wenn sie auch nur zaghaft ausgestreckt waren – hilfebietende Hände hat sie nicht mehr erkannt.

Die materielle, vor allem aber emotionale Not von Sabine wird deutlich. Lösungsansätze, Hilfen wären möglich gewesen. Auch dies wird während des Prozesses deutlich.

Das psychiatrische Gutachten, das die Möglichkeit einer Schuldunfähigkeit bei Sabine einräumt, stößt beim Gericht erkennbar auf wenig Gegenliebe – anders bei der Staatsanwaltschaft, die später auch, ungewöhnlich genug, Freispruch wegen Schuldunfähigkeit beantragen wird und dafür im Gerichtssaal zum Teil Applaus erhält. Das Gericht will eine so starke psychische Störung, wie aufgrund des Tathergangs vom Sachverständigen vermutet wird, nicht sehen, beantragt ein zweites Gutachten, das schließlich im Gerichtssaal erstattet wird. Auch der Zweitgutachter findet bei Sabine einige histrionische Persönlichkeitszüge, „die aber nicht ein solches Ausmaß erreichen, dass man im Sinne der psychiatrischen Diagnostik von einer Persönlichkeitsstörung bzw. in juristischer Terminologie von einer ‚schweren anderen seelischen Abartigkeit‘“ sprechen müsste. Strittig ist weiter die Frage nach Sabines seelischem Zustand, ihren Gefühlen und Affekten zum Tatzeitpunkt.

Der Zweitgutachter schreibt:

> „Obwohl im zeitlichen Umfeld der vorgeworfenen Delikte sowie bei der Tatbegehung selbst ohne Frage heftige Affekte im Spiel gewesen sind, ergeben sich aufgrund der dessen ungeachtet erhalten gebliebenen kognitiven und sonstigen seelischen Abläufe keine überzeugenden psychopathologisch begründbaren Hinweise für das Vorliegen einer ‚tiefgreifenden Bewusstseinsstörung‘. Insbesondere ist hier zu verweisen auf das von der Probandin auch bei der jetzigen neuerlichen Begutachtung ausführlich geschilderte stundenlange Abwägen des Für und Wider verschiedener Vorgehensweisen im Vorfeld der Tat sowie auf einige Stellen des vor der Tötung der Kinder verfassten Abschiedsbriefes, ... in dem etwa von dem ‚gefassten Entschluss‘ die Rede ist und im Indikativ von der bevorstehenden Tötung der Kinder gesprochen wird (‚dass ich die Kinder mitnehme ...‘); auch der nach der Tötung der Kinder und kurz vor dem massiven Selbsttötungsversuch der Probandin verfasste Zusatz zum Abschiedsbrief, aus dem zu entnehmen ist, dass durchaus eine Reflexion des Geschehens stattgefunden hat, gehört in diesen Kontext.
> Die Untersuchung ergab ferner, dass es bei Sabine in den Wochen vor der Tat zu einer erheblichen Zuspitzung einer depressiven Symptomatik gekommen ist. Besonderes Gewicht kommt hier der Mitteilung und späteren Verifizierung und Konkretisierung der Diagnose einer bösartigen Erkrankung zu. Im Rahmen dieses vor allem ab dem der Tat vorausgehenden Freitag in einzelnen Etappen gravierend zunehmenden depressiven Zustandsbildes ... kam es zu einer weit-

gehenden Veränderung von kognitiven Prozessen im Allgemeinen und von Bewertungen der eigenen Lebenssituation, derjenigen der Kinder und der Zukunftsperspektiven, im Besonderen. Das daraus resultierende, im Tatzeitraum vorhandene depressive Syndrom ist mit Blick auf Intensität und Qualität durchaus mit solchen psychopathologischen Zuständen vergleichbar, die der klinischen Erfahrung von schweren affektiven Erkrankungen her geläufig ist. Die Tötung der Kinder zeigt insgesamt die Merkmale dessen, was in der forensischen Literatur als ‚Mitnahme-Suizid‘ bezeichnet ist. Das anzuwendende juristische Merkmal ist dasjenige der ‚krankhaften seelischen Störung‘ ...

Die zum Tatzeitpunkt vorliegende ‚krankhafte seelische Störung‘ führte aus psychiatrischer Sicht bei erhaltener Einsichtsfähigkeit zu einer erheblichen Verminderung der Steuerungsfähigkeit im Sinne des § 21 StGB. Die Beantwortung der Frage, ob darüber hinaus die Voraussetzungen für die Annahme einer aufgehobenen Steuerungsfähigkeit vorgelegen haben, hängt wesentlich von der Bewertung des seelischen Zustands der Probandin zum Zeitpunkt des Verfassens des Abschiedsbriefes ab.

- a) Sie selbst hat dazu bei der jetzigen Begutachtung in detaillierter Weise Angaben gemacht. Sie habe nämlich den Abschiedsbrief zwar durchaus bewusst verfasst – ohne sich allerdings im Nachhinein an alle Formulierungen konkret erinnern zu können –, sei aber in diesem Zeitraum trotzdem unter 2. erwähnten Formulierungen nach wie vor völlig ambivalent gewesen und habe das Gefühl gehabt, eine solche, im Brief angekündigte Tat nicht wirklich ausführen zu können. In diesem Fall ist anzunehmen, dass sich das Tatverhalten ganz wesentlich auf dem Hintergrund massiver verzerrter depressiver Kognitionen abgespielt hat und dass auch das Faktum des Verfassens des Abschiedsbriefes und sein Inhalt gerade nicht für das Erhaltensein tragender seelischer Funktionen sprechen, sondern weitere Anzeichen einer zunehmenden Zerrüttung des Motivations- und Handlungsgefüges durch das schwere depressive Syndrom darstellen. Folgt man dieser Sichtweise, so wird man in der Gesamtschau aller vorliegender Informationen, angesichts der dann doch einsetzenden, gegen die Kinder und die eigene Person (und auch gegen die Katze der Familie) gerichteten Handlungen eine völlige Aufhebung des Steuerungsvermögens im Sinne des § 20 StGB nicht mit Sicherheit ausschließen können.
- b) Die alternative Betrachtungsweise kann sich darauf stützen, dass der ausführliche Abschiedsbrief in der Gedankenführung im Wesentlichen geordnet ist und sich nicht ausschließlich mit den Themen Verzweiflung und Aussichtslosigkeit beschäftigt, sondern auch mit – bezogen auf den Kern des Problems – randständigen Fragen, wie die Art der telefonischen Verständigung von Angehörigen nach der Auffindung der Probandin und ihrer Kinder. Geht man nun – entgegen den Darstellungen der Probandin – davon aus, dass der Abschiedsbrief unter besonderer Berücksichtigung der unter 2. erwähnten Formulierungen, Ergebnisse eines fraglos unter starker affektiver Anspannung und depressiver Stimmungsauslenkung ablaufenden Prozesses

ist, der aber nichtsdestotrotz ein ständiges Reflektieren und insbesondere abwägendes Pro und Kontra verschiedener Handlungsvarianten beinhaltete und der dann konsequent zur Umsetzung eines gefassten Entschlusses in entsprechendes Handeln führte, so liegt aus psychiatrischer Perspektive keine völlige Aufhebung der Steuerungsfähigkeit im Sinne des § 20 StGB vor."

Der Tenor dieses Zweitgutachtens liegt nahe, aber nicht ganz dicht bei der eigenen Einschätzung. Auch hier spielt das Ausmaß der depressiven Verstimmung von Sabine, wie sie zum Tatzeitpunkt vorgelegen hat, eine entscheidende Rolle. Breiten Raum nimmt in dieser Stellungnahme auch die Interpretation des Abschiedsbriefes ein. Wie später das Gericht will auch der Zweitgutachter hier ein gewisses Abwägen des Für und Wider, eine erhaltene Möglichkeit der Reflexion gesehen haben – der interessierte Leser mag sich sein eigenes Urteil darüber bilden, in welcher seelischen Verfassung Sabine bei der Abfassung des Abschiedsbriefes war. Nicht mehr zu klären sein wird, wie sich ihre seelische Verfassung danach noch verändert und zugespitzt hat.

Das Urteil

Wir haben es oben erwähnt: Die Staatsanwaltschaft wie auch die Verteidigung fordern einen Freispruch Sabines wegen Schuldunfähigkeit – das Gericht vermag sich dieser Einschätzung nicht anschließen und verurteilt Sabine wegen dreifachen Totschlags zu 5 Jahren Haft. Eine verminderte, aber nicht völlig aufgehobene Schuldfähigkeit wird attestiert. Sabine nimmt das Urteil mit Gleichmut auf. Es steht zu vermuten, dass sie die Strafe sogar als gerecht empfunden hat. Viele Prozessbeteiligte gehen ohnehin von der Ansicht aus, dass Sabine „gestraft genug" ist. Im Kern sieht der Gutachter dies genauso. Eine menschliche, keine fachliche Einschätzung.

In der Urteilsbegründung wird ausgeführt, dass die 40-jährige Angeklagte mit 28 Jahren heiratete. In dem Urteil steht, dass Sabines Ehe zunächst „gut verlief", dann aber durch die Konflikte, die Sabines Ehemann mit seinen Eltern, insbesondere seinem Vater hatte, belastet war, vor allem aber unter den zunehmenden Schulden litt.

„Die Angeklagte ist zwar sparsam erzogen worden, konnte mit Geld aber nie umgehen. Schließlich ... kam sie auf die Idee, in ihrem Freundes- und Bekanntenkreis Kapitalanlagen zu vermitteln, und spiegelte den Anlegern in betrügerischer Absicht Beteiligung an gewinnbringenden Immobiliengeschäften vor. ... Hieraus sind allein an titulierten Forderungen über 450 000,– € entstanden. Ein weiterer Umstand, der schließlich zur Zerrüttung der Ehe ... führte, ist darin zu sehen, dass sich (ihr Ehemann) ... sicherlich auch wegen der finanziellen Machenschaften der Angeklagten aus der Ehe zurückzog, den früheren gemeinsamen Bekanntenkreis mied und seine Freizeit in seiner Eigenschaft als Fußballtrainer verbrachte."

Die finanzielle Situation der Angeklagten wird in dem Urteil als „desolat" dargestellt: „Sie hatte ab diesem Zeitpunkt kein eigenes Einkommen mehr und lebte im Wesentlichen von der Unterstützung durch ihre Mutter und die Schwiegereltern. Unterhalt für sich selbst und die Kinder erhielt sie von ihrem geschiedenen Ehemann nicht. Dieser behielt sogar das Kindergeld ein, weil er der Meinung war, die Angeklagte habe ihm so viele Schulden überbürdet. ... (Ihr Ehemann) verweigerte nicht nur jegliche Zahlung und Hilfeleistung für die Angeklagte, sondern drohte ihr auch wenige Tage vor der Tat mit ‚Krieg', falls sie gegen ihn wegen des Unterhalts rechtliche Schritte unternehmen sollte", und damit, ihr den Sohn wegzunehmen. „Bereits zuvor hatte er geäußert, sie solle auf den Strich gehen, wenn sie Geld brauche, die ganzen Probleme habe sie sich selbst zuzuschreiben."

So steht es wörtlich in der Urteilsbegründung.

Nachdem bei Sabine auch noch ein Brustkrebs festgestellt wurde, entschloss sie sich in der Tatnacht ihre drei Kinder zu töten. „In dieser, ihr in persönlicher und finanzieller Hinsicht ausweglos erscheinenden Situation entschloss sie sich, ihre Kinder zu töten und sodann sich selbst das Leben zu nehmen. Den Entschluss, ihre Kinder zu töten, fasste sie deswegen, weil sie für diese keine Möglichkeit zu einem lebenswerten Dasein ohne sie sah und sie es insbesondere den Kindern ersparen wollte, ihrem geschiedenen Ehemann ausgeliefert zu sein und in dem Spannungsverhältnis zwischen diesem und seinen Eltern zerrieben zu werden."

Breit wird im Urteil dargestellt, dass Sabine den Abschiedsbrief um 02.00 Uhr schrieb, aber erst gegen 04.00 Uhr ihren Sohn erwürgte und/ oder erstickte und dann, wiederum zwei Stunden später, eine Axt holte und ihre in getrennten Schlafzimmern schlafenden Zwillingstöchter erschlug. Danach versuchte sie, sich umzubringen.

„Anschließend brachte sie sich in Selbsttötungsabsicht mit einem Küchenmesser zum Teil schwere Stichverletzungen im Hals- und Brustbereich sowie Schnittverletzungen an den Handgelenken bei. Zusätzlich versuchte sie sich mit einem unter Strom stehenden Föhn in der mit Wasser gefüllten Badewanne zu töten. Die Angeklagte konnte jedoch knapp am Leben erhalten werden."

Wegen des bestehenden depressiven Syndroms ging das Gericht davon aus, dass die Steuerungsfähigkeit der Angeklagten bei erhaltener Einsichtsfähigkeit erheblich vermindert war, dies alles vor dem Hintergrund der histrionischen Persönlichkeitsstruktur. Eine völlige Aufhebung der Steuerungsfähigkeit wollte das Gericht nicht annehmen.

In dem Urteil werden die beiden möglichen Bewertungen des seelischen Zustands von Sabine zum Zeitpunkt der Abfassung des Abschiedsbriefes diskutiert, wie sie auch der Zweitgutachter vorgeschlagen hatte. Einerseits ist vorstellbar, dass sie bei der Abfassung des Briefes noch völlig ambivalent, unentschieden gewesen sei und das Gefühl gehabt habe, eine solche im Brief angekündigte Tat nicht wirklich ausführen zu können. Dieser Fall würde nicht für das „Erhaltensein tragender seelischer Funktionen" sprechen, sodass man zu einer völligen Aufhebung der Steuerungsfähigkeit und damit zur Schuldunfähigkeit gelangen könnte.

Gehe man andererseits davon aus, so das Gericht weiter, dass der Abschiedsbrief, „der in der Gedankenführung im Wesentlichen geordnet" war und den „Schlusspunkt des ständigen Reflektierens und insbesondere des Abwägens des Pro und Kontra für verschiedene Handlungsvarianten beinhaltete und der dann konsequent zur Umsetzung eines gefassten Schlusses in entsprechendes Handeln führte", so wären „in diesem Fall die Tötungshandlungen als Ergebnis eines Steuerungsaktes zu bewerten".

Von dieser Ansicht ging die Kammer aus. Einige andere Argumente sprechen nach Ansicht des Gerichts ebenfalls gegen eine völlig Zerrüttung der psychischen Kräfte, zum Beispiel der Entschluss, die Tötungsart der beiden Mädchen zu ändern, nachdem der Sohn so gelitten hatte.

Noch einmal zum Abschiedsbrief:

Die Kammer wertete die Formulierung „bis 04.00 habe ich alles Für und Wider abgewägt, aber mein Entschluss blieb" ebenfalls als einen Hinweis auf einen gefassten Tötungsentschluss.

„Dass die Angeklagte angesichts der Bedeutung und Endgültigkeit ihres Entschlusses sowie dessen praktische Umsetzung noch mit Bedenken zu kämpfen hatte, ist nachvollziehbar und lässt keinen Zweifel an der grundsätzlich schon zuvor getroffenen Tötungsentscheidung aufkommen. Gerade diese Bedenken und deren Überwindung erweisen die Tötungshandlungen vielmehr als Ergebnis eines bewussten Steuerungsaktes als Voraussetzung der nicht vollständig aufgehobenen Steuerungsfähigkeit."

Schließlich noch die Begründung, warum es sich um Totschlag und nicht um Mord handelte: „Die Angeklagte handelte zwar objektiv heimtückisch, weil sie die Arg- und Wehrlosigkeit der schlafenden Kinder ausgenutzt hat. Es fehlte jedoch die feindliche Willensrichtung, weil ihre massiven depressiven Syndrome, die Sorge um die Kinder, denen sie ein Leben ohne sie nicht zumuten wollte, bestimmend war und sie meinte, zum Besten ihrer Kinder zu handeln."

Sabines Rechtsanwalt wird später vergeblich Berufung gegen das Urteil einlegen. Er fordert ein drittes Sachverständigengutachten. Der Rechtsanwalt führt u. a. aus, dass der Abschiedsbrief zwei Stunden vor der Tötung der Kinder geschrieben wurde. „Wenn der Abschiedsbrief, wie von der Angeklagten behauptet, gegen 02.00 Uhr geschrieben worden ist und die Tötung des Sohnes erst gegen 04.00 Uhr, die der Mädchen noch deutlich später erfolgt ist, spricht dies nach Auffassung des Zweitgutachters eher dafür, dass das Schreiben dieses Briefes noch nicht der Endpunkt ihres Ringens gewesen ist."

Der Leser sei nicht durch zu komplexe psychiatrische und juristische Details verwirrt. Auch wenn das Gericht nicht allen Ausführungen der Gutachter gefolgt ist, bestehen an der Ernsthaftigkeit, an dem Willen und der Sachkunde des Gerichts, das Geschehene aufzuklären, keinerlei Zweifel. Es hat sein Bestes getan, etwas vielleicht Unaufklärbares aufzuklären, und ein aus seiner Sicht gerechtes Urteil gesprochen. Wahrscheinlich ist es dies auch. Es steht zu vermuten, dass das Gericht auch die Reaktion der Öffentlichkeit im Blick hatte. Eine Mutter, die ihre drei Kinder tötet und freigesprochen wird? Wahrscheinlich wäre dies vielen schwierig zu vermitteln gewesen und ohne abschreckende Wirkung. Dennoch: Es bleiben Zweifel. Die Grausamkeit der Taten, auch gegen sich selbst, mag ihre eigene Sprache sprechen. Am Ende wird man noch einmal Sabines Abschiedsbrief lesen, geschrieben vielleicht zwei Stunden vor den Tötungen – noch Ausdruck einer Ringenden oder schon einer zum Tode Entschlossenen? Sabine hat überlebt – aber zu welchem Preis?

2. Fall
Maria – rasende Eifersucht

Der zweite Fall betrifft eine 31-jährige Krankenschwester, die versucht, die (vermeintliche) Geliebte ihres Mannes zu töten. Sie benutzt dazu eine Schusswaffe und eine Plastiktüte. Das Opfer überlebt die Tat nur mit Glück und knapp. Wir werden sehen, wie ein langjähriger Beziehungskonflikt eine junge Frau zermürbt und sie aus Eifersucht fast einen Menschen tötet.

Maria stammt aus Deutschland, hat eine eineiige Zwillingsschwester. Sie ist eine hübsche junge Frau, eine lebhafte, selbstbewusste blonde Frau mit zwei kleinen Kindern – und wird beinahe zur Mörderin.

Was steckt dahinter? Wie kann es dazu kommen? Dazu müssen wir weit zurückgehen.

Die Familie

Maria kommt aus einer mittelgroßen Stadt, wird unehelich geboren. Die Eltern heiraten erst ein Jahr nach ihrer Geburt.

Die Mutter, ebenfalls Krankenschwester, die aber als Putzfrau arbeitet, wird von ihr als für die damalige Zeit emanzipiert beschrieben, allerdings mit wenig Zeit für die Kinder. Der kranke Vater hat schon aus erster Ehe sechs Kinder, aus der Ehe ihrer Eltern gehen noch zwei weitere hervor. Der Vater ist bei der Eheschließung immerhin 60, verstirbt zehn Jahre später. Schon bei Marias Geburt ist er Rentner, ein früherer Schlosser. Maria hat ihn herz- und krebskrank in Erinnerung.

Bei der späteren Untersuchung erinnert sie sich an gelegentliche Ausflüge, zum Beispiel zum Pilzesuchen, den Vater hat sie aber ansonsten als krank in Erinnerung. Im Gegensatz zu ihm ist der Großvater mütterlicherseits eher ein Vorbild, jedenfalls präsent. Er ist gemütlich, vermittelt Wärme und Vertrauen, kümmert sich um die Kinder. Sein Tod wird sie später schwer treffen.

Die Familie lebt in sehr ärmlichen Verhältnissen, zu den älteren Halbgeschwistern verliert Maria später den Kontakt. Ihre Vollgeschwister sind ebenfalls Krankenschwestern oder Bademeister. In den ersten Lebensjahren leben bis zu zehn Kinder in einer 3-Zimmer-Wohnung. Trotzdem berichtet Maria, die Kindheit sei schön gewesen, sie habe gelernt, sich durchzuschlagen. Sie und ihre Zwillingsschwester sind „Chefs von kleinen Kinderbanden" – nichts Kriminelles, aber Maria ist durchsetzungsstark, wächst in einem Stadtviertel mit hoher Kriminalität auf. Trotzdem oder gerade deshalb sehnt sie sich später nach bürgerlichen Verhältnissen. Sie sei „sehr frei aufgewachsen".

Die Schule bereitete ihr wenig Probleme. Neun Jahre lang besucht sie die Hauptschule mit durchschnittlichem Erfolg. Sie erreicht den qualifizierten Hauptschulabschluss, angeblich zur Überraschung der Lehrer. Gefördert wird sie im Elternhaus wohl nicht. Nach der Hauptschule besucht sie zunächst eine Hauswirtschaftsschule, wird staatlich geprüfte Hauswirtschafterin. Die mittlere Reife holt sie nicht mehr nach und beginnt stattdessen eine Krankenschwesterausbildung im Heimatort, die ihr viel Spaß macht. Erste engere Kontakte mit Jungen hat sie im 17. Lebensjahr, den ersten richtigen Freund mit 18. Sie schildert später, dass zunächst eigentlich ihre Schwester in den Jungen verliebt gewesen sei, diese sei aber „zurückgetreten". Ohnehin habe sich die Schwester schließlich in jemand anderen verliebt. Der erste Freund wird von Maria als Abenteurer-Typ geschildert. Sie habe Schluss gemacht, als er ein anderes Mädchen kennen gelernt habe. Danach führt sie ein „bewegtes Leben" mit vielen Freunden, aber nichts Festes. Dann lernt sie einen jungen Mann kennen, er wird ihr erster Intimpartner. Die Freundschaft läuft während einer Urlaubsreise in Frankreich unter abenteuerlichen Bedingungen auseinander. Er lässt sie einfach sitzen, ohne Geld und Papiere.

Maria berichtet dazu, der junge Mann habe einer Französin die Handtasche gestohlen und plötzlich die Stadt verlassen müssen. Sie sitzt mittellos in Frankreich fest. Auch die Rückfahrt nach Deutschland verläuft abenteuerlich: Sie nimmt sich einfach ein Auto, fährt in die nächste größere Stadt zum deutschen Konsulat, das ihr aber nicht helfen kann, und erreicht schließlich über einen Pfarrer am Heimatort, dass sie von Verwandten abgeholt wird. Diese Geschichte mutet im Nachhinein schon etwas wie ein Vorspiel auf ihr späteres Leben an.

Mit 19 Jahren kommt es zu einem schweren Autounfall. Maria sitzt am Steuer, ihre Schwester neben ihr, das Auto überschlägt sich. Maria bleibt unverletzt, ihre Schwester trägt aber einen komplizierten Oberschenkelbruch davon. Vorwürfe soll sie Maria deswegen nicht gemacht haben. Der Unfall wirft sie aber etwas aus der Bahn, sie leidet an Schuldgefühlen, nur mit Mühe kann sie ihre Ausbildung als Krankenschwester beenden. Sie fängt sich wieder.

Nach dem Examen fährt sie mit einer Freundin drei Monate lang nach Indien. Dort lernt sie einen jungen Mann kennen, auch er wird als Abenteurer-Typ geschildert. Er wird ihr zweiter Intimpartner. Auch diese Freundschaft endet nach einigen Monaten. Danach kehrt sie in ihre Heimatgegend zurück, findet eine Stelle als Krankenschwester. Das Liebesglück bleibt wechselhaft. Sie lernt einen jungen Bauernsohn kennen, einen netten jungen Mann. Maria meint später, sie hätten nicht zueinander gepasst. Mit 21 zieht sie um. Auch hier spielt die Schwester eine große Rolle, die in eine oberbayerische Kleinstadt zieht. Am Anfang tut sich Maria etwas schwer mit der Bevölkerung, findet schlecht Anschluss. Sie meint, sie sei sich zunächst wie eine Nonne vorgekommen, fährt oft nach Hause. Dann gewinnt sie Freunde.

Maria sieht sich selbst als Mensch mit festen Zielen, schildert sich als stark und gerade. Nie und nimmer will sie auf einen Mann angewiesen sein, berichtet sogar, dass sie in anderen Beziehungen eher dominant gewesen sei. Vielleicht war ihre Mutter ähnlich. Psychisch fühlt sie sich stabil, robust. In der Familie sind Nervenleiden unbekannt. Sie ist lebenslustig, aber nicht waghalsig, leichtsinnig. Eine attraktive junge Frau, aktiv und dem Leben zugewandt. Sie ist 22, als sie ihren späteren Mann kennen lernt.

Liebeswirren

Ihren Mann, zwei Jahre älter als sie, wird man später vor Gericht erleben. Er ist, wie sie, noch jung, wirkt aber älter. Im günstigsten Fall, so wird später eine Zeitung schreiben, wird man ihn als stämmig beschreiben können. Die Haare sind zu einem schwachen Kranz um die hohe Stirn zurückgewichen, wie viele Männer mit Halbglatze trägt er kompensatorisch einen Schnurrbart, der ihn nicht jünger macht. Auch bei wohlwollendster Beobachtung wird man feststellen müssen: kein Adonis.

So sieht es auch Maria, als sie ihn in einer Bar kennen lernt. Er ist ein Einheimischer, sitzt dort zusammen mit einer Freundin. Ihr erster Eindruck war, er sei sehr dick, unattraktiv, total konservativ. Er stiert in sein Glas, ihr fallen die erweiterten Geheimratsecken auf. Offen berichtet Maria, er sei das Gegenbild des Abenteurer-Typus gewesen, mit dem sie früher zusammen gewesen sei. Sie sei locker drauf gewesen, er dagegen wirkt brav. Als er das Lokal verlässt, stellt er sich als Bekannter ihrer Freundin vor. Sie unterhalten sich kurz. Maria berichtet später, zufällig hätten sie beide am nächsten Wochenende nach Berlin gewollt, sie zu ihrer Freundin, er angeblich zur US-Army, für die er arbeitet. Franz, wie wir ihn nennen wollen, vermittelt den Eindruck, für den Geheimdienst und die US-Army tätig zu sein. In einer Zeitung wird er später als ehemaliger US-Ranger dargestellt. Der tatsächliche berufliche Werdegang lässt sich nicht ganz aufklären, es bleiben Zweifel. Später arbeitet Franz im „Sicherheitsgewerbe".

Die jungen Leute verabreden sich spaßeshalber in einer Kneipe in Berlin und treffen sich dort später tatsächlich. Es „funkt" noch nicht, sie halten aber am Heimatort Telefonkontakt, treffen sich gelegentlich. Maria berichtet, eine Freundin habe versucht zu kuppeln. Ihr späterer Mann versucht ihr zu imponieren, erzählt ihr, dass er von Berlin mit einem Armeehubschrauber rechtzeitig zu ihr kommen wollte, um sie nicht zu verpassen. Ihr fällt auch auf, dass er „kniggemäßig", so ihr Ausdruck, gut drauf wäre. Er hält die Tür auf, vermittelt den Eindruck, dass er wisse, wo es langgehe. Das gefällt ihr, ihr Interesse erwacht.

Es gibt jedoch Hindernisse. Als sie sich kennen lernen, lebt Franz noch mit einer anderen Freundin zusammen. Er erzählt Maria, dass er mit dieser Frau nicht mehr liiert sei, keinen Intimkontakt mehr habe. Sie sagt ihm, dass er sich zwischen der (vermeintlich?) Verflossenen und ihr entscheiden müsse. Einige Wochen später sagt Franz ihr, dass er wieder bei seinen Eltern wohne und die Beziehung mit seiner Freundin beendet sei. Später sagt Maria, sie habe ihm das damals geglaubt. Bald kommen ihr Zweifel. Der Mann arbeitet, wahrscheinlich nicht typisch für einen Ex-Ranger, als Taxifahrer.

Sie freunden sich an, nach vier Monaten werden sie intim. Er wohnt teilweise bei ihr. Morgens fährt er angeblich zu seinen Eltern, abends ist er bei ihr. Das geht etwa ein Jahr so. Als sie misstrauisch wird, trennt sie sich kurzzeitig von ihm. Sie reist ihm nach, stellt fest, dass er immer noch halb bei seiner alten Freundin wohnt und dort auch übernachtet. Eines Tages fährt sie mit ihrer Schwester zu seiner früheren Wohnung und sieht dort sein Auto vor der Tür. Sie läutet alle Wohnungen durch, bis eine junge Frau aufmacht. Sie fragt nach ihrem Freund. Er liegt im Schlafzimmer. Zusammen mit der Schwester trinken sie mit der Freundin Kaffee, stellen fest, dass es keine getrennten Betten gibt. Sie wecken Franz gemeinsam auf. Maria berichtet, dass sie sein Gesicht in diesem Moment ihr Leben nicht vergessen werde. In diesem Moment sei die Sache für sie erledigt gewesen. Sie fährt nach Hause, hört lange nichts mehr von Franz. Eine schöne Episode, vorbei. Sie „schmeißt sich ins Leben", schließt lockere Freundschaften. Sie berichtet später, ihr Mann sei in dem kleinen Ort stets über sie informiert gewesen, jedenfalls vermittelt er den Eindruck. Vielleicht trauert sie ihm ein wenig nach.

Nach einigen Monaten trifft sie Franz zufällig wieder auf der Hochzeit einer gemeinsamen Bekannten. Über verschiedene Umwege treffen sie sich wieder, finden wieder Kontakt, telefonieren. Er lebt wohl noch mit ihrer Vorgängerin zusammen, trotzdem ist sie einem Wiedersehen nicht abgeneigt. Schließlich kommt es wieder zu Intimitäten. Er arbeitet noch als Taxifahrer.

Maria ist verliebt.

Heirat als Katastrophe

Das bleibt nicht folgenlos. Maria, 25, wird schwanger. Erst im 4. Monat will sie das bemerkt haben, berichtet, der Frauenarzt habe sie zuvor fälschlicherweise auf eine Eierstockentzündung hin behandelt. Kurz denkt sie an eine Abtreibung, verwirft diesen Gedanken aber rasch. Im Hochsommer wird ihre erste Tochter geboren, ein gesundes Mädchen. Maria schildert, sie habe gar nicht auf Hochzeit gedrängt, die Wohnungssuche sei aber für ein Ehepaar leichter gewesen. Wenige Monate nach der Geburt der Tochter heiratet das Paar. Ihr Mann soll später mehr oder weniger scherzhaft immer wieder gesagt haben, er sei „geheiratet worden". Maria meint, „mit dem Trauschein ist alles schief gelaufen". Sie gerät schnell in eine Rollenverteilung hinein, die sie nie haben wollte. Trotz Baby arbeitet sie voll als Krankenschwester (um das Kind kümmern sich verschiedene Leute) – sie tut dies auch, um den Unterhalt der Familie zu sichern, und sie beginnt, Finanzierungen zu vermitteln. Ihr Mann, mit unklarem beruflichen Hintergrund, gründet einen privaten Sicherheitsdienst, trägt aber finanziell für die Familie relativ wenig bei. Die Vaterrolle füllt er wohl aus, solange – wie Maria meint – Publikum da sei, ansonsten ist die Familie ihre Sache. Er ist nachts häufig weg, bewacht angeblich

Gebäude, hat eine Waffe. Später nimmt ihr Mann einen Partner in seine kleine Firma. Das Leben ist nicht leicht. Maria meint, „wenn ich nicht gearbeitet hätte, wäre ich in dem Dreck gelandet, wo ich herkomme". Vorsichtshalber führt sie getrennte Konten. Ihr Mann macht Schulden, leiht sich Geld, ist erfindungsreich, wenn es um Ausreden geht, warum er spät nach Hause kommt. Maria meint, vielleicht spiele er auch. Die finanziellen Probleme sind ernst, wenn auch nicht bedrückend. Maria ist fleißig, arbeitet viel. Das Geld ist zwar knapp, trotzdem fährt ihr Mann ein großes Auto. Sie streiten sich häufiger, und so wird die Ehe rasch schlechter.

Zwei Jahre später wird die zweite Tochter geboren. Maria berichtet später, ihr Mann sei oft tagelang weg gewesen, angeblich, um Gebäude zu bewachen. Sie denkt an Scheidung, ist sicher, dass er eine Freundin hat. Er streitet alles ab.

Vor Gericht wird ihr Mann später abenteuerliche Geschichten erzählen. Er wird behaupten, Drogenringe gesprengt zu haben, über der Adria will er Sondereinsätze geflogen haben.

Es gibt nutzlose Aussprachen, er gelobt Besserung, fällt bald wieder in den alten Trott zurück. Nachts kommt er, legt sich neben sie. Oft sperrt sie ihn aus, dann schläft er bei seinen Eltern, zu denen sie ein gutes Verhältnis hat.

Eine Großmutter hat ihn als „Straßenengel und Haustyrann" beschrieben, hilfsbereit und zuvorkommend, aber auch Pascha und Tyrann im eigenen Haushalt. Der Sex mit ihm wird von Maria später als gut, „top" geschildert, er sei einfühlsam gewesen, sie kann sich fallen lassen, er ist auch experimentierfreudig. Sie lieben sich im Wald, machen gelegentlich Fesselspiele, was ihr aber keinen Spaß macht, probiert andere Dinge aus. Später wird sie für ihn öfter Reizwäsche anziehen. Es gibt viele Probleme – der Sex gehört nicht dazu.

Vorspiele

Maria wird immer unsicherer. Die beiden kleinen Kinder fordern sie, sie arbeitet trotzdem. Ihr Mann ist oft nachts, manchmal tagsüber lange weg, streitet alle Frauengeschichten ab. Er spricht von Observierungen. Ihre ältere Tochter findet beim Spielen in der Geldbörse ihres Mannes zufällig ein Nacktfoto. Es zeigt die frühere Freundin mit einer Rose im Mund. Als Maria ihren Mann darauf anspricht, meint dieser nur, dieses Foto sei nicht darin. Ab dieser Zeit spioniert sie ihm häufiger nach, ist nervlich zunehmend angegriffen. Angeblich hat ihr Mann einen längeren Beobachtungsauftrag wegen einer Drogensache. Monatelang ist er kaum zu sehen, telefonisch nicht erreichbar. Wie wir bereits sahen, erzählt er ihr einmal, dass er für den US-amerikanischen Geheimdienst arbeitet. Von Bekannten hört sie, wo er herumfährt, mitunter mit anderen Frauen im Auto. Es bleibt unklar, wie dieser äußerlich so wenig ansprechende Mann die Frauen für sich interessieren kann. Untreue streitet er ab.

Ihr Verdacht erhärtet sich. Sie fährt mit ihren Kindern zu der vermeintlichen Freundin, die alles abstreitet. Ihr Mann sei nur „ein normaler Freund". Sie will daran glauben, vielleicht stimmt es auch. Die Unsicherheit bleibt. Ihre Zwillingsschwester rät ihr immer wieder, sich von ihrem Mann zu trennen, schimpft über seinen Eierkopf und sein Doppelkinn. Maria, nicht dumm und durchaus offen für die Wahrnehmung eigener Gefühle, berichtet später, er habe sie stark an ihren geliebten Großvater erinnert, habe viel Sicherheit ausgestrahlt, deswegen habe sie ihn so lange ertragen. Später meint sie, sie hätte vielleicht sogar toleriert, dass er mit zwei Frauen zusammenlebe. Im Laufe ihrer Beziehung sei sie „über so viele Hürden gesprungen", dass sie vielleicht sogar diesen Berg übersprungen hätte. Dazu wird es nicht kommen.

Maria ist 29, die Kinder sind 2 und 4. Die Streitereien häufen sich. Einmal gibt ihr Mann ihr eine Ohrfeige. Sie hat genug, zieht aus und beantragt die Scheidung. Sie geht zu ihrer Mutter. Monatelang haben sie keinen Kontakt, bis Franz anfängt, die Kinder am Wochenende zu holen. Einmal nimmt er sie mit in den Zoo, zusammen mit einer anderen Frau. Sie erfährt dies von den Kindern, trotzdem keimt in ihr eine vage Hoffnung, mit ihm wieder zusammenzukommen. In der Zeit der Trennung wirkt er so zuvorkommend wie vor der Ehe. Sie erledigt ihm kleine Büroarbeiten, gewinnt wieder Kontakt und Nähe. Der Sommer wird gut, ihr Mann hofiert sie. Sie kehrt zu ihm zurück. Später spricht sie von einem „seelischen Hin und Her". Seine alten Fehler und Gewohnheiten nimmt sie wahr, vergibt ihm aber alles – „wenn er mich einmal in die Arme genommen hat", will sie ihm alles glauben. Sie erlebt, recht wörtlich zu nehmen, ihren Mann als Fels, dem selbst der größte Sturm nichts anhaben könnte. Nie wird er umkippen. Schließlich kehrt sie zu ihm zurück, nur sieben Wochen vor der Tat. Es ist trüber Herbst. Kurz vor Weihnachten wachsen ihre alten Ängste und Sorgen. Immer häufiger fährt ihr Mann nachts „auf Streife", bleibt bis 05.00 oder 06.00 Uhr weg. Angeblich beobachtet er ein Autohaus. Dabei hat er den Auftrag schon verloren, beobachtet die Firma aber angeblich weiter, um sich mögliche spätere Aufträge zu sichern. Sie findet Briefe ihres Mannes, die mit „Hallo Brigitte" anfangen. Als Ausrede gibt ihr Mann dazu an, dass die Briefe angeblich an sie selbst gerichtet seien, er sich aber nicht getraut habe, sie mit ihrem eigentlichen Namen anzureden. Dümmeres hört man als Ausrede selten. Maria beginnt, nachts mit dem Fahrrad zu dem Autohaus zu fahren, um zu sehen, ob er da ist, sieht ihn aber nicht. Sie weiß, dass er sie belügt, spürt, dass es da etwas gibt, ist verzweifelt. Ihr Mann streitet alles ab, schlägt ihr sogar vor, zum Arzt zu gehen, da sie angeblich schizophren sei. Auch beruflich gibt es Sorgen. Es geht wie immer ums Geld. Angeblich ist Geld aus der Firma verschwunden. Sie läuft ohnehin nicht gut. Trotzdem fährt ihr Mann mit seinem Partner, der ihn vermeintlich betrogen hat, weiter Streife.

Die ganze Beziehung wird zunehmend verworren. Sie hat das Gefühl, ihr Mann betrüge sie ständig. Andererseits lässt sie sich zu Sexspielen überreden, zieht sich Strapse an, lässt sich fesseln. Als sie ihn einmal tatsächlich mit Reizwäsche überrascht, sieht er sie aber kaum an, bleibt vor dem Fernseher. Maria schildert später, dass sie immer versucht habe, so zu sein, wie er wollte. Er habe sie dann aber immer zurückgestoßen. Sie erlebt sich immer mehr als verändert, verunsichert. Manchmal ist Franz sehr lieb zu ihr, dann wieder bezeichnet er sie als Hure und Schlampe. Bei einem Streit wirft er ihr die ganze Reizwäsche vor die Tür. Es kommt zur Versöhnung. Wenige Tage später will sie ihn mit einem Babydoll überraschen, er kommt aber gar nicht nach Hause. Es ist tiefer Winter, sie wirft sich nur einen Mantel über und fährt zu dem Autohaus, wo sie ihn vermutet. Als er ihr Auto kommen sieht, fährt er mit einem „Affenzahn" weg. Sie sieht noch, dass im Jeep ihres Mannes eine andere Frau sitzt. Es kommt zu einer filmreifen Verfolgungsjagd. Ihr Mann versucht, sie abzuschütteln, sie fährt hinterher. Schließlich stellt sie das andere Auto, fährt vor ihn, er muss abbremsen. Blitzschnell steigen er und die andere Frau aus. Er sagt ihr, es habe sich nur um eine Funkerin gehandelt, er habe nichts mit ihr. Sie steht in der Winternacht vor ihm, nur mit einem Babydoll bekleidet – später sagt sie, der ganze Abend sei ein Albtraum gewesen. Die andere Frau verschwindet, Maria beschimpft ihn: „Da guck her, ich bin so, wie du mich immer haben wolltest!" Sie wirft ihm den Mantel vor die Füße und sagt, sie gehe jetzt zu Fuß nach Hause. Halbnackt steht sie in der Winternacht, später fährt er sie nach Hause, verlässt sie aber wieder. Noch in der selben Nacht fährt sie zu dem Parkplatz zurück und sieht dort eine Frau, die vermeintliche Freundin Carla. Sie spricht sie an und fragt sie, was sie sich eigentlich einbilde, sie sei die Frau von Franz. Carla streitet alles ab – sie sei 20 Jahre alt, wolle das Leben genießen, „was will ich mit einem alten Knacker". Dabei weiß Maria, dass Carla genau der Typ ihres Mannes ist. Groß, rothaarig, kräftig. Ihr Mann beschuldigt sie später, dass bei Carla anonyme Anrufe eingegangen seien, eine Frau habe sie beschimpft. Maria meint, sie habe damit nichts zu tun gehabt. Der Albtraum geht weiter. Einerseits will sie sich wieder von ihrem Mann trennen, andererseits gibt es Pläne, die kirchliche Hochzeit nachzuholen. Maria weiß nicht, wie es weitergeht. Später berichtet sie, sie habe sich im Auto manchmal verfolgt gefühlt, einmal wird sie von der Polizei angehalten, die ihr sagt, ihr Auto sei nicht angemeldet. Sie leidet unter Ängsten, Ärger, ist unsicher. Eine Woche vor der späteren Tat verschwindet die Dienstpistole ihres Mannes. Dieser Sachverhalt wird sich nicht aufklären lassen. Ihr Mann deponiert seine Pistole immer in der Wohnung, eines Tages ist sie weg. Hat Maria die Pistole genommen? Die kleine Tochter berichtet von einem nächtlichen Einbrecher. Ihrer Beschreibung zufolge könnte es sich um den Partner ihres Mannes handeln. Dieser streitet das ab. Maria fühlt sich psychisch immer schlechter, ist verwirrt. Sie isst nichts mehr, nimmt innerhalb weniger Tage 6 kg ab. Ist Carla eine Freundin ihres Mannes oder doch nur eine „gute Bekannte"? Sie findet Rechnungen von Lokalbesuchen, verübt einen, wohl eher demonstrativen Suizidversuch, fügt sich einige Kratzer am Handgelenk bei. Sie erleidet einen Kreislaufzusammenbruch, wohl, weil sie nichts mehr gegessen hat. Sanitäter versorgen sie, ins Krankenhaus geht sie nicht. Schließlich verschwindet auch noch etwas Geld aus der Wohnung. Später berichtet sie, dass ihr Mann einen Offenbarungseid habe ablegen müssen. Auf der Fahrt zum Gericht soll er sehr ekelhaft zu ihr gewesen sein. Dennoch schreibt sie ihrem Anwalt, dass sie sich nicht mehr scheiden lassen möchte. Wenige Tage vor der Tat beobachtet sie, wie Carla wieder in das Auto ihres Mannes steigt. In ihrem Kopf entstehen wirre Pläne.

Wirre Pläne

Eines Nachts legt sie sich hinter die Rückbank des Jeeps ihres Mannes, bevor dieser auf Streife fährt. Er bemerkt es wohl nicht. Einmal steigt Carla kurz ins Auto, steigt wieder aus. Bei dem kurzen Gespräch mit ihrem Mann erfährt sie aber von einem Treffen mit Carla und deren Schwester am nächsten Tag. Am nächsten Vormittag schleicht sich Maria erneut in den Jeep, wird aber von ihrem Mann und einigen Freunden entdeckt und steigt wieder aus. In der nächsten Nacht das gleiche Spiel. Es ist der Vorabend der Tat. Sie versteckt sich hinten in dem Jeep. Im Autohaus steigt Carla ein und meint zu ihrem Mann, dass sie ihn vermisst. Eine Zeit lang unterhalten sich die beiden „ganz normal", fahren dann schließlich zu einem Waldparkplatz und stellen die Liegesitze nach hinten. Es kommt zum Petting. Ihr Mann sagt zu Carla, sie sei schön, spielt mit ihren Brüsten, meint auch, dass er es toll fände, dass sie sich schon fünf Wochen kennen würden und noch nicht miteinander geschlafen hätten. Maria, nur Zentimeter von dem Liebespärchen entfernt, berichtet später, sie habe sich entsetzlich gefühlt und gehofft, dass alles schnell vorbeigehe. Schließlich fährt ihr Mann zum Autohaus zurück, hält bei einer Imbissbude. Sie schleicht sich aus dem Wagen, stiehlt sich davon und nach Hause. Später kommt ihr Mann, bringt ihr einen Hamburger mit. Im Wagen hat sie sogar gehört, dass ihr Mann und Carla eine gemeinsame Zukunft besprochen hatten. Er redet von Scheidung, meint, dass seine Mutter die Kinder großziehen könnte. Maria hat das Gefühl, ihr Mann wolle sie verrückt machen. Zu einer Aussprache kommt es nicht, sie nimmt eine starke Schlaftablette. Ihr Mann will noch Sex, sie aber sagt ihm: „Wenn einer verwöhnt wird, dann ich." Er lehnt ab. Trotz Schlaftablette liegt sie wach, geht um 03.00 Uhr nachts mit dem Hund spazieren. Ihr geht der vergangene Abend durch den Kopf. Da kommt ihr eine Idee. Maria denkt an die verschwundene Pistole. Sie berichtet später, sie habe sie einen Tag zuvor in einem Zimmer des Partners ihres Mannes zufällig gefunden. Nicht nur das Gericht wird diese Fassung später für zweifelhaft halten. Maria meint, sie habe nach Papieren gesucht. In ihrem Kopf entwickelt sich ein Plan. Sie will die junge Freundin ihres Mannes auf dem Weg zur Arbeit abpassen und sie zu einem Gespräch zwingen. Wenn sie dazu nicht freiwillig bereit ist, will sie die Pistole nehmen. Der Plan führt weiter. Die gelernte Krankenschwester will ihr einige Tabletten geben, damit sie ihren Mann ein paar Tage nicht treffen kann. Carla soll ihrem Mann einen Brief schreiben, dass die Beziehung zu Ende ist. Will sie Carla wirklich nur vorübergehend aus dem Verkehr ziehen?

Die Tat

Es bleibt nicht beim Plan. Morgens nimmt sie zu Hause eine schwarze Perücke, die von einer Faschingsfeier übrig geblieben ist. In den frühen Morgenstunden setzt sie sich die Perücke auf und fährt zu Carla, wartet Stunden hinter Sträuchern versteckt vor dem Haus. Es wird langsam hell. Schließlich kommt Carla aus dem

Haus. Als sie zu ihrem Auto geht, springt Maria hervor, Carla erkennt sie gleich, ist erschreckt. Maria zieht die Pistole, zwingt Carla, mit ihrem Auto zu ihrem Jeep zu fahren, nur eine kurze Strecke. Dort fordert Maria die Frau auf auszusteigen, zieht den Schlüssel ab und geht mit ihr zum eigenen Wagen. Sie setzt sich ans Steuer, fährt aufs Land. Später sagt sie, ein eigentliches Ziel habe sie nicht gehabt. Ihr gehen immer wieder die Worte ihres Mannes („Ich liebe es, mit deinen Brüsten zu spielen") durch den Kopf. Im Wagen streitet Carla die Beziehung ab. Maria fährt an einem Bauernhof vorbei auf einen Feldweg in Richtung eines Schuppens. Carla sagt ihr, sie habe geglaubt, dass die Beziehung zwischen Maria und ihrem Mann zu Ende sei, sonst hätte sie sich nicht darauf eingelassen. Maria zwingt sie, einen Brief zu schreiben: „Mein geliebter alter, dummer, lieber Mann ..." In dem Brief soll sie schreiben, dass sie sich von Franz trennt. Dann zwingt sie die Frau, die Tabletten zu nehmen, ein starkes Schlafmittel, das sie mit sich geführt hat. Carla schluckt die Medikamente ohne Widerstand, eine ganze Schachtel. Danach „gerät alles außer Kontrolle". Beide Frauen sitzen im Auto, Carla wird zunehmend schläfrig. Die Staatsanwaltschaft wird Maria später vorwerfen, Carla eine Plastiktüte über den Kopf gestülpt zu haben, um sie zu ersticken. Daran will Maria sich nicht erinnern. Carla erinnert sich auch später noch, dass Maria ihr den Pullover hochgeschoben hat, um ihre Brüste anzusehen, auch das bestreitet Maria später. Der Tötungsversuch mit der Plastiktüte scheitert jedenfalls. Nach ein paar Minuten wird Carla immer müder, torkelt, ist verlangsamt. Maria zwingt sie auszusteigen. Einen Grund dafür kann sie nicht nennen. Carla stolpert, fällt nach wenigen Metern hin, setzt sich neben den Wagen. Sie redet zunehmend wirr, überwiegend von Franz. In der Nähe des Schuppens legt sich Carla in die januarkalte Wiese. Wut und Ärger steigen in Maria auf. Nur zwei Meter von Carla entfernt nimmt sie die Pistole und schießt auf sie. Sie meint später, nicht gewusst zu haben, ob sie wirklich getroffen hat.

Vor Gericht wird Carla später aussagen, dass sie sich tot gestellt habe. Vielleicht rettet ihr dies das Leben.

Erschrocken läuft Maria zum Auto zurück und lässt Carla liegen, fährt weg. Was aus der Pistole wird, ist ungewiss, Maria wird später aussagen, die Pistole während der Fahrt weggeworfen zu haben. Sie bleibt unauffindbar.

Carla hat Glück. Der Schuss wird von einem Bauern gehört, sie wird schwer verletzt gerettet. Der Schuss hat sie am linken Arm, in der linken Flanke getroffen. Sie wird operiert, überlebt knapp.

Marias Verhalten während und nach der Tat wirft viele Fragen auf. Vieles spricht dafür, dass sie die Tat geplant hat – die Pistole, die Perücke, die Medikamente, die Plastiktüte. Viele taugliche Mordwerkzeuge. Trotzdem wirkt Manches unüberlegt, kurzschlüssig, wenig raffiniert. Es scheint, als sei Maria in ein Labyrinth gelaufen und habe nach der dritten Ecke die Orientierung verloren. Das nimmt dem Geschehenen nichts von seiner Gefährlichkeit, im Gegenteil. Wie war ihre psychische Verfassung?

Eine schwere seelische Erschütterung ist unschwer zu erkennen. Vordergründig jedoch wirken ihre Handlungen nach der Tat geordnet. Sie fährt nach Hause, trifft dort ihren Mann und sagt ihm, dass sie Carla niedergeschossen habe und dass sie zur Polizei gehen wolle. Ihr Mann fragt sie sofort nach der Pistole. Das Telefon in der Wohnung ist abgestellt, sie will zur Polizei fahren. Ihrem Mann sagt sie, dass er jetzt habe, was er immer haben wollte. Er gibt ihr eine Ohrfeige. Schließlich geht sie zur Polizei, stellt sich. Zu den Polizisten sagt sie noch, dass sie Carla gezwungen habe, Tabletten zu nehmen, und dass die Ärzte bei der Narkose deswegen vorsichtig sein sollten – Überlegungen einer Krankenschwester.

Noch in die Untersuchungshaft hinein schreibt ihr Mann ihr Briefe, sie aber will sich von ihm trennen. Die Kinder kommen zur Zwillingsschwester.

Diese Eifersuchtsgeschichte, selbst die Tat als solche, hört sich zumindest im Vorfeld teilweise wie aus einer Vorabendsoap an – mit Heimlichkeiten, Intrigen, Verwechslungen, Verstecken, bühnenreifen Auftritten in knapper Kleidung. Hektische Dramatik im Kleinstadtkiez. Aber es ist bitterer Ernst.

Marias Psyche

Maria stammt aus einfachen Verhältnissen, hat sich in gewisser Weise durchgebissen. Sie schildert sich als jemand, der immer feste Ziele gehabt habe, einen starken Charakter, in Beziehungen eher dominant als unterwürfig war. Gleichzeitig schildert sie sich als lebenslustig, wenn auch nicht leichtsinnig. Vor dem ersten Kind habe sie sich eigentlich nicht richtig erwachsen gefühlt. Psychische Beschwerden, gar Erkrankungen werden von ihr verneint. Keine Selbstmordversuche, keine depressiven Verstimmungen.

Bei der psychiatrischen Untersuchung ist Maria kooperativ. Sie ist freundlich, tritt recht bestimmend auf. Offen berichtet sie über ihre Ehe, die Probleme mit ihrem Mann. Sie hat ein gutes sprachliches Ausdrucksvermögen, versteht alle Fragen rasch, antwortet sicher. Die Stimmungslage ist unauffällig, gelegentlich weint Maria bei der Schilderung der Ehe, sonst wirkt sie aber freundlich, manchmal sogar heiter und locker. Ihr Gefühlsleben ist lebhaft, ihr Urteilsvermögen sicher.

Wie sieht sie sich selbst?

Maria empfindet sich selbst als positiv denkend, hilfsbereit, selbstständig, strebsam, auch ehrgeizig. Unter ihrem familiären Versagen leidet sie. In Bezug auf ihren Mann berichtet sie, dass sie finanziell nicht von ihm abhängig war, ihm in der Alltagsbewältigung turmhoch überlegen, andererseits fallen anklammernde, fast masochistische Tendenzen mit Verleugnung der offensichtlichen Untreue auf. Woher rühren diese massiven Verlustängste? Eine große Ambivalenz, eine Unsicherheit im Gefühlsleben ist unübersehbar. Geht sie auf seine Sexspiele ein, ist er unzufrieden, tut sie es nicht, ebenso. Im Denken ist sie strukturiert. Sie urteilt realitätsnah, ihr Urteilsvermögen ist sicher, sie hat eine gute Kritikfähigkeit. Sie ist leistungsorientiert, fleißig. Nichts spricht für eine Psychose.

Im Persönlichkeitsbild wirkt sie eher hysterisch bzw. histrionisch strukturiert mit deutlicher Impulsivität und Extroversion (Außenorientiertheit). In der Testpsychologie erreicht sie einen erstaunlich hohen IQ von 121 Punkten. Nur 5% ihrer Altersgruppe liegen höher. Vor dieser guten intellektuellen Ausstattung verwundert die kurzsichtige Tatausführung umso mehr. Offensichtlich hat die starke Affektdynamik ihrer Wunschvorstellungen den nüchternen Verstand triumphierend überlistet.

In der Untersuchung werden einige Persönlichkeitsfragebögen eingesetzt. Auch hier erscheint Maria als extrovertiert, aktiv und gefühlsbestimmt, vor allem aber impulsiv. Hysterische bzw. histrionische Züge sind unübersehbar – zwar ist in ihrem Auftreten und Erleben nichts Unechtes, schon gar nichts Theatralisches, aber sie ist spontan, fast voreilig, neigt zu vorschnellen Verallgemeinerungen und zeigt ein kindlich-sentimentales Anlehnungsbedürfnis. Ihr Mann, dieser vermeintliche Berg, mag diese Rolle ausgefüllt haben. Auch in der Testpsychologie zeigen sich Parallelen zwischen ihrem Mann und dem geliebten Großvater. Es wirkt wie eine Re-Inszenierung einer verlorenen ödipalen Geborgenheit, welche der Großvater anstelle des schon in der Kindheit kranken Vaters gewähren konnte. Trotz aller Akzentuierungen: ein auffälliges, aber nicht krankhaftes Persönlichkeitsprofil.

Auf hysterische, oder, wie man heute schreibt, histrionische Persönlichkeitszüge wird in diesem Buch an verschiedenen Stellen Bezug genommen. Daher sind einige Ausführungen zum Wesen der Hysterie notwendig. Sie war und ist wahrscheinlich noch eines der Lieblingskinder der Psychoanalyse, und die Literatur, die sich um die Störung rankt, ist fast so schillernd wie das Störungsbild selbst.

Exkurs: histrionische Persönlichkeiten

Der Hysterie-Begriff ist griechischen Ursprungs und geht auf den griechischen Begriff für Gebärmutter, Hystera, zurück. Sie wurde bereits in der Antike als Ursache für die Beschwerden von Frauen angesehen, bei denen sich keine körperlichen Erkrankungen oder Schäden feststellen ließen. Die Psychoanalyse führt die Hysterie auf das Wiederaufleben verdrängter, unbewusster Triebimpulse zurück. Die Neubenennung in histrionische Persönlichkeit (lat. histrio = Schauspieler) erfolgte vor einigen Jahren, auch um den Begriff von den klassischen psychoanalytischen Konzepten, von der Neurose und Konversion, abzugrenzen.

Eines der Leitsymptome der histrionischen Persönlichkeit ist eine emotionale Instabilität mit für Außenstehende oft schwer nachvollziehbaren, plötzlich wechselnden Stimmungslagen, zum Beispiel starke Launenhaftigkeit. Menschen mit histrionischen Persönlichkeitszügen sind sehr außenorientiert und geprägt von einer übermäßigen und dauerhaften Suche nach Aufmerksamkeit, Anziehung oder Bewunderung, Extrovertiertheit und Eitelkeit. Manipulative

Tendenzen sind andere wesentliche Merkmale. Oft neigen Histrioniker zu dramatischem, frivolem, vielleicht auch verführerischem Verhalten. Typischerweise werden Menschen mit histrionischen Persönlichkeitszügen als etwas künstlich und oberflächlich erlebt. Sie erscheinen wechselhaft und hinsichtlich ihrer Interessen und in ihren Beziehungen unbeständig. Ihre Frustrationstoleranz, also ihre Bereitschaft, Unerwünschtes und Unerfreuliches auszuhalten, ist begrenzt, eine starke Tendenz zur unmittelbaren Bedürfnisbefriedigung steht dagegen im Vordergrund. Verzicht ist dem Histrioniker fremd. Andere Merkmale dieser Persönlichkeit sind ausgeprägte Egozentrik und Selbstbezogenheit, häufig auch eine starke Kränkbarkeit. Histrionische Persönlichkeiten sind typischerweise geltungssüchtig und wollen im Mittelpunkt stehen.

Histrionische Persönlichkeitsstörungen sind häufig. Liegt die Häufigkeit (so genannte Prävalenzrate) der Menschen, die dieses Merkmal haben, in der Gesamtbevölkerung zwischen 1,3 und 3%, weisen 22 bis 45% der psychisch Kranken histrionische Persönlichkeitsmerkmale auf. Die Histrionische Persönlichkeitsstörung gehört zu den häufigsten Persönlichkeitsstörungen überhaupt. Sie wird bei Frauen wesentlich häufiger diagnostiziert als bei Männern. Es ist müßig zu diskutieren, wie sich Persönlichkeit entwickelt. Viele Persönlichkeitszüge sind genetisch bedingt und angeboren, entsprechend stabil. Manches spricht dafür, dass sich bei Frauen eine entsprechende „labile" Veranlagung eher in histrionischen Merkmalen äußert, Männer mit ähnlicher Veranlagung weisen dagegen eher eine antisoziale Persönlichkeit auf, die sich u.a. in Gewalttätigkeit oder Unzuverlässigkeit äußert. Sicher spielt auch die Umwelt eine große Rolle. Menschen, die außenorientiert sind und Aufmerksamkeit suchen, können durch die Umwelt stimuliert werden, sich entsprechend zu verhalten (so genannte positive Konditionierung), d. h. ihr Verhalten wird in eine bestimmte Richtung verstärkt. Geht zum Beispiel die Mutter besonders auf ein entsprechendes Verhalten des Kindes ein, wird dieses gefördert. Negative Konsequenzen auf das Aufmerksamkeit suchende, geltungssüchtige Verhalten fehlen dagegen häufig. Histrionische Verhaltensmuster (s. Tab. 2-1) erschweren erkennbar die Ausbildung und Aufrechterhaltung stabiler sozialer Beziehungen, häufig weisen Histrioniker in dieser Beziehung nur eine Scheinkompetenz auf. Mit Zurücksetzungen können sie nicht umgehen. Auf bedrohliche und angsterregende Situationen reagieren sie häufig mit stereotypem, perfekt erlerntem Rollenverhalten. Der Histrioniker schlüpft oder flieht – wie der Schauspieler – von Rolle zu Rolle und möchte von allen geliebt werden, kompetent und stark erscheinen. Umwelt, Beruf und Familie werden im Extremfall zur Bühne. Bricht das Selbstbild zusammen, gelingt die Flucht in immer neue Masken nicht mehr, können sich psychische Störungen entwickeln: Depressionen, Angst, Unzufriedenheit sind die Folge. Wie oben schon angesprochen: Hysteriker(innen) waren eines der Lieblingskinder der Psychoanalyse. Die Therapie der Hysterie ist durchaus nicht undankbar. Der therapeutische Zugang, den man zum Hysteriker bzw. Histrioniker wählt, hängt vom Schweregrad, von der Lebenssituation, vor allem aber von der Symptomatik ab. Stützende, „supportive" Therapien können ebenso eingesetzt werden wie eher konfrontative, aufdeckende Psychotherapieverfahren. Auch kognitive Verhaltenstherapien sind sinnvoll. Eine verbesserte emotionale Regulation und eine Stärkung des Selbstwertgefühls sowie Ausformung einer eigenen Identität sind zentrale Therapieziele. Wichtig ist in jedem Fall, dass der Hysteriker bzw. Histrioniker versteht, wie stark er in seinem Leben und Verhalten abhängig ist von der Bestätigung und Anerkennung durch andere. Umgekehrt geht es auch um eine realistische Anpassung der häufig überhöhten selbstbezogenen Erwartung an sich, vor allem aber auch an andere Menschen. Das Erlernen neuer Beziehungsstile und eine Verbesserung der sozialen Kompetenz sind besonders wichtig.

Die Psychoanalyse versucht, den klassischen Ödipus-Konflikt zu bearbeiten. Unter ihm verstand Freud eine Rivalität und aggressive Gefühle des Kleinkindes in der phallischen Phase mit bzw. gegenüber dem gleichgeschlechtlichen Elternteil. Auf der anderen Seite besteht eine starke Identifizierung mit dem Objekt, die gleichzeitig zur Rivalität besteht. Widerstreitende Gefühle – Hass und Liebe, Verehrung und Zerstörungswunsch – bestehen gleichzeitig. Unbearbeitete Konflikte in diesem Lebensabschnitt führen später unter Umständen zu psychischen Störungen. Gelingt der Umgang mit Sexualität und Aggression auf der ödipalen Stufe nicht, wird das Kind Opfer starker Ängste und später in seiner Persönlichkeit entsprechend fragil oder krank.

Ein anderer in diesem Fall wichtiger Aspekt sei angesprochen: Eifersucht. Die psychiatrische Diagnostik und Forschung hat Eifersucht als psychische Störung kaum berücksichtigt, entsprechend auch nicht konzeptualisiert. Bekannt ist bei psychischen Störungen seit langem das Vorkommen eines so genannten Eifersuchtswahns. Er ist klar pathologisch, und seine Bedeutung für Gewaltdelikte ist gefürchtet.

Tab. 2-1: Diagnostische Leitlinien der Histrionischen Persönlichkeitsstörung (nach ICD-10).

- Dramatisierung bezüglich der eigenen Person, theatralisches Verhalten, übertriebener Ausdruck von Gefühlen
- Suggestibilität, leichte Beeinflussbarkeit durch andere Personen oder Umstände
- oberflächliche und labile Affektivität
- andauerndes Verlangen nach Aufregung, Anerkennung durch andere und Aktivitäten, bei denen die betreffende Person im Mittelpunkt der Aufmerksamkeit steht
- unangemessen verführerisch in Erscheinen und Verhalten
- übermäßiges Interesse an körperlicher Attraktivität

Exkurs: das Othello-Syndrom – Eifersucht als psychische Störung

Der wahnkranke Eifersüchtige ist dadurch gekennzeichnet, dass er in unkorrigierbarer Weise an die Untreue des Partners (fast immer Partnerin) glaubt, oft lächerlichste und absurdeste „Beweise" für die Untreue, Spuren des Nebenbuhlers findet und die Partnerin mehr oder weniger konsistent und dauerhaft mit seinen Verdächtigungen und Nachforschungen drangsaliert. Besonders häufig ist ein Eifersuchtswahn bei älteren, oft dementen oder verwirrten Patienten, nahezu sprichwörtlich aber vor allem bei chronischen Alkoholikern mit häufig eigener unzuverlässiger Lebensführung. Treten Potenzstörungen, körperliche Erkrankungen oder Hirnschäden hinzu, vergrößert sich das Risiko für die Entwicklung eines Eifersuchtswahns, der dennoch unter den verschiedenen Wahnthemen (Versündigungs-, Beziehungs-, Verfolgungswahn etc.) relativ selten ist. Gelegentlich kommt er bei psychotisch erkrankten Schizophrenen vor, ganz selten bei anderen psychischen Störungen. Das Risiko, dass aus ihm Gefahren für die (vermeintlich untreue) Partnerin oder den Nebenbuhler bzw. Rivalen erwachsen, ist erheblich.

Viel häufiger sind dagegen eifersüchtige Gedanken, die keine wahnhaften Züge tragen. Handelt es sich bei diesen um eine Erkrankung? Aus fachlicher Sicht muss die Antwort lauten: meistens nicht. Eifersucht per se ist keineswegs krankhaft und nicht als psychisches Symptom oder Störung, sondern als „Passion", Leidenschaft aufzufassen. Im Englischen hat sich dafür der schöne Ausdruck Othello-Syndrom eingebürgert (vgl. Soyka 1995). Und Barbara Bronnen hat in ihrem schönen literarischen Lesebuch Eifersucht „die schwarze Schwester der Liebe" genannt (Bronnen 1995).

In „Othello" warnt Jago den Protagonisten: „Oh hütet euch vor Eifersucht, dem Ungeheuer mit den grünen Augen, das das Fleisch verhöhnt von dem es sich ernährt." Des Weiteren sagt das deutsche Sprichwort: „Eifersucht ist eine Leidenschaft, die mit Eifer sucht, was Leiden schafft." Hier klingt das Verzehrende, Zerstörerische der Eifersucht schon an. Im Klappentext des Buchs von Barbara Bronnen wird Roland Barthes zitiert:

„Als Eifersüchtiger leide ich vierfach: Weil ich eifersüchtig bin, weil ich mir meine Eifersucht zum Vorwurf mache, weil ich fürchte, dass meine Eifersucht den anderen verletzt, weil ich mich von einer Banalität knechten lasse: Ich leide darunter, ausgeschlossen zu sein, aggressiv zu sein, verrückt zu sein, ungewöhnlich zu sein." (Barthes, zit. nach Bronnen 1995)

Eine Reihe von Psychiatern hat Othello als Prototyp einer so genannten Paranoiden Persönlichkeitsstörung aufgefasst. Besonders deutlich wird das in dem Buch „Akzentuierte Persönlichkeiten" von Karl Leonhard:

„Wer so paranoisch wurde wie Othello, muss schon von Natur empfindlich und misstrauisch gewesen sein, man hört nur nach seiner Tat von ihm selbst, dass er ‚nicht leicht argwöhnte, aber einmal erregt, unendlich raste'. (...)

Man könnte daraus eher auf eine ungestörte als eine übernachhaltige Persönlichkeit schließen. Allerdings waren bei Othello allein schon die äußeren Voraussetzungen dazu angetan, eine paranoische Entwicklung entstehen zu lassen. Shakespeare hat darin nicht nur dichterisch, sondern auch psychologisch eine hervorragende Darstellung gegeben. Durch ein raffiniertes Spiel versteht es Jago, Othello in den Schwebezustand zwischen Hoffen und Befürchten, der für paranoische Entwicklungen so gefährlich ist, zu versetzen und darin zu halten. Er macht anfangs nur Andeutungen, weigert sich, mehr zu sagen, und erzeugt dadurch Spannung. Als Othello mehr und mehr geneigt ist, der Eifersucht Raum zu geben, kann er mit seinen Aussagen deutlicher werden, ohne auf Ablehnung zu stoßen. In feiner Abstimmung auf den Zustand Othellos, dem er zunehmend mehr Lügen zumutet, steigert er seine Aussagen. Schließlich, als die Eifersucht übermächtig geworden ist, kann er mit schweren Geschützen kommen und Othello körperliche Verbindungen ausmalen, in denen sich Desdemona mit Cassio hingegeben haben soll. (...) Es gibt nichts in der Literatur, das den Ablauf einer paranoischen Entwicklung so gut schildert, wie es durch Shakespeare in Othello geschieht." (Leonhard 1976)

Othello wird hier als Prototyp einer paranoiden, d.h. misstrauischen Persönlichkeit aufgefasst. Einen anderen Aspekt Othellos greift der Dichter Max Frisch auf, der in seinen Tagebüchern Autobiografisches zum Thema Eifersucht mitteilt. Zu Othello schreibt er:

„Othello oder der Mohr von Venedig heißt der ganze Titel. Othello ist in erster Linie nicht ein Eifersüchtiger, sondern ein Mohr, also ein Mensch aus verachteter Rasse. Persönlicher Erfolg, den er soeben errungen hat, ändert nichts an seinem verwundeten Selbstvertrauen. Man achtet ihn zwar: Obschon er ein Mohr ist. Es bleibt das Obschon, dass der spürt, es bleibt seine andere Haut. Er leidet an seinem Anderssein; hier wurzelt die Tragödie, wie mir scheint, und so entwickelt sie sich auch. Noch handelt es sich nicht um Eifersucht; aber hinter allem, wie ein Schatten, steht hier das Gefühl von Minderwert. (...) Das allgemeinste Gefühl von Minderwert, das alle kennen, ist die Eifersucht, und der Griff auf beide Tasten, den Skakespeare hier macht, ist ungeheuer. Er deutet das eine mit dem anderen. Das besondere, scheinbar fremde Schicksal eines Mannes, der eine andere Haut oder eine andere Nase hat, wird uns erlebbar, indem er in einer verwandten Leidenschaft gipfelt, die uns bekannt ist: Die Eifersucht wird beispielhaft für die allgemeinere Angst vor dem Minderwert, die Angst vor dem Vergleich, die Angst, dass man das schwarze Schaf sei." (Frisch 1950)

Die „Angst vor dem Vergleich" ist ein Schlüsselbegriff in den Schriften Frischs zum Verständnis von Eifersucht. Othello wird hier weniger als paranoider, übertrieben misstrauischer Mensch, sondern als ein mit Selbstwertproblemen kämpfender Außenseiter aufgefasst. Die überragende Bedeutung von Minderwertigkeitsgefühlen und Selbstunsicherheit, die zur Entwicklung von Eifersuchtsideen beitragen, sind im Übrigen auch von dem Psychiater

Paul Mullen herausgearbeitet worden, der unter transkulturellen Aspekten zur Bedeutung von Eifersucht zu verschiedenen Zeiten eindrucksvoll schreibt:

„Wo Monogamie ein moralischer und sozialer Imperativ war, wurde Eifersucht als Schutz für die Integrität der Familie angesehen. (...) Der Modernismus lässt weder Platz für den Anspruch der Eifersucht auf Exklusivität, der die individuellen Rechte und liberalen Ansichten über Eifersucht verletzt, noch für die eifersüchtige Person, die einen emotionalen Bankrott auf dem Marktplatz der Liebe verkörpert." (Mullen 1991, Übs. d. A.)

Mullen stellt Eifersucht hier als eine Art individueller Pathologie dar, der die gesellschaftliche Funktion abhanden gekommen ist.

Noch einige klinische Anmerkungen zur Pathologie der Eifersucht: Tatsächlich ist die Unterscheidung nichtpsychotischer, aber krankhafter Eifersuchtsideen vom eigentlichen Eifersuchtswahn überraschend schwierig. Die Frage, was Wahn ist, ist von der psychiatrischen Forschung bis heute nicht völlig befriedigend gelöst worden. Es ist schwierig einzuschätzen, wann eine Eifersucht als krankhaft oder nicht krankhaft anzusehen ist oder wann die Eifersuchtsideen schon ins Psychotische umschlagen. Eifersuchtsideen können bei verschiedenen psychiatrischen Erkrankungen auftreten, häufig auch bei hirnorganischen Störungen sowie beim Alkoholismus. Schon der allererste mitgeteilte Fall einer Alzheimer-Krankheit, also der von Alois Alzheimer 1907 beschriebene Fall der Auguste D. (Alzheimer 1907), einer etwa 50-jährigen Patientin mit allen Symptomen einer Demenz, fiel zum Beginn der Erkrankung durch einen Eifersuchtswahn auf und entwickelte erst im weiteren Verlauf der Erkrankung die typischen Symptome einer Alzheimer-Demenz mit Gedächtnisstörungen. Auch bei schizophrenen Psychosen kann ein Eifersuchtswahn häufig auftreten (Soyka et al. 1991), seltener dagegen bei Depressionen.

Eines der bemerkenswertesten klinischen Charakteristika von Eifersucht sind die augenfälligen Verhaltensänderungen des Betroffenen im Sinne eines vermehrten „Checking". „Eifersucht und Argwohn haben 1000 Augen", schreibt J. W. Goethe in „Dichtung und Wahrheit", und tatsächlich ist das vermehrte Kontrollieren, Bespitzeln, Untersuchen, Überprüfen, eines der Leitsymptome „krankhafter" Eifersucht.

Forensische Aspekte der Eifersucht

Die Bedeutung von krankhafter Eifersucht ist bei Aggressivität, Gewalttätigkeit und Straffälligkeit insgesamt, aber speziell für Tötungsdelikte seit langem bekannt, sie kann in der psychiatrischen und kriminologischen Forschung als gesichert gelten. Dass das Othello-Motiv bis heute größere Emotionen auslöst und großes Interesse hervorrufen kann, beweist nicht zuletzt das herausragende Presse-Echo, dass zum Beispiel der Fall O. J. Simpson in den USA und auch in Europa vor einigen Jahren fand. Ein erfolgreicher Mohr, der seine blonde Frau, die ihn verlassen hatte, aus Eifersucht – nicht – tötete.

Noch ein paar spezielle kriminologische Kommentare: Interessanterweise tendiert die Rechtssprechung in einigen romanischen Ländern, aber auch in den US-Bundesstaaten Arizona und Utah dazu, Täter zu exkulpieren, die ihre Partnerin „in flagrante delicto" erwischt haben, d. h. der eifersüchtige Mann, der seine untreue Frau stellt und sie oder ihren Liebhaber tötet, entgeht einer gerichtlichen Strafe. Von dieser Möglichkeit ist die deutsche Rechtssprechung weit entfernt. Eine wichtige Frage kann hier aber sein, ob ein Eifersuchtstäter wegen Mordes oder Totschlages zu verurteilen ist. Eifersucht zählt nicht zu den typischen Mordmerkmalen im Sinne des § 211 StGB (Mordlust, Habgier, Heimtücke, Grausamkeit). Weniger klar ist, inwieweit Eifersucht zu den im Gesetzestext genannten „sonstigen niedrigen Beweggründen" zu rechnen ist. Eine juristische Analyse der höchstrichterlichen Rechtssprechung von Körner (1992) ergab, dass in den meisten Fällen keine Verurteilung wegen Mordes, sondern wegen Totschlags erfolgte. „Unberechtigte Eifersucht" scheint aber in einigen Fällen als niedriger Beweggrund und damit als Mordmotiv angesehen worden zu sein, wobei der rechtlichen Würdigung der Beziehung des Täters zum Opfer eine große Bedeutung zukommt. Bei Eifersuchtstötungen unter Eheleuten erfolgt in der Regel eine Verurteilung wegen Totschlags, zumindest in den Fällen, in denen der Mann konkrete „Diebstahlsbefürchtungen" hinsichtlich der Ehefrau hatte.

Tiefenpsychologische Aspekte der Eifersucht

In der klassischen psychoanalytischen Literatur von Sigmund Freud wird ein Eifersuchtswahn bei Männern als Ausdruck einer latenten Homosexualität angesehen (Freud 1924). Die übrige Literatur gibt dafür allerdings sehr wenig Anhaltspunkte, und auch die klinische Erfahrung deutet eher in eine andere Richtung.

Auf tiefenpsychologischer Ebene wurde eine Reihe von Faktoren für die Entwicklung eines „Othello-Syndroms" verantwortlich gemacht. Dazu gehören Mechanismen der Projektion („Ich liebe ihn nicht, sie liebt ihn"), speziell jene eigener Phantasien (Untreue oder Ängste, Schwäche oder Schuldgefühle) auf den Partner. Eifersucht kann aber auch, wie oben schon angesprochen, vor allem als Ausdruck eines geringen Selbstwertgefühls angesehen werden.

Die Psychoanalytikerin Melanie Klein (1957) und einige andere Autoren stellten vor allem die Bedeutung des Ödipus-Komplexes für die Entwicklung von Eifersucht im späteren Leben in den Vordergrund, also jenes Konfliktes, bei dem in früher Kindheit das Kind mit dem gleichgeschlechtlichen Elternteil um das jeweils andere Elternteil konkurriert und Eifersuchtsgefühle auftreten. Eine ungenügende Bewältigung und Bearbeitung dieser Problematik würde im späteren

Lebensalter zum Auftreten von Eifersucht führen. Tatsächlich scheinen frühkindliche Besonderheiten und die Beziehung zu den Eltern für die spätere Entwicklung von Eifersuchtsideen eine erhebliche Rolle zu spielen. Darüber hinaus tragen aber auch Persönlichkeitseigenschaften zur Entwicklung von Eifersuchtsideen bei. So sind sehr sensitive, empfindsame, aber auch Ich-bezogene und histrionische Persönlichkeiten eher gefährdet als andere.

Max Frisch gibt, aus persönlicher Sicht, eigene Gedanken zur Eifersucht wieder, die auch als Anregung zur tiefenpsychologisch fundierten Selbstreflexion dienen können:

„Männer, die ihrer Kraft und Herrlichkeit sehr sicher sind, wirklich sicher, und Weiber, die ihres Zaubers sicher sind, so sicher, dass sie beispielsweise nicht jedem Erfolg ihres Zaubers nachgehen müssen, sieht man selten im Zustand der Eifersucht. Dabei fehlt es auch ihnen nicht an Anlass! Aber sie haben keinen Grund zur Angst, zwar kennen sie den Verlust, die brennende Wunde, die keiner Liebe erspart bleibt, doch sie kommen sich darum nicht lächerlich vor, nicht verhöhnt, nicht minderwertig. Sie tragen es, nehmen es nicht als Niederlage, so wenig, wie das Sterben eine Niederlage ist, und machen kein Geheul darüber." *(Frisch 1950)*

Zurück zu Maria:

Verrückt oder wahnhaft eifersüchtig ist Maria sicherlich nicht, auch keine eifersüchtige Carmen mit spitzem Messer, aber das Gefühl, ausgegrenzt, gewöhnlich, verunsichert oder aggressiv zu sein, dürfte sie gekannt haben, ebenso jenen „Schwebezustand zwischen Hoffen und Befürchten", der sie zermürbt und klein gemacht hat. Das Selbstquälerische, das Eifersucht mit sich bringt, hat sie hinlänglich erlebt. Das Pathologische von Eifersucht wird häufig, aus meiner Sicht fälschlicherweise, daran gemessen, wie berechtigt oder unberechtigt sie gewesen ist. Abgesehen von der im Einzelfall kaum zu klärenden Frage, wie berechtigt oder unberechtigt eine Eifersucht sein mag (sie ist ja auch im Strafprozess häufig kaum zu klären), drängt sich auch das Problem auf, wie man sie erfassen, beurteilen, „messen" kann. Schließlich sind auch kulturelle Unterschiede unübersehbar. Je stärker eine Gesellschaft in ihrem kulturellen System, ihrem Rechts- und Wertesystem auf Monogamie ausgerichtet ist, so relativ berechtigter, so weniger pathologisch erscheint Eifersucht. Umgekehrt hat der australische Psychiater Paul Mullen (1991) in seinem Artikel „Jealousy – pathology of a passion" darauf hingewiesen, dass in einer eher promiskuitiv ausgerichteten Gesellschaft der Eifersüchtige der Verlierer, der Ausgestoßene ist.

Maria dürfte sich zunehmend ausgestoßen gefühlt haben. Ihre Eifersuchtsideen entsprangen nicht einem raffinierten oder übersteigerten Vorstellungsvermögen, das sich in immer neue Phantasien, Hoffnungen und Befürchtungen verloren hat, ihre Eifersucht lag vor ihr auf dem Tisch, spielte sich vor ihrer Nase, in ihrer unmittelbaren körperlichen Nähe ab. Auch wenn man ihrer Eifersucht keinen Krankheitswert zubilligen kann, ihr seelisches Rückenmark, ihr Selbstwertgefühl ist sicherlich lädiert, ihre Ängste sind nachhaltig angefacht. In ihrer hysterischen Vorstellungswelt mag sie Eifersuchtsideen manchmal vielleicht auch genüsslich,

meist sicherlich selbstzerstörerisch angereichert haben: In dieser Ehe war sie alle-
mal Opfer und Betrogene.

Maria als Mutter

Später wird Maria noch einmal begutachtet werden, und zwar zur Frage der Erzie-
hungseignung. Ein Psychologe untersucht sie und ihre Kinder nach der Tat. Dies
geschieht schon ein halbes Jahr nach der Inhaftierung. Bei dieser Untersuchung
bringt sie zum Ausdruck, dass sie ihren Mann nicht mehr sehen will. Sie hofft,
noch während der Haft eine Psychotherapie beginnen zu können. Ihr Mann schildert sie als gute Mutter, berichtet aber auch von ihrer „übermäßigen Eifersucht".
Andererseits erkennt er an, dass sie sehr viele Belastungen auf sich genommen habe, um die Familie und die Kinder nicht zu verlieren. Der Mann ist einverstanden,
dass seine Frau, trotz der Inhaftierung, das Sorgerecht für die Kinder bekommt.
Wahrscheinlich scheut er die Verantwortung. Die Kinder sind bei der Schwester,
werden dort auch für die Jahre der Haft verbleiben. Der Vater hat die Kinder nur
noch selten gesehen. Er hat den Eindruck, dass zumindest eine Tochter auf die Abwesenheit der Mutter verstört und zurückgezogen reagiert hat. Bei der Untersuchung äußert der Mann als Zeuge den Wunsch, wieder mit seiner Frau
zusammenzukommen.

Ihre Zwillingsschwester, die einen festen Partner hat, mit dem sie jedoch nicht
zusammenlebt, kommt mit den Kindern gut aus, hat früher oft bei Maria auf die
Kinder aufgepasst. Sie schildert, dass ihre Schwester in den letzten fünf Jahren
aufgrund der Eheprobleme zunehmend hektischer und nervöser geworden sei und
beide Kinder darunter gelitten hätten. Zum Zeitpunkt der Tat waren die beiden
Kinder schon bei ihr zu Besuch. Die Schwester glaubt, dass der Aufenthalt in der
Haft ihrer Schwester helfen könnte, psychisch einen Schluss-Strich unter die Beziehung mit ihrem Mann zu ziehen und einen Neuanfang zu machen. Der Kontakt
des Vaters zu den Kindern wird als sehr sporadisch geschildert. Der Gutachter
kommt zu dem Schluss, dass Maria prinzipiell geeignet zur Erziehung ihrer beiden Kinder ist, rät aber zu einer Inanspruchnahme fachlicher Hilfen nach der Haftentlassung.

Der Prozess

Der Prozess bringt wenig neue Erkenntnisse. Der Tathergang lässt sich nicht völlig aufklären. Unklar ist die Herkunft der Pistole. Hatte Maria sie vorher entwendet, was auf einen Plan hindeuten könnte? Wo ist sie geblieben? Ihr Mann trägt
zur Aufklärung wenig bei. Seine Erzählungen bleiben unglaubhaft, jedenfalls,
was die Eifersuchtsproblematik angeht. Das Pathologische der Ehe, die seltsame
Bindung der beiden wird spürbar. Breiten Raum nimmt Marias Psyche ein. Es
spricht einiges für eine psychische Ausnahmesituation mit starkem Affektdruck

zum Tatzeitpunkt. Das Gericht sieht dies anders, betont eher das überlegt wirkende Planen ihrer Handlungen. Tatsächlich sind viele Vorbereitungen getroffen worden. Das Opfer war wehr- und arglos, konnte mit dem Überfall nicht rechnen. Ungünstig wird ihr auch die wahrscheinliche Benutzung einer Plastiktüte neben Schlaftabletten und Pistole angerechnet. Tatsächlich spricht vieles dafür, dass Maria Carla wirklich töten wollte. Auch wenn viel Kurzschlüssiges, Unüberlegtes, Kurzsichtiges, „Dummes" übersehbar bleibt: Die Tat war sehr ernst zu nehmen. Eine Minderung der Schuld- und der Steuerungsfähigkeit, eine teilweise Schuldunfähigkeit will das Gericht nicht annehmen.

Das Urteil

Maria wird von der zuständigen Strafkammer wegen versuchten Totschlags „mit Geiselnahme mit Ausübung der tatsächlichen Gewalt über eine halbautomatische Selbstladewaffe mit einer Länge von nicht mehr als 60 cm" zu einer Freiheitsstrafe von 7 Jahren verurteilt.

In der Urteilsbegründung werden ausführlich Marias Lebenslauf und ihre eheliche Situation beleuchtet – mit den wiederholten Trennungen und Versöhnungen vom Ehemann. Auch ihre körperliche und psychische Verfassung im Vorfeld der Tat wird beschrieben. „Die Angeklagte verstärkte in dieser Zeit ihre Bemühungen, die ungeteilte Aufmerksamkeit ihres Ehemannes zurückzugewinnen."

Gleichzeitig nahm Maria laut Urteilsbegründung im Vorfeld ca. 6 kg ab, erlitt einen Kreislaufzusammenbruch und verübte einen Selbstmordversuch, wobei sie sich einige Kratzer am Handgelenk zufügte. Auch die nächtlichen Verstecke im Jeep ihres Mannes werden beschrieben. Das Gericht hielt es für erwiesen, dass Maria in der Nacht vor der Tat den Entschluss gefasst hatte, ihre Nebenbuhlerin zu töten. Bereits zuvor war sie im Besitz einer halbautomatischen Selbstladepistole, Marke Beretta, gekommen. Eine verminderte Schuldfähigkeit nahm das Gericht nicht an, wohl aber eine gewisse psychische Beeinträchtigung.

„Ausgehend von diesem Tatgeschehen ... litt die Angeklagte bei der Tatverübung an keiner tiefgreifenden Bewusstseinsstörung im Sinne § 21 StGB. Ihre Steuerungsfähigkeit war nicht erheblich vermindert. Allerdings befand sie sich in einer affektiven besonderen Situation, die geprägt war von Enttäuschung, Eifersucht und Angst, den Ehemann und Vater ihrer Kinder zu verlieren."

Weiter hielt es das Gericht für erwiesen an, dass Maria geglaubt hatte, ihre Nebenbuhlerin getötet zu haben. Die Schussverletzungen (Durchschuss des linken Armes und Durchschuss der linken Flanke) waren allerdings nicht konkret lebensgefährlich gewesen, sodass das Tatopfer sich über 200 m zum nächsten Anwesen hatte schleppen können. Zugunsten von Maria berücksichtigte das Gericht, „dass sie die Taten in einer Konfliktlage, in einer affektiven Ausnahmesituation begangen hat. Diese Ausnahmesituation wurde zu einem großen Teil von ihrem Ehemann herbeigeführt. Die Angeklagte hat eine sehr gute künftige Sozialprognose. Weitere Straftaten sind von ihr nicht zu erwarten. Außerdem waren das weitgehende Geständnis und die Reue über die Tat und deren Folgen zu berücksichtigen. Die Verletzungen des Opfers waren nicht sehr schwer und sind im Wesentlichen folgenlos ausgeheilt."

Zu Lasten der Angeklagten wirkte sich aus, „dass sie mehrere Straftatbestände verwirklicht hat. Dabei ging sie planvoll vor und zeigte erhebliche kriminelle Energie bei der Durchführung des mehraktigen Tatgeschehens, die einen Wechsel des Tatmittels (der Waffen) beeinhaltete. Das Tatgeschehen erstreckte sich über mehrere Stunden."

Weiterhin stellte das Gericht in Bezug auf den gewählten Strafrahmen bzw. die konkrete Strafzumessung noch fest, dass der Versuch der Tötung zwar beendet war, jedoch nicht nahe der Tatvollendung: „Die Schussverletzungen waren nicht lebensbedrohend. Auch die Einnahme der Tabletten bedrohten das Leben des Opfers nicht konkret, auch nicht in Kombination mit der Schussverletzung. Die von der Angeklagten angewandte kriminelle Energie war beeinflusst durch die affektive Situation und die Konfliktslage."

Diese Urteilsbegründung unterstreicht anschaulich, dass die psychische Verfassung eines Angeklagten/Täters auch dann bei der konkreten Strafzumessung berücksichtigt werden kann und Erkenntnisse des psychiatrischen Sachverständigen wichtig sind, wenn das Gutachten nicht zu dem Schluss kommt, dass eine erhebliche Verminderung der Steuerungs- oder Einsichtsfähigkeit zumindest nicht ausschließbar vorlag.

3. Fall
Sonja – das verschwiegene Kind

In Fall 3 geht es um eine Kindstötung – eine junge Frau tötet ihr neugeborenes Kind nach einer weitgehend verschwiegenen, im psychischen Sinne verdrängten Schwangerschaft. Obwohl sie bei ihren Eltern lebt und mehrere Freundinnen hat, will niemand etwas von der Schwangerschaft bemerkt haben. Es gilt, die Hintergründe zu beleuchten, die zu dieser Tat geführt haben.

Mit Sonja wird uns eine 24-jährige Frau begegnen, die ihr Kind tötet, unmittelbar nach der Geburt – nach einer Schwangerschaft, die es für sie nicht gegeben hat, nicht geben durfte.

Junge Frauen, ledige Mütter, die ihr Kind aus Verzweiflung töten – die Rechtsgeschichte ist voll davon.

Angeblich war die Tötung Neugeborener in Griechenland und im Römischen Reich bis 315 n. Chr. ein legitimes Mittel der Bevölkerungskontrolle (Nedopil 2000). Später wurde die Tötung von Neugeborenen, insbesondere die durch unverheiratete Mütter, strengstens bestraft.

Die Rechtssprechung war sich des Problems der Tötung Neugeborener und der besonderen Konfliktlagen, in die Mütter geraten können, stets bewusst. Bis vor wenigen Jahren gab es einen eigenen Strafrechts-Paragraphen zur Kindstötung (von Neugeborenen), die nicht unter den Totschlag-Paragraphen fiel.

Bis zum Jahre 1999 gab es im Strafgesetzbuch den § 217, der zwischen den Tötungsparagraphen 211 StGB (Mord) und 212 (Totschlag) und dem so genannten Abtreibungsparagraphen 218 stand. Nach § 217 wurde eine Mutter, die ihr nichteheliches (!) Kind während oder gleich nach der Geburt tötete, mit einer Freiheitsstrafe nicht unter 3 Jahren, in minderschweren Fällen nicht unter 6 Monaten bestraft. Auch andere Rechtssysteme tragen der besonderen Vulnerabilität von Frauen post partum (nach der Geburt) Rechnung (s. z. B. British Infanticide Act). Eine Ausnahme sind die USA.

Man sieht, dass das Strafgesetzbuch vergleichsweise milde auf die Tötung nichtehelicher Kinder durch die Mutter reagiert. Entsprechende Paragraphen waren schon im Bayerischen Strafgesetzbuch von 1813 und später im Preußischen Strafgesetzbuch zu finden. Letztlich waren diese Paragraphen eine Reaktion auf die harte Bestrafung solcher in gesellschaftlicher und sozialer Notlage handelnden Mütter in früheren Zeiten. Kindsmord war das häufigste von Frauen begangene Tötungsdelikt und wurde zum Teil ausgesprochen grausam und drakonisch geahndet.

Gegen Ende des 18. Jahrhunderts änderte sich die Situation. Beim Regierungs-
antritt Friedrich Wilhelms III. im Jahre 1797 in Preußen war eine Amnestie verkündet worden. Der Kammergerichtspräsident von Kircheisen war mit der
Durchführung anvertraut worden. Er berichtete schließlich, dass von 2179 Verurteilten 701 zur Begnadigung würdig befunden wurden, darunter nicht weniger als
230 Frauen, die aufgrund eines Kindesmordprozesses eine Freiheitsstrafe verbüß-
ten! Dieser Täterinnenkreis war die mit Abstand stärkste Gruppe der zur Begnadigung vorgesehenen, gefolgt von 62 Militärverbrechern, 54 Dieben und 36
Totschlägern. Von Kircheisen dazu:

*„Hierin wird das Heer von so genannten Kindermörderinnen nicht auffallen,
da es den preußischen Justizbedienten nicht unbekannt ist, dass wir in unseren
Gerichtshöfen mit diesem kurzen, wiewohl sehr harten Namen jede Mutter belegen, deren neugeborenes Kind sein Leben mit Verabsäumung der Vorschriften wider die Verheimlichung der Schwangerschaft etc. eingebüßt oder, unter ähnlicher
Verabsaümung der Entdeckung, tot zur Welt gekommen ist. Dass dies nicht wahre
Kindsmörderinnen sind, zeigt die Existenz der Mütter unter den Lebendigen, und
die große Verschiedenheit ihrer Verurteilung von einigen Jahren bis zu lebens-
wierigen Strafe.“*

Die Einführung dieser Paragraphen war letztlich auch Ausdruck einer gewissen
Humanisierung. Bayern war 1813 der Vorreiter, indem die Todesstrafe für „Kin-
desmörderinnen" abgeschafft wurde. Heute mutet die Unterscheidung von
„nichtehelichen" und „ehelich" Gebährenden anachronistisch an, die Abschaf-
fung des § 217 spiegelt letztlich den gesellschaftlichen und sozialen Wandel!
Trotzdem zeigt dieser kurze Exkurs zur Rechtsgeschichte die besondere Situation,
in die (ungewollt) Schwangere häufig geraten.

Unzweifelhaft begingen die meisten Frauen ihre Taten aus Not, in der Regel
handelte es sich um Mägde oder Dienstboten, kaum Frauen aus dem Bürgertum.
Armut war das Hauptmotiv bei Kindstötungen, dazu kam, dass es zu diesen Zeiten
noch hohe Hürden und Ehehindernisse für Gehilfen, Gesinde und Gesellen gab,
die nicht über ausreichende Finanzmittel verfügten. De facto herrschte im 18. und
19. Jahrhundert vielerorts noch ein Heiratsverbot und Zwangszölibat für Produk-
tionsmittelose (so blieb z. B. die Preußische Gesindeordnung von 1794 bis 1918
praktisch unverändert; s. Wächtershäuser 1973)

Exkurs: Fausts Gretchen – eine Kindsmörderin

Überraschend facettenreich sind die Beziehungen Goethes zu Kindsmörderinnen.
Auch in Goethes „Faust" klingt mit der Geschichte des Gretchens das trostlo-
se Schicksal der ungewollten Schwangeren, der Kindsmörderin, an.
Gretchen ertränkt ihr Kind und klagt gegenüber Faust:

„Meine Mutter hab' ich umgebracht, / Mein Kind hab' ich ertränkt. / War es nicht dir und mir geschenkt?" (Faust I, 4507–4509)

Faust klagt vor dem Kerker, in dem sie eingesperrt ist:

„Mich faßt ein längst entwohnter Schauer, / Der Menschheit ganzer Jammer faßt mich an. / Hier wohnt sie, hinter dieser feuchten Mauer, / und ihr Verbrechen war ein guter Wahn!" (Faust I, 4405–4408)

An dieser Textstelle singt Gretchen ein Lied:

„Meine Mutter, die Hur', / Die mich umgebracht hat! / Mein Vater, der Schelm, / Der mich gessen hat! / Mein Schwesterlein klein / Hub auf die Bein', / An einem kühlen Ort; / Da ward ich ein schönes Waldvögelein; / Fliege fort, fliege fort!" (Faust I, 4412–4420)

Es handelt sich hier um einen wunderbaren Kunstgriff Goethes: Das Lied, das Gretchen singt, ist eine Abwandlung des Märchens vom Machandelbaum (Wacholder). Die ersten zwei Zeilen sprechen von ihrem getöteten Kind. In dem Märchen kocht die Mutter das Fleisch des von ihr getöteten Kindes, der Vater isst es. Die Schwester sammelt die Knochen zusammen und legt sie unter einen Wacholderbaum. Aus ihnen wird ein schöner Vogel, der fort fliegt und später zum Rächer des Verbrechens wird und sich schließlich wieder in den getöteten Knaben verwandelt. Aus diesem Lied spricht Gretchens Sehnsucht nach Sühne und der Wunsch, das Getötete lebendig zu machen (Goethe 1986, S. 579 Anm.).

Das Märchen ist von den Gebrüdern Grimm aufgezeichnet worden, ein altes Volksmärchen. In vielen Märchen begegnet uns im Übrigen eine Hexe, als Prototyp der Mörderin, der bösen Frau, die (gerade Kinder) tötet.

Auch wenn Gretchen im „Faust" nicht als Hexe aufzufassen ist, so bieten die zu Goethes Zeit nur kurz zurückliegenden Exzesse der Hexenverfolgung einen gewissen motivischen Hintergrund. Bei den Hexenverfolgungen gehörte die Tötung neugeborener und ungetaufter Kinder zu den ganz zentralen Vorwürfen und Geständnissen. Die Kindesmordthematik insgesamt hat Goethe erkennbar beschäftigt. Es ist wohl gesichert, dass Goethe den Fall der 24-jährigen, ledigen Dienstmagd Susanna Margaretha Brandt kannte, die wegen Kindesmordes am 14. Januar 1772 in Frankfurt mit dem Schwert hingerichtet wurde (s. Schöne 1982).

Von den Vernehmungen Susannas lagen Teilabschriften der Prozessprotokolle im Hause Goethe aus. Goethe soll sie für die Gretchen-Szenen benutzt haben.

Der Fall ist wohl exemplarisch für die damaligen Verhältnisse: Susanna Margaretha Brandt, Tochter eines Frankfurter Gefreiten, war zum Zeitpunkt ihrer Schwangerschaft eine 25-jährige Magd im Gasthaus „Zum Einhorn". Der Vater ihres Kindes ist ein niederländischer Goldschmiedegeselle, der nach Russland weitergefahren war und dessen Namen sie auch im Prozess nicht angeben kann. Susanna Brandt sagt später aus, dass der Fremde sie durch ein Mittel, das er ihr in den Wein getan hatte, in seine Gewalt gebracht habe. Ihre Schwangerschaft will sie erst im Sommer 1771 bemerkt haben. Dem Vater des Kindes kann sie nicht schreiben, zumal sie Analphabetin ist. Susanna Margaretha Brandt denkt wohl auch an Selbstmord, entschließt sich dann aber, ihr Kind zu töten.

Nach der Tat drängt sie zunächst ihre Schwester zu einem Geständnis, und zwar mit den aufmunternden Worten: „Sie wäre die erste nicht." Mit den gleichen Worten überredet eine andere Magd des Hauses sie zum Geständnis. Trotzdem beteuert Magaretha Brandt zunächst noch ihre Unschuld. Am 02. August flieht sie aus der Stadt, noch am selben Abend wird an der Hauptwache und an den Toren der Haftbefehl ausgegeben und der Steckbrief in der Stadt ausgetrommelt. Schon am nächsten Tag kehrt sie, nach kurzer Flucht, nach Frankfurt zurück. Sie wird in dem Turm der alten Katharinenpforte, nur 200 Meter von Goethes Elternhaus entfernt, eingesperrt. Einer der Ärzte, die zu Rate gezogen werden, ist Dr. Burggrave, der Hausarzt in der Familie Goethe.

„Frage des Richters im 3. Verhör an Susanna Margaretha Brandt am 08.10.1771:
Ob und wem sie etwa ihre Schwangerschaft vertraut habe?
Susanna Brandt:
Keinem Menschen nicht.
Richter:
Warum sie dann solches verborgen und indas geheim gehalten habe?
Susanna Brandt:
Der Satan habe sie verblendet und ihr gleichsam das Maul zugehalten, dass es ihr nicht möglich gewesen, etwas zu gestehen, da sie doch sowohl von der Frau Bäuerin, als von ihren Schwestern öfters deshalb zur Rede gesetzt worden.
Richter:
Ob und wie lange sie des Vorhabens gewesen, das Kind umzubringen?
Susanna Brandt:
Sie könne nicht leugnen, dass von der Zeit an, als sie das Leben des Kindes verspüret, der Satan ihr den Sinn gegeben habe, dass sie in dem großen Haus leicht heimlich gebähren, das Kind umbringen, verbergen und vorgeben könne, dass sie ihre Ordinaere (Regel) wieder bekomme." (Birkner 1973)

Am Donnerstagmorgen, den 09. Januar 1772, wird das Todesurteil im Kaisersaal des Römer zu Frankfurt am Main von Bürgermeister und Rat beschlossen und Susanna Brandt, die in Ohnmacht fällt, verkündet. Zuvor hatte der Rat seinen Spruch gutachterlich dem Syndicus Dr. Georg Wilhelm Lindheimer, einem entfernten Verwandten von Goethes Großmutter, vorgelegt. Es gibt noch andere Beziehungen in Goethes Umfeld:

„Gleich nach der Verkündigung des Todesurteils wurde der Nachrichter befragt, ob er sich getraue, die Exekution glücklich und auf einen Streich auszuführen. Diejenigen, die die Frage stellten, waren der Bürgermeister Reuß und der Senator Johann Jost Textor. Eben dieser Textor war aber der Bruder von Goethes Mutter. Der Scharfrichter antwortete am Tag darauf mit einem Schreiben, man möge die Hinrichtung seinem Sohn überlassen. Die Angabe

ist nicht vom Henker, sondern von Dr. Johann Georg Schlosser eingereicht und unterzeichnet worden. Derselbe Schlosser aber war als Anwalt des jungen Goethes Teilhaber und wurde wenige Monate darauf durch seine Verbindung mit Cornelia sein Schwager. Ende August des Vorjahres war Goethe aus Straßburg als Lizentiat der Rechte in seine Vaterstadt zurückgekommen. Die 55. seiner Disputationsthesen hatten der Frage nach der Strafe für Kindsmörderinnen gegolten. (...) Der Präsident des Schöffengerichts war noch vor einem halben Jahre der Vater seiner Mutter, Johann Wolfgang Textor gewesen." (Beitle 1772, zit. nach Köpf 1976, S. 239f)

Man sieht die engen Verbindungen von Goethes Familie zu diesem tragischen Fall.

Zu Zeiten von Susanna Brandt wurde keine Anklage mehr wegen Hexerei erhoben, im 16. oder 17. Jahrhundert hätte man in einem solchen Fall aber sicherlich „Zauberei" oder „Hexerei" unterstellt und wäre nach einem Geständnis davon ausgegangen, dass der Satan selbst den Kindesmord eingegeben habe.

Goethe war allerdings nicht nur Dichter, sondern nebenberuflich auch Geheimrat, in Sachsen auch Mitglied des „geheimen Consiliums". Teil seiner amtlichen Tätigkeit im Herzogtum. In diesem Zusammenhang war er auch mit Fällen von Kindstötung befasst. Einer der berühmtesten Fälle ist der der Anna Katharina Höhn, die am 11. April 1783 ein Kind bekam und es durch Messerstiche und Drücken ins Bett zu Tode brachte. Im Urteil des Gerichts wurde sie zum Tode verurteilt, „anderen zum abschreckenden Beispiel, ihr selbst aber zur wohlverdienten Strafe mit dem Schwerte vom Leben zum Tode" gerichtet zu werden.

Ihr Fall kam vor Herzog Carl August, der die Mitglieder der Regierung und des geheimen Consiliums am 13. Mai 1783 aufforderte, ihre Meinung dazu zu äußern.

Er fragte, ob Katharina Höhn, die aus der Tannroda stammte, zu lebenslangem Zuchthaus begnadigt werden sollte. Das geheime Consilium lehnte ab, und es gilt als sicher, dass Goethes Votum hier den Ausschlag gab. Katharina Höhn wurde noch 1783 in Weimar hingerichtet (s. dazu Goethe Jahrbuch 2002).

Der ehemalige Bundespräsident Roman Herzog hat im Goethe-Jubiläumsjahr 1999 den Fall erwähnt, wohl um vor einer Idealisierung Goethes zu warnen. Die Position Goethes in diesem Fall, die in einem gewissen Widerspruch zu der eher aufgeklärten Position des Herzogs stand, und sein Ja zur Todesstrafe haben dabei einiges Interesse gefunden. Dem Herzog ging es allerdings auch um die abschreckende Wirkung der Strafe.

Er schlug Folgendes vor:

„In Ansehung der Modalität dieser auf den Kinder-Mord fürs Künftige zu setzenden Strafe ist uns die Idee beygegangen, dass selbige am füglichsten darin bestehen könne, dass die Verbrecherin durch Abschneidung des Haupt-Haars für immer als eine Missethäterin zur Schande ausgezeichnet, so lange an den Pranger gestellt und öffentlich gegeisselt, auch, wenn dieses geschehen, auf

> Lebenszeit in des Zuchthaus gebracht und darinne zu beständiger unt, nach Gelegenheit der Umstände, harter Arbeit angehalten, wie nicht weniger die Stellung der Selben an den Pranger und deren öffentlichen Geisselung, so lange sie lebet, oder doch wenigstens binnen einer zu bestimmenden gemäßen Anzahl von Jahren, jährlich ein oder einigemahle, besonders an dem Jahres-tag, an welchem sie den Kinder-Mord verübtet, wiederholtet werde.“
>
> Goethe dagegen hielt die Todesstrafe für angemessener.

Man muss nur wenige Generationen zurückgehen, schon ist man in Zeiten, in denen ledige Mütter, noch verstoßen, verachtet, sozial geächtet waren und ein oft armseliges Leben führen mussten. Auch das Schicksal der Kinder war häufig ungewiss. Viele wuchsen im Heim auf oder wurden anderweitig weggegeben. Vergangene Zeiten? Diese Schicksale gibt es heute noch, und wer meint, dass Aufklärung und Sozialstaat die Entwicklung solcher Tragödien verhindern, irrt. Vor kurzem sind in einigen deutschen Großstädten von kirchlicher oder staatlicher Seite so genannte Baby-Klappen eingerichtet worden, in denen junge Mütter ihr Neugeborenes „aussetzen“ können. Es würde keine Klappen geben, gäbe es keine Findelkinder und keine verzweifelten Mütter mehr.

Bei Sonja handelt es sich aber nicht um eine Gestalt aus einem Groschenroman, sie ist kein verhuschtes Dienstmädchen auf einem Herrenlandsitz, keine Romanfigur aus der Zeit von Dickens, sondern eine moderne junge Frau mit einem Beruf und – wenigstens vordergründig – halbwegs geordneten Familienverhältnissen. Sie wird ihr Kind nach der Geburt zu Hause in der Toilette ertränken. Wie kann es dazu kommen?

Die Tat

In den Morgenstunden eines Sommertages sucht Sonja zusammen mit ihrer Mutter einen Frauenarzt auf. Sie berichtet von einer Totgeburt. Der Arzt untersucht sie und stellt fest, dass wenige Stunden zuvor eine Geburt stattgefunden hat. Die Begleitumstände scheinen dem Frauenarzt mysteriös. Die Polizei wird informiert und trifft am frühen Nachmittag am Wohnort der Familie ein. Das tote Kind liegt in einer Plastikschüssel, zugedeckt mit Zeitungsblättern. Sonja hatte ihrer Mutter gegenüber die Schwangerschaft bis zuletzt verschwiegen, der Vater war zum Tatzeitpunkt für Monate in Nordamerika. Die Mutter hatte den Säugling morgens bei Putzarbeiten tot in der Toilettenschüssel im Wasser gefunden und ihre Tochter daraufhin zum Arzt gebracht. Eine Obduktion des Säuglings ergibt später, dass das Kind ausgetragen und nach der Geburt lebensfähig war und zumindest mehrere Minuten geatmet hat. Der rechtsmedizinische Befund kann keine genaue Todesursache nachweisen, am wahrscheinlichsten ist aber ein Erstickungstod. Die Mutter berichtet bei der ersten Vernehmung, dass sie um 05.00 Uhr morgens aufgestanden sei, da sie arbeiten müsse. Um diese Zeit sah sie ihre Tochter in der

Wohnung vor dem Badezimmer im Flur. Ihr Nachthemd war im Unterleibsbereich und an den Beinen blutig. Die Tochter sagte, ihr sei schlecht und übel. Sonja hatte zuvor ihrer Mutter gegenüber mehrfach verneint, schwanger zu sein. Sie habe jetzt einen Abgang gehabt. Die Mutter duscht ihre Tochter, lässt ihr ein Kamillensitzbad ein, wischt das Blut vom Boden weg. Sonja blutet noch aus der Scheide, auch die Toilette ist blutverspritzt. Die Hausärztin erreicht sie nicht. Sonjas Mutter geht einkaufen, kommt wieder und erreicht erst dann die Ärztin, die ihr rät, den Notarzt zu verständigen. Stattdessen geht sie mit ihrer Tochter zu ihrem Frauenarzt.

Zuvor hatte die Mutter das, wie sie meint, abgegangene Kind, aus der Kloschlüssel geholt, wo es lag und es zusammen mit der Nachgeburt in die Plastikschüssel gelegt. Später sagt die Mutter aus, ihre Tochter sei ihr ruhig vorgekommen und sie habe „gar nicht gecheckt", was da passiert sei.

In der Aussage heißt es: „Meine Tochter Sonja ist für gewöhnlich ziemlich korpulent und robust. Ich habe meine Tochter in den letzten Monaten öfter darauf angesprochen, ob sie vielleicht schwanger ist. Sie hat das immer verneint. Etwa Ende Juli war ich bei meinem Hausarzt. ... Ich wusste, dass Sonja bei ihm in Behandlung ist und habe so gesprächsweise mit ihm über Sonja gesprochen und auch ihre Fettleibigkeit, unter der sie nach meiner Meinung leidet, angesprochen. Der Arzt hat daraufhin nur gemeint, das sieht er nicht so schlimm, das ist doch normal, sie wäre ja schwanger. Durch diese mehr so nebenher geäußerte Bemerkung ... habe ich erst erfahren, dass Sonja schwanger ist. Ich war sehr überrascht. Im Anschluss daran habe ich mehrfach so durch die Blume mit Sonja darüber geredet, dass sie früher zu Bett gehen soll und dass sie nichts Schweres mehr heben soll und dass sie vor allen Dingen nicht mehr so viel rauchen soll. Das klingt vielleicht etwas merkwürdig für Außenstehende, dass ich die Sonja nicht direkt angesprochen habe auf ihre Schwangerschaft, aber ich bin halt so. Sie wollte es mir offensichtlich nicht sagen, und ich habe diese Entscheidung respektiert. ... Ich habe in den letzten Wochen oder Monaten nie bemerkt, dass Sonja irgendwelche Vorbereitungen für die Geburt eines Kindes getroffen hat. Ich habe nie Windeln gesehen, irgendwelche Babywäsche oder Ähnliches. ... Das Einzige, was mir aufgefallen ist, war, dass die Sonja selbst vor zwei Monaten nicht mehr weggangen ist in die Diskotheken, vorher ist sie fast jeden Abend in die Diskothek gegangen. ... Wie ich das alles erlebt habe und wie sich Sonja geäußert hat, bin ich davon ausgegangen, dass bei der Sonja eine tote Leibesfrucht abgegangen ist. Aus diesem Grund habe ich auch nicht zu einem früheren Zeitpunkt nach dieser Leibesfrucht geschaut. Ich muss allerdings schon sagen, dass ich erschrocken war, als ich das tote Kind dann aus der Kloschlüssel geholt habe, weil es schon so groß war."

Sonja wird das erste Mal am Tattag von der Polizei vernommen. Sie gibt an, am Vorabend gegen 22.30 Uhr normal ins Bett gegangen zu sein, dann aber ein Ziehen im Bauch verspürt zu haben. Trotzdem sei sie normal eingeschlafen. Der Schlaf sei aber unruhig gewesen, und sie sei immer wieder aufgestanden. Gegen 05.00 Uhr wurden die Wehen stärker, und sie fing mit dem Pressen an, „und dann hat es nicht lange gedauert und da war es auch da. Ich bin dann aufgestanden, habe mir eine Schere geholt, wollte die Nabelschnur durchschneiden, habe sie durchschnitten und habe dann das Klo ein bissel sauber gemacht, und in der Mitte vom Klo kam die Plazenta raus, und dann bin ich raus aus dem Klo und mir war's total schwindelig. Ich habe dann gar nicht weiter gemacht, als die Plazenta in das Zeitungspapier rein ... Also das Kind, ich habe nicht gehört, dass es geschrien hat oder sich bewegt hat. Ich habe nur ins Klo hineingeschaut, aber sonst war eigentlich nichts mehr."

Sonja schildert in einfachen, aber deutlichen Worten das Geschehene. Sie will das Kind ohne fremde Hilfe morgens auf der Toilette sitzend entbunden haben. Ferner beharrt sie bei verschiedenen Vernehmungen darauf, dass sie von einer Totgeburt ausgegangen sei. Erst bei der späteren Gerichtsverhandlung gibt sie zu, dass das Kind Geräusche gemacht habe. Bei den ersten Vernehmungen meint sie, das Kind sei tot gewesen, sie habe es einfach in die Kloschlüssel hineingeboren und dort liegen lassen. Explizit meint Sonja, dass sie das Kind weder beim Geburtsvorgang noch hinterher angefasst habe. Die Plazenta, die später abging, habe sie auf ein Papierstück gelegt. Später schneidet sie mit einer Schere die Nabelschnur durch. Nach dem Kind sieht sie nicht mehr, lässt es in der Toilette liegen. Sonja spricht von einer schnellen Geburt. Das Kind habe mit dem Kopf nach unten in der Kloschlüssel gelegen. „Ich habe gesehen, dass es nicht atmet, und habe es dann liegen lassen." Auf die Frage, ob sie nicht auf die Idee gekommen sei, wenn das Kind mit dem Kopf nach unten in der Kloschüssel hänge, dass es dann im Wasser wäre und gar nicht schreien könnte, gibt Sonja an: „Nein, denn unsere Öffnung ist nicht so arg groß." Später berichtigt sich Sonja und schildert, das Kind doch mit dem Fuß etwas hochgehoben zu haben. So oder so lässt sie das Kind in der Kloschlüssel liegen, erst die Mutter holt es heraus. Bei den Vernehmungen fragt die Polizei immer wieder danach, ob Sonja nicht bemerkt habe, ob das Kind gelebt habe. „Also, ich habe halt festgestellt, dass sich der Brustkorb nicht mehr hebt oder senkt ..."

Wieder korrigiert Sonja ihre Aussagen, was in dem Prozess eine große Rolle spielt. Bei der Vernehmung wird sie gefragt, ob sie nicht doch noch angenommen habe, dass das Kind noch lebt. Sie meint dann: „Ein paar Töne hat es schon gemacht." Später spricht sie von Babygeschrei. Frage: „Diese Babyschreie, hast du die unmittelbar nach dem Ausstoß des Kindes gehört oder schon beim Austreten des Kindes?" Antwort: „Wie es da war, beim Austreten gar nichts. Es waren nicht viele ... 3, 4."

Es lag zu diesem Zeitpunkt schon in der Kloschlüssel.

Später in der Vernehmung. Frage: „Wenn ein Kind in dieser Stellung schreit und hört dann auf. Es ist doch reflexartig, dass man hingeht und schaut unmittelbar danach. Wie viel Zeit ist vergangen zwischen dem Ende des Schreiens und dem Herausnehmen aus der Kloschüssel?" Antwort: „Das war nicht viel, das ging ganz schnell. ... Als ich den ersten Schrei gehört habe, war ich gerade drüben in der Küche und habe die Nabelschnur durchschnitten ... dann bin ich rüber und habe die Zeitung genommen ... zu diesem Zeitpunkt war ja schon nichts mehr. ...

Ich bin sicher, dass ich mir in der Küche die Nabelschnur abgeschnitten habe, mit dieser schon erwähnten Schere. Ich bin mir sicher, als ich da in der Küche war und das gemacht habe, dass ich da den letzten Schrei vom Kind wahrgenommen habe."

Der rechtsmedizinische Befund der Kindesleiche ist nicht ganz eindeutig. Offensichtlich handelt es sich um ein gesundes Mädchen mit den üblichen Reifezeichen. „Eine anatomisch eindeutig nachweisbare Todesursache ergab die Obduktion nicht. Die erhobenen Befunde sprachen für einen Erstickungsvorgang, wobei es denkbar erscheint, dass das Neugeborene ertrunken ist bzw. ertränkt wurde oder ein Verschluss der Atemöffnungen mit weicher Bedeckung stattgefunden hat, wofür sich allerdings keine positiven Anzeichen fanden."

Im Haftbefehl heißt es: „Die Geburt fand statt, während die Beschuldigte auf der Toilette saß, sodass das Kind nach dem Austritt aus dem Körper der Beschuldigten auf dem Rücken liegend mit dem Kopf nach unten in der Toilettenschüssel zum liegen kam. Das Kind, das voll ausgetragen und lebensfähig war, atmete selbstständig und gab Schreie von sich. Die Beschuldigte kümmerte sich nicht um das Kind, sondern ließ es mindestens 5 Minuten in der Toilettenschüssel liegen. Sie selbst ging in die Küche, um eine Schere zum Abschneiden der bei ihr verbliebenen Nabelschnur zu holen. Nachdem das Kind aufgehört hatte zu schreien, zog die Beschuldigte das Kind an einem Bein aus der Kloschüssel, hielt es am Bein gepackt hoch und betrachtete es. Anschließend legte sie das Kind wiederum mit dem Kopf nach unten in die Kloschüssel, obgleich ihr klar war, dass das Kind lebte. Sie wollte hierdurch den Tod des Kindes herbeiführen. Das Kind geriet mit dem Kopf unter Wasser, wodurch es erstickte."

So der juristisch-nüchterne Text zu einem grausamen, makaberen Kindstod.

Der Kindsvater

Zum Vater des Kindes gibt Sonja an, dass sie den jungen Soldaten während eines Lehrgangs kennen gelernt habe, in einer Diskothek, ein flüchtiges Verhältnis.

Ist sie ungewollt schwanger geworden? Jedenfalls hat sie nichts zur Verhütung beigetragen, die Schwangerschaft wohl in Kauf genommen. Sonja ist, wie wir sehen werden, stark im Verdrängen – vielleicht hat sie auch das Risiko der Schwangerschaft verdrängt, vielleicht aber auch ihre Hoffnungen in den Kindsvater gesetzt. Das Problem der „vergessenen Pille" wird auch in der Psychodiagnostik deutlich werden. Sonja denkt in vielem sehr einfach, schablonenhaft und stereotyp. Vielleicht hat sie sich ein Happy End mit dem Kindsvater phantasiert und geglaubt, dass er sie heiraten, von den Eltern wegholen werde, wenn sie schwanger wird. All dies ist von ihr im psychiatrischen Gespräch, auch später vor Gericht nicht sicher zu erfahren. Ihre Hoffnungen in Thomas, den Kindsvater, waren in jedem Fall flüchtig und vergebens.

Als sie merkt, dass sie schwanger ist, wohnt er schon wieder in seinem Heimatort in Norddeutschland. „Ich habe dann seine Mutter angerufen, und sie hat mir gesagt, der Thomas ist gerade beim Ausziehen, und da hab ich ihr gesagt, dass ich von Thomas schwanger bin. Ich kenne die Mutter von Thomas nicht und ich hatte den Eindruck, dass sie von meiner Mitteilung nicht begeistert war. Ich habe sie gebeten, dass der Thomas mich anrufen soll. Der Thomas hat sich aber nie bei mir gemeldet. Auch von seiner Mutter habe ich nichts gehört. Ich habe mit ihm überhaupt keinen Kontakt mehr gehabt, seit er … weg ist. Nur das eine Mal habe ich mit seiner Mutter telefoniert. Der Vater meines Kindes heißt Thomas. Ich habe mir seinen Namen und seine Adresse nicht aufgeschrieben. Ich habe ihm mal meine Handynummer gegeben, als er für ca. 3 oder 4 Wochen auf einem Springer- oder Packer-Lehrgang hier an der Nato-Schule war. Ich habe nur dieses eine Mal mit seiner Mutter telefoniert … Ich hatte zwei oder dreimal Geschlechtsverkehr mit Thomas, das war immer bei uns zu Hause, weil mein Vater schon in Amerika war, meine Mutter war auch nicht da … Ich habe in dem Zeitraum, wo ich mit Thomas Geschlechtsverkehr hatte, die Antibabypille nicht genommen. Ich habe eine Latex-Allergie und vertrage keinen Geschlechtsverkehr mit Kondomen. Ich habe dem Thomas gesagt, dass ich keine Empfängnisverhütungsmittel nehme. Ich nehme an, dass es Thomas wurscht war, ob ich schwanger werde oder nicht. Wir haben uns zumindest nicht näher drüber unterhalten … Der Grund, dass ich meine Schwangerschaft die ganze Zeit verschwiegen habe, war, dass ich Angst hatte vor meinem Vater. Ich hatte die Angst zwar nicht, dass mich mein Vater mit meinem nichtehelichen Kind auf die Straße setzt, aber ich hatte die Angst, dass er mit mir rumbrüllt … Wir hatten mal ein Gespräch, mein Vater und ich, und da kam ganz deutlich heraus, dass …, wenn kein Mann dabei ist, er das Kind nie so akzeptieren würde."

Bei der späteren Gerichtsverhandlung wird Thomas als Zeuge vorgeladen. Vor Gericht erscheint ein kleiner, nicht sehr intelligent wirkender junger Mann, der einen denkbar ungünstigen Eindruck hinterlässt. Zu diesem Zeitpunkt ist im Prozess schon klar geworden, dass Sonja sich damals in den jungen Mann verliebt hatte, in der trügerischen Hoffnung, er würde sie vielleicht heiraten. Nichts lag ihm ferner. Sobald er den Lehrgang beendet hatte, war er zu seiner früheren Freundin zurückgekehrt.

Seine Befragung vor Gericht wirkt peinlich, unangenehm. Obwohl es offensichtlich ist und er von der Befragung keine juristischen oder finanziellen Nachteile zu erwarten hat, bestreitet er, zur Überraschung aller Verfahrensbeteiligten, mit Sonja ein intimes Verhältnis gehabt zu haben. Die Verteidigung, die Staatsanwaltschaft fragen nach. Thomas lügt schlecht, bleibt aber bei seiner Aussage. Er schränkt sie etwas ein. Ja, es habe Abende gegeben, da sei er sehr betrunken gewesen, er wisse nicht genau, was da passiert sei. Das Gericht, erkennbar verärgert, ordnet schließlich einen Vaterschaftstest an. Es will wissen, ob Thomas der Vater des verstorbenen Kindes war – ein ungewöhnlicher, auch sehr teurer Vorgang. Der Vaterschaftstest endet wie erwartet: Thomas ist der Vater des Kindes. Das Gericht ist verstimmt über die völlig überflüssigen Ausflüchte des Kindsvaters.

Was für ein Mensch ist Sonja?
Ihre Biografie

Sonja wird 1979 in einer kleinen Stadt geboren. Sie ist ein Einzelkind, die Mutter soll sich sehr liebevoll um das Kind gekümmert haben. Sie ist bei der Geburt des Kindes 29, der Vater, ein Berufssoldat (Unteroffizier), 40. Sonja ist ein gesundes Kind. Der Vater, das klang schon in der Vernehmung an, wird von ihr als streng, vielleicht betont soldatisch erlebt. Trotzdem berichtet sie, ein gutes Verhältnis zu ihm gehabt zu haben. Auseinandersetzungen sind kaum erinnerlich – wahrscheinlich haben überhaupt keine Gespräche stattgefunden. Der Vater bildet junge Soldaten aus, fünf Jahre vor der Tat geht er in Pension, handelt nebenbei etwas mit Schrott. Im örtlichen Turnverein ist er im Vorstand. Einige Jahre vor der Tat kauft er ein Grundstück in Nordamerika, einsam gelegen, und verbringt dort jeweils mehrere Monate. Dort wird er auch während der Gerichtsverhandlung sein, bei der er unsichtbar bleibt, nicht erscheint. Die Mutter ist Lohnbuchhalterin.

Die weiteren Familienverhältnisse sind etwas wirr. Die Herkunftsfamilie des Vaters ist Sonja unbekannt, möglicherweise hat er selbst eine schwierige Kindheit gehabt. Dies mag seine Strenge ihr gegenüber erklären. Der Vater wird von ihr als „sehr katholisch" geschildert. Er passt darauf auf, „dass sie keine Kerle ins Haus bringe". Dies gelingt aber nicht, wie wir unten sehen werden. Überraschend genug stellt sich heraus, dass der Vater nicht katholisch, sondern evangelisch ist. Vor ihm habe sie einen „Heidenrespekt". Strenge Ansichten soll er zum Thema Kinderkriegen gehabt haben: Erst muss geheiratet werden.

Das Verhältnis zur Mutter ist besser. Sie ist ruhig, soll immer Zeit für Sonja gehabt haben. Die Kindheit wird als schön geschildert, überschattet allerdings durch ein relatives Versagen in der Schule: Die Eltern haben diesbezüglich hohe Erwartungen, rechnen mit dem Abitur. Dafür hat Sonja bei weitem nicht die Voraussetzungen, wie auch die psychischen Befunde unten zeigen werden. In diesem Zusammenhang kommt es zu Streitereien, aber nicht zu schweren Auseinandersetzungen. Sonja besucht den Kindergarten, wird eingeschult. Urlaub macht sie mit ihrer Familie in Jugoslawien. Der Vater ist häufig auf Lehrgängen. Über die Ehe der Eltern kann man nur spekulieren. Die häufigen Abwesenheiten des Vaters fallen auf.

Frühkindliche Besonderheiten werden von ihr nicht geschildert. Nägel gekaut haben will Sonja nicht. Nichts spricht für Verhaltensauffälligkeiten oder Entwicklungsstörungen in der Kindheit. Sonja wird regelgerecht eingeschult. Nach vier Jahren Hauptschule soll sie auf das Gymnasium, schafft aber den Übertritt nicht. Die Eltern bezahlen sogar noch ein Jahr Internat, um ihr den Wechsel aufs Gymnasium zu erleichtern, aber auch dies reicht nicht. Sie kommt mit den Anforderungen nicht zurecht. Sonja besucht die Hauptschule, bleibt nicht sitzen. Den Qualifizierten Hauptschulabschluss erreicht sie aber nicht. Sie ist keine fleißige Schülerin. Gut soll sie in Deutsch und Englisch gewesen sein, schlecht in Mathematik. Sie ist ein sportliches Mädchen, interessiert sich für Handball, Skifahren und Tennis. Daran hat sie schöne Erinnerungen, auch an Reisen mit den Eltern. Nur die schulischen Erwartungen der Eltern führen zu Reibereien.

Mit 15 Jahren verlässt Sonja die Schule. Sie leistet ein freiwilliges soziales Jahr ab, macht einen Schwesternhelferkurs. Die Prüfung dazu schafft sie, dann beginnt sie eine Ausbildung als Krankenpflegehelferin. An dieser Prüfung scheitert sie. Selbstkritisch meint Sonja bei der Untersuchung später, dass sie sich mit dem Lernen schwer tue. Außerdem hat sich ihr Interesse geändert. Sie geht abends viel weg, trifft sich mit Jungs. Die Eltern sind vom Nichtbestehen der Prüfung enttäuscht, wenn auch nicht so sehr wie vom schulischen Versagen. 1994 beginnt sie eine Lehre als Arzthelferin, bricht diese nach einem Jahr ab, weil sie keine Lust mehr hat. Ihr ausbildender Arzt ist enttäuscht, er hätte sie gerne behalten. Zu dieser Zeit ist sie schon fast jeden Abend in Diskotheken, hat auch keine Lust mehr, freitags zu arbeiten. In der Berufsschule kann sie sich nicht konzentrieren. Nach dem Abbruch der Lehre ist sie fast zwei Jahre lang arbeitslos, hilft ein wenig ihrer Großmutter in deren Farben-Geschäft. Abends ist sie immer weg, schläft tagsüber.

Schließlich findet sie eine Stelle bei einer Versicherung, arbeitet als angehende Versicherungsvertreterin. Nach sechs Monaten wird ihr gekündigt, da ihr Unregelmäßigkeiten zur Last gelegt werden. Aufgrund eines verspätet zurückgegebenen Firmenwagens wird sie wegen Unterschlagung zu einer Geldstrafe verurteilt. Weitere Vorstrafen gibt es nicht. Als Kind hat sie einmal einige Sozialstunden ableisten müssen, weil sie ein paar Kleinigkeiten geklaut hatte. Sonst hat sie sich nie etwas zuschulden kommen lassen. Sonja ist wieder arbeitslos. Schließlich wird ihr eine Stelle als Schwesternhelferin in einem Altersheim vermittelt. Die Tätigkeit dort liegt ihr, hier bleibt sie bis zu der Tat. Mit den Kolleginnen kommt sie gut zurecht.

Sonja lebt in einer Kleinstadt. Obwohl sie eher behütet aufwächst, ändern sich ihre Interessen in der Pubertät. Sie geht immer wieder weg, sucht vor allem Diskotheken auf, insbesondere Lokale, in denen viele Bundeswehrsoldaten, die in der Nähe Lehrgänge besuchen, verkehren, junge Wehrpflichtige, wie sie ihr Vater unterrichtet hat. In einer vorwiegend von Soldaten besuchten Diskothek ist sie bald bekannt wie ein „bunter Hund". Immer wieder ergeben sich kurzfristige Männerbekanntschaften. Bei der Untersuchung gibt Sonja später an, sie habe den Ruf einer „Nato-Matratze" gehabt. In diesem Ausdruck schwingt schon ihr Schicksal an: Sie ist leicht zu haben und ist sich dessen bewusst. Eine unbewusste Rache am Vater? Er bleibt unsichtbar, als Vater und als Zeuge. Ihr Stammlokal hat im Übrigen keinen guten Ruf. Eine Freundin, mit der sie immer dort hingeht, rät ihr ab, weiter dort zu verkehren, aber sie lässt sich nicht abhalten.

Sonja und der Sex

Sie ist nicht aufgeklärt worden. Als junges Mädchen informiert sie sich in der „Bravo" und anderswo. Mit 13 oder 14 bekommt sie ihre Monatsblutung. Ihre Mutter sagt, dass sie diese jetzt regelmäßig bekommt, gibt ihr Binden. Das war's.

Über Verhütungsmittel spricht man im Freundeskreis, nicht im Elternhaus. Sonja berichtet über erste Freundschaften im 13. Lebensjahr, erster Geschlechtsverkehr im 15. Lebensjahr. Das erste Mal hätte sie sich schöner vorgestellt. Später gefällt es ihr besser. Negative Erlebnisse, vielleicht sogar eine Vergewaltigung, werden nicht geschildert. Es kommt zu wechselhaften Freundschaften. Eine Zeit lang ist sie mit einem Diskjockey befreundet, von dem sie schwanger wird. Sie verliert das Kind in der 7. oder 8. Schwangerschaftswoche. Die Freundschaft läuft auseinander. Zwei Jahre lang ist sie mit einem jungen Soldaten liiert. Er trennt sich von ihr, was sie belastet. Danach kommt es zu wechselnden Freundschaften.

Sonja fehlt es an Selbstbewusstsein. Krank fühlt sie sich nicht, flüchtet sich auch nicht permanent in Alkohol, aber bei den Diskothekenbesuchen trinkt sie mehr, als ihr gut tut. Auch während der Schwangerschaft trinkt sie eher mehr, bis zu 14 „Drinks" am Abend. Krank war Sonja nie.

Als sie den Kindesvater kennen lernt, lebt sie noch bei ihren Eltern. Sie hat in der Wohnung ein eigenes Zimmer, angeblich kann sie junge Männer mit nach Hause bringen. Nur geraucht werden darf in der Wohnung nicht.

Ihre Schwangerschaft

Sonja lernt Thomas in der Diskothek kennen. Er ist 22 Jahre alt, kommt aus Norddeutschland. Wie oben angesprochen: Er wird später beim Prozess auftreten und einen ungünstigen Eindruck hinterlassen. Die Beziehung dauert drei Wochen, in einer dieser Wochen wird sie mit ihm mehrfach intim. Er hinterlässt ihr die Telefonnummer seiner Eltern, meldet sich nicht mehr, als er wegfährt. Später wird Sonja sagen, sie sei verliebt gewesen, habe vielleicht sogar auf eine Hochzeit gehofft. Realistisch waren diese Erwartungen nicht. Die Schwangerschaft bemerkt sie erst Wochen nach seiner Abreise. Sie macht einen Schwangerschaftstest, geht zu einem Frauenarzt, der die Schwangerschaft bestätigt. Sonja ist geschockt. Hat sie an Abtreibung gedacht? Der Frauenarzt spricht sie einmal darauf an, will mit ihr einen Besprechungstermin vereinbaren. Zu diesem kommt sie nicht.

Sonja ist schwanger. Sie hat nichts getan, die Schwangerschaft zu verhindern, tut nichts dagegen, die Schwangerschaft auszutragen. Das Kind hat nur einen biologischen Vater, niemanden, der sie unterstützt. Was jetzt kommt, ist psychologisch schwierig zu verstehen: Sonja sperrt sich ein, spricht mit kaum jemandem über die Schwangerschaft. Einen Versuch, den Kindsvater zu besuchen, unternimmt sie nicht. Das wäre wohl auch sinnlos. Es gibt ein paar Freundinnen, die sie um Babywäsche bittet, die sie dann nicht abholt. Wo sie entbindet, lässt sie offen, kümmert sich nicht darum. Die Schwangerschaft ist unproblematisch. Bis zum 7. Monat geht sie in ihre Diskothek, da sie nicht zu Hause herumhocken will. Sie trinkt wohl auch zu viel. In der Arbeit wird sie schließlich auf die Schwangerschaft angesprochen und muss diese einräumen. Den Eltern sagt sie nichts. Weder die Mutter noch der Vater erfahren von ihr etwas von der Schwangerschaft. Die Mutter fragt ein paar Mal „durch die Blume". Sonja verneint die Schwangerschaft, selbst mit vorgewölbtem Bauch. Die Mutter fragt nicht nach. Der Vater ist abwesend, bleibt unsichtbar. Wenn man sich fragt, welche Beziehung sie zu dem Kind entwickelt hat, muss man wohl sagen: gar keine. Dazu passen die fehlenden Vorbereitungen auf die Geburt: Den Geburtstermin kennt sie, kümmert sich aber nicht darum. Wenige Tage vor der Geburt bemerkt sie das erste Ziehen, vertraut sich niemandem an. In der Familie herrscht, ganz wörtlich zu nehmen, Sprachlosigkeit. Womit rechnet sie? Sie tut so, als gäbe es keine Schwangerschaft, als müsste sie sich nicht um das Kind kümmern. Das Kind kommt.

Später wird sie bei der Untersuchung befragt, ob sie nicht Angst vor der Zukunft gehabt habe. Sonja meint, sie hätte das auf die Reihe gebracht, hätte sich auch auf das Kind gefreut. Zweifel sind angebracht. Auch ihr Vater hätte einmal indirekt nett gefragt, ihr gesagt, sie solle nicht schwer heben, nicht Rasenmähen oder so. Angst will sie vor den Eltern nicht gehabt haben, Vertrauen zu ihnen aber wohl auch nicht.

Einer einzigen Freundin vertraut sie sich etwas näher an. „Ich hatte damals nicht den Eindruck, dass die Sonja überrascht war von der Schwangerschaft. ... Ich habe gehört, dass der Arzt mit Sonja darüber gesprochen hat, welche Möglichkeiten sie hat. Es wurde auch über die Möglichkeit der Abtreibung gesprochen, weil die Sonja noch unentschlossen war. ... Der Arzt hat ihr angeboten, er wolle ihr einen Termin bei der Beratungsstelle von Pro Familia vermitteln. Die Sonja hat mir dann später erzählt, sie hätte dort auch einen Termin gehabt und wäre dort gewesen. ... Ich habe der Sonja damals angeboten, ich würde mit ihr zur Beratungsstelle fahren. Sie hat aber dazu nur gemeint, sie würde da selbst einmal hinfahren. ... Ich habe bei diesen Diskobesuchen ... mitgekriegt, dass die Sonja weiter ziemlich viel geraucht und ziemlich viel getrunken hat. Sie hat überwiegend „Gespritzte" getrunken (Asbach mit Cola). Sie hat da so durchschnittlich 10 bis 12 Gespritzte an einem Abend getrunken, teilweise noch einige Glas Pils oder Cola dazu. ... Ich habe das für unverantwortlich gehalten in ihrem schwangeren Zustand und habe ihr das auch einige Male gesagt. ... Es müsste Ende des Jahres gewesen sein, dass die Sonja dann davon geredet hat, sie würde das Kind nun doch abtreiben. ... Sie hat erwähnt, sie habe in München einen Termin in der Klinik. Sie hat mich auch nicht gefragt, ob ich sie reinfahren würde, und ich habe das auch nicht angeboten. ... Circa ein oder zwei Wochen später hat die Sonja dann davon gesprochen, ihr Kind sei tot. Der Arzt habe festgestellt, es habe keinen Herzschlag mehr, und sie müsse jetzt nicht nach München, weil eine Ausschabung vorgenommen würde."

Ausflüchte, Lügen. Das Kind lebt. Einer anderen Freundin erzählt sie von der Schwangerschaft. Diese hat zunächst den Eindruck, Sonja sei begeistert. „Sie hat mir dann über ihre Eltern erzählt, dass der Vater weiterhin sehr zurückhaltend und nicht so begeistert war von dem Kind, ihre Mutter habe sich aber ziemlich gefreut über das Kind. ... Wenn ich mich nicht täusche, hat die Sonja ca. einen Monat später, nachdem von dieser missglückten Abtreibung die Rede war, mal erzählt, dass der Kindsvater sie angerufen habe und gefragt habe, warum sie das Kind nicht habe abtreiben lassen. Sie hat sich sinngemäß so geäußert, es sei doch alles geplant gewesen. Ich hatte insgesamt schon den Eindruck, solange ich mit der Sonja Kontakt hatte, dass sie sich letztlich auf das Kind gefreut hat. ... In der Anfangszeit, wo ich erfahren habe, dass Sonja schwanger war, habe ich es zwei- oder dreimal selbst erlebt, dass die Sonja betrunken aus der Diskothek herausgegangen ist."

Exkurs: unsichtbare Schwangerschaften

Verdrängte, nicht wahrgenommene Schwangerschaften und Geburten sind bis heute auch in westlichen Ländern nicht selten. Immer wieder wird über entsprechende Fälle auch in den Medien berichtet. Der Psychiater Andreas Marneros (2003) berichtete kürzlich den Fall einer jungen, 28-jährigen, schüchtern und zurückhaltend wirkenden Frau, die mehrere Kinder heimlich zur Welt brachte, wobei sie selbst die Nabelschnur mit einer Schere durchtrennte und die Kinder nach der Geburt in eine Decke einwickelte und verschnürte. Die Leichen der Kinder wurden später auf dem Dachboden gefunden. Die junge Frau war unglücklich verheiratet, ihr Mann soll nichts von den Schwangerschaften bemerkt haben. In dem Fall beschreibt Marneros, ganz ähnlich wie es wohl bei Sonja gewesen ist, dass sich die junge Frau einredete, nicht schwanger zu sein, und die Schwangerschaft verheimlichte. Bei der psychiatrischen Untersuchung berichtet sie über Hassgefühle gegenüber dem mittlerweile Ex-Ehemann. Von ihm wollte sie keine drei Kinder haben. „Ich hatte eigentlich gar nicht mit dem Gedanken gespielt, ein Baby nicht überleben zu lassen, machte mir darüber keine Gedanken, obwohl ich meine Schwangerschaft zuvor allen Leuten, auch vor meinem Mann, geheim gehalten habe." Ähnlich wie Sonja sucht sie keinen Arzt auf.

Die Tötung von Neugeborenen (Neonatizide) und kleinen Kindern (Infantizide) ist bislang nicht sehr systematisch bearbeitet worden, und speziell für Neonatizid scheint eine Reihe verschiedener Faktoren verantwortlich zu sein. Folgt man aktuellen Übersichten (vgl. Spinelli 2001), so sind mehr oder weniger systematische Amnesien, Depersonalisation, dissoziative Zustände und eine weitgehende Verneinung und Verleugnung der Schwangerschaft häufig. Manche der Frauen, die ihre Neugeborenen töten, sind psychotisch, in anderen Fällen findet sich eine Vorgeschichte von sexuellem Missbrauch, oder es liegen Persönlichkeitsstörungen vor. Das Verleugnen der Schwangerschaft scheint in den meisten Fällen in mehr oder weniger starker Form vorzuliegen. Es ist keineswegs so, dass Frauen, die ihre Kinder töten, nur aus schwierigen sozialen Verhältnissen stammen, viele kommen auch aus der Mittelschicht und leben in mehr oder weniger geordneten Verhältnissen. Bei aller Vielfalt der motivischen Hintergründe und biografischen Verwerfungen scheint die innere Ablehnung der Schwangerschaft und ihre Verdrängung gemeinsamer Bestandteil der meisten beschriebenen Fällen zu sein.

Marneros (2003) nennt Kriterien, bei denen man von einer verdrängten Schwangerschaft sprechen kann:

- die subjektive Gewissheit der Schwangeren, nicht schwanger zu sein
- das Fehlen von Schwangerschaftszeichen oder die subjektive Umdeutung von vorhandenen Schwangerschaftszeichen
- eine Unbefangenheit in sozialen Situationen, die zur Aufdeckung führen könnten, zum Beispiel die Beteiligung am Sportunterricht, Nacktbaden u. Ä.
- ein unverändertes Sexualverhalten
- die Verkennung einsetzender Wehen und das Überraschtwerden durch die Geburt

Man wird bei Sonja vielleicht nicht von einer völlig verneinten, unsichtbaren Schwangerschaft sprechen können, sie hat sich zumindest passager damit auseinandergesetzt. Ihr Fall zeigt aber die Macht der Psyche, selbst über den schwangeren Körper: Es kann nicht sein, was nicht sein darf.

Befunde

Sonja wird aus der Untersuchungshaft vorgeführt. Körperlich ist Sonja unauffällig, 1,70 groß, mit 80 kg deutlich übergewichtig. Sonst ist der körperliche Befund unauffällig. Psychisch scheint sie zunächst sehr verhalten, sehr zurückhaltend, langsam lässt sich aber ein Kontakt mit ihr herstellen. Sie spricht zögernd, wirkt nicht sehr gebildet. Ihre Gedächtnisleistungen sind gut, Konzentration und Merkfähigkeit ausreichend. Dies alles wird noch genau getestet werden. Insgesamt wirkt Sonja knapp durchschnittlich begabt. Fragt man nach ihren Interessen, so spricht sie von Diskothekenbesuchen, jungen Männern, Kneipen, ein eher „auf Party" ausgerichteter Lebensstil, den Sonja wahrscheinlich noch nicht einmal besonders genossen hat. Ablenkung, Abfeiern, Zerstreuung sind ihr wichtig. Der Realität mag sie sich nicht stellen – bis zuletzt.

Ihre Stimmung ist etwas gedrückt, aber im Wesentlichen ausgeglichen. Mit ihrer Tat kommt sie wenig zurecht. Depressiv oder melancholisch verstimmt will sie nie gewesen sein. Trauert sie um das tote Kind? Ein wenig davon wird in der Untersuchung spürbar, aber eben nur ein wenig. Es ist ganz eindeutig: Sonja hat zu dem Kind nie eine innere Beziehung aufgebaut. Enttäuscht zeigt sie sich von dem Kindsvater, in den sie große Hoffnungen gesetzt hat. Sonja wirkt weniger niedergeschlagen denn ratlos, ohne Orientierung und Halt. Die kaum nachvollziehbare Sprachlosigkeit in der Beziehung zu den Eltern wird auch in der Untersuchung nicht plausibler. Angst will sie nicht gehabt haben. Andererseits spürt man, dass sie die Eltern nicht enttäuschen wollte. Wie so oft zuvor. Was Sonja fehlt, ist planerisches Denken und Vorstellungskraft über den Tag hinaus.

Harte psychiatrische Befunde fehlen. Nichts spricht für eine Psychose – kein Wahn, keine Halluzinationen, keine schwere Depressivität. Die Realitätskontrolle ist erhalten, schwere vegetative Störungen schildert sie nicht. Insgesamt wirkt Sonja noch sehr jugendlich mit wenig psychischer Fundierung. Ihr Selbstwertgefühl ist offensichtlich sehr gering. Wie stark die Selbstwertproblematik ist, lässt sich bei der spontanen Selbsteinschätzung einer „Nato-Matratze" nur erahnen. Den Begriff benutzt sie in der Untersuchung mehrfach spontan. Dies ist ihr Image im Freundes- und Bekanntenkreis. Sie mag unüberlegt wirken, schwere impulsive oder aggressive Persönlichkeitsmerkmale hat sie nicht, eher wirkt sie etwas apathisch und phantasielos.

In ihrem Ausdrucksvermögen, auch in den geschilderten Gefühlsregungen und ihren Empfindungen erscheint Sonja sehr starr, wobei hintergründig eine gewisse emotionale Labilität spürbar wird. Die junge Frau ist zutiefst verunsichert, war dies sicherlich auch schon während der unglücklichen Schwangerschaft und davor. Ihre Bereitschaft und Fähigkeit zur Verdrängung und zur Verleugnung, zum psychischen Ungeschehenmachen sind ungewöhnlich ausgeprägt, hartnäckig und werden auch teilweise während der Untersuchung noch aufrechterhalten. Wo sind ihre Wut und ihr Schmerz über ihre verlorene Liebe, ihre enttäuschten Hoffnungen? Wenig davon lässt sich erfragen, nichts davon spricht sie spontan an. Ihre starke Verdrängungsbereitschaft lässt auf einige hysterische Züge schließen, gleichzeitig wirkt sie aber auch wenig geltungsbedürftig und eher unscheinbar. Eine unausgeglichene, unreife Persönlichkeit – ohne innere Festigkeit.

In ihrer Selbstbeschreibung sieht sich Sonja als treu, freundlich, zurückgezogen, aber auch jähzornig, dann auch wieder gutmütig. „Meine besondere Stärke ist vielleicht meine Treue. Mein Hauptfehler könnte sein, dass ich zu gutmütig bin."

Einige Akzentuierungen finden sich in der ergänzenden psychometrischen Testung.

Exkurs:
Wissenswertes über psychologische Tests

Bei vielen psychiatrischen Gutachten, vor allem bei jenen im Zusammenhang mit Kapitalverbrechen, stützt sich das Urteil des Psychiaters nicht nur auf die Ergebnisse seiner Befragung (Exploration) und auf die Erhebung des körperlichen oder neurologischen Befundes; abhängig von der Fragestellung und dem Delikt werden auch andere Untersuchungen durchgeführt: zur Erfassung der Hirnstruktur und Hirnfunktion, wie zum Beispiel EEG oder die Computertomographie des Kopfes, alternativ auch die Kernspintomographie oder sogar neuere bildgebende Verfahren, die in der forensischen Psychiatrie allerdings bislang kaum angewendet werden. Besondere Bedeutung hat aber die Erhebung psychometrischer Befunde durch eine differenzierte Testpsychologie, die häufig in der Hand erfahrener Psychologen liegt. Die Fragestellungen sind vielfältig, ebenso die eingesetzten Testverfahren. Oft geht es zunächst um die

Erhebung des Intelligenzprofils oder die Frage einer Hirnfunktionsstörung, zum Beispiel bei Menschen, die eine Schädel-Hirn-Verletzung erlitten haben oder alkoholkrank sind. Am häufigsten kommt hierbei der Hamburg-Wechsler-Intelligenztest für Erwachsene (HAWIE) zum Einsatz. Mithilfe dieses Intelligenztests kann man sowohl Aussagen über das Intelligenzniveau als auch über die Intelligenzstruktur treffen. Er besteht aus mehreren Untertests. Vor allem die Gegenüberstellung abbaubeständiger und abbauunbeständiger (kristalliner) Untertests kann die Frage beantworten, ob es zu sekundären, also erworbenen Leistungsminderungen gekommen ist.

Für viele Fragestellungen wichtiger ist aber die Erfassung des Persönlichkeitsprofils. Hierfür liegt eine Vielzahl von Fragebogentests und Interviews vor, die eingesetzt werden können. Vor allem bei gutachterlichen Fragestellungen ist dabei freilich auf Verfälschungs- und Verleugnungstendenzen zu achten. Selbstbeurteilungsfragebögen, bei denen der Befragte mit Zustimmung oder Ablehnung zu vorformulierten Aussagen typische Verhaltens- oder Erlebnisweisen bzw. Einstellungen, Gewohnheiten, Abneigungen etc. beschreiben soll, gehören zu den am häufigsten eingesetzten psychometrischen Persönlichkeitstests. Bei den meisten Untersuchungen geht es dabei um die Erfassung der so genannten Persönlichkeitsstruktur, wobei individuell unterschiedlich ausgeprägte Einzeldimensionen der Persönlichkeit, wie zum Beispiel emotionale Labilität (Neurotizismus) oder Extraversion, erfasst werden sollen. Daneben kommen aber auch Einstellungs- oder Interessentests zur Anwendung, in denen zum Beispiel die Einstellung zu bestimmten Themengebieten oder Berufsinteressen erhoben werden sollen. Dies spielt in der Psychiatrie eine geringere Rolle und ist eher für Berufsberatungen o. Ä. von Interesse. In anderen klinischen Tests sollen psychopathologisch relevante Merkmale oder spezifische Verhaltensweisen erfasst werden, auch um eine diagnostische Einordnung zu ermöglichen.

Zu den besonders häufig eingesetzten Testverfahren gehört zum Beispiel das Freiburger Persönlichkeitsinventar, ein Fragebogentest, der ein faktorenanalytisch begründetes Persönlichkeitsverfahren mit mehreren Dimensionen darstellt:

- Lebenszufriedenheit
- soziale Orientierung
- Leistungsorientierung
- Gehemmtheit
- Erregtheit
- Aggressivität
- Beanspruchung
- körperliche Beschwerden
- Gesundheitsstörungen
- Offenheit
- Extraversion
- Emotionalität

Das Freiburger Persönlichkeitsinventar ermöglicht vor allem eine Selbstbeschreibung des Probanden. 138 Fragen werden vorgegeben. Ein anderes Verfahren ist das Eysenck-Persönlichkeitsinventar (EPI). Besonders häufig angewandt wird auch der Minnesota-Multiple-Personality-Inventory (MMPI), ein Fragebogentest zur Erfassung klinisch relevanter Persönlichkeitsdimensionen.

Der MMPI wird sowohl zur Diagnostik im klinischen Bereich als auch zur Erfassung wichtiger Persönlichkeitsmerkmale eingesetzt. Zu den zehn Basisskalen gehören Hypochondrie, Depression, Hysterie, Psychopathie, maskuline/feminine Interessen, Paranoia, Psychoasthenie, Schizophrenie, Hypomanie sowie soziale Intro-/Extraversion. Zudem gibt es drei Validitätsskalen, um mögliche Verfälschungs- und Verleugnungstendenzen auszuschließen.

Bei Fragebogentests liegt es nahe, dass gerade in Gutachtensituationen eine bestimmte Antworttendenz im Sinne einer sozialen Erwünschtheit abgebildet wird. Zur Erfassung unbewusster oder verdrängter Motive und Eigenschaften kommen deswegen noch andere Testverfahren zum Einsatz, speziell so genannte projektive Testverfahren, die keine eindeutige Antwort implizieren. Ihre Anwendung ist nicht unumstritten, in der Hand des erfahrenen Gutachters können sie aber wertvolle zusätzliche Erkenntnisse liefern.

Diese Testverfahren basieren auf dem tiefenpsychologischen Mechanismus der Projektion, wobei es Aufgabe des Psychologen oder Psychiaters ist, aus den freien Assoziationen, Deutungen oder Ergänzungen des Patienten zu inhaltlich mehr oder weniger unstrukturierten oder mehrdeutigen Testvorlagen auf dessen verborgene Persönlichkeitsstruktur oder auch Neigungen Rückschlüsse zu ziehen. Zu den verschiedenen Tests gehörten Formdeute-Verfahren, aber auch zeichnerische Gestaltungsverfahren (z. B. Malen eines Baumes) oder Erzählverfahren, in denen zu Bildern Geschichten erzählt werden sollen. Natürlich kann sich eine psychiatrische Diagnose nie allein auf projektive Testverfahren stützen: Die Probleme und Grenzen liegen auf der Hand. „Objektivierbare" Normwerte fehlen, und viel hängt von der Sensibilität und Erfahrung des Diagnostikers ab. Im Einzelfall können projektive Verfahren aber viele ergänzende Informationen liefern, gerade bei schwierigen gutachterlichen Fragestellungen.

Ein besonders bekanntes Verfahren ist das Rorschach-Formdeute-Verfahren. Bei diesem werden mehrdeutige, symmetrische Klecckskonfigurationen vorgelegt, zu denen der Patient seine Interpretation geben soll. Die Unbestimmtheit des Materials fördert dabei die Projektion affektiver Inhalte. Ein anderer projektiver Test ist der thematische Apperzeptionstest (TAT). Hier werden Bildvorlagen angeboten, die bestimmte Situationen zeigen, die der Proband beurteilen soll. Auf einzelne Testverfahren werden wir in diesem Buch immer wieder zurückkommen.

Zurück zu Sonja:

Wie fällt die Untersuchung bei Sonja aus? Im HAWIE erreicht sie mit 88 Punkten einen Wert aus dem Bereich der niedrigen Intelligenz. Etwa vier Fünftel ihrer Altersgruppe übertreffen diesen Wert. Die frühere Hoffnung der Eltern, dass Sonja das Abitur erreichen könne, erscheint aufgrund dieses Profils fast grotesk. Im Detail zeigt sich, dass Sonja zwar eine gute Lernfähigkeit hat, wenn es sich aber um zwischenmenschliche Situationen handelt, tut sie sich häufig schwer, diese richtig zu erfassen, und ihre „soziale Intelligenz" ist begrenzt, wenn nicht schwach. Für eine erworbene hirnorganische Leistungsminderung findet sich kein Hinweis.

Interessanter sind die Ergebnisse der übrigen psychometrischen Tests. Im Freiburger Persönlichkeitsinventar weicht Sonjas Profil in 3 von 12 Skalen vom unauffälligen Mittelbereich ab. Dabei handelt es sich um die Bereiche „soziale Orientierung", „Gehemmtheit" und „Extraversion". In diesem Test beschreibt sich Sonja als eine mit ihrem Leben ausreichend zufriedene, leistungsorientierte und besonders hilfsbereite Probandin, die im Allgemeinen eher zurückhaltend und ernst auftritt, unsicher und gehemmt im Kontaktbereich ist, sich dabei auch emotional labil erlebt. Die geringe Extraversion (Außenorientierung) fällt im Übrigen auch im Eysenck-Persönlichkeitsinventar (EPI) auf. Hier erscheint sie dagegen auffallend neurotisch und melancholisch. Die Ergebnisse dieses Tests sprechen für eine emotional äußerst instabile, eher launische und ängstliche junge Frau. Im MMPI erreicht Sonja Extremwerte auf den Skalen „Depressivität", „Paranoia", „Psychiatrie" und „Introversion". Menschen mit solchen Zügen wirken häufig apathisch, sind schwer zu motivieren, eine hintergründige Niedergeschlagenheit ist denkbar. Ein relativ hoher Hysteriewert spricht dafür, dass Sonja häufig Verdrängung und Verleugnung einsetzt, um mit psychischen Problemen fertig zu werden. Ihre Krankheitseinsicht ist wahrscheinlich gering ausgeprägt. Spannender sind die Ergebnisse der projektiven Tests. Im Rorschach-Formdeute-Verfahren fällt zunächst auf, dass Sonja wenig Antworten gibt, verglichen mit anderen Untersuchungen. Dies überrascht aufgrund des klinischen Eindrucks nicht. Ihre Denken ist einfallslos, wenig variabel, die Denkabläufe erscheinen eher automatisiert. Man kann annehmen, dass Sonja auf ungewöhnliche Situationen eher starr und stereotyp reagiert. Das Reaktionsmuster, das sich hier andeutet, kann für das Verständnis der Tat von Bedeutung sein. Sonjas Verhaltensrepertoire ist begrenzt, Unerwartetes oder gar Bedrohliches wird verdrängt, Lösungen werden nicht angedacht oder vorbereitet. Vergleicht man Sonjas Antworten mit denen anderer, so wirkt ihr Denken wenig kreativ, kaum schöpferisch. In auffallend vielen der Klecksvorlagen will sie Tiere erkennen (85 %), eine wenig phantasiebegabte Antworttendenz.

Im thematischen Apperzeptionstest (TAT), in dem im Vergleich zum Rorschach-Verfahren besser strukturierte Tafeln angeboten werden, zeigt sich ebenfalls eine eher unflexible Haltung. Ihre Geschichten zu den Bildvorlagen handeln vom Thema der ehelichen Loyalität und Solidarität, es wird eine heile Welt unter den Partnern beschworen, in welcher beispielsweise die Frau um das Wohl des Mannes kämpft.

Dazu einige klinische Beispiele:

- Auf der Tafel 4 (s. Abb. 1-1, S. 43) wird die Sehnsucht nach Harmonie deutlich. Die Eheleute sitzen in trauter Zweisamkeit zusammen („Herr Meier und seine Frau sitzen im Wohnzimmer und trinken ein Glas Wein …"), Irritationen von außen erweisen sich als harmlos (Abwehrmechanismus des Ungeschehenmachens), und danach können diese fast symbiotischen Beziehungspartner sich wieder „glücklich in die Arme fallen".
- Auch bei der Tafel 13 MF (s. Abb. 1-3, S. 45) wird ein Happy End inszeniert, bei dem der Ehemann wieder seine Frau in den Arm nehmen kann, nachdem diese von der Schwangerschaft erfahren haben. Mit ihrem Versprecher („Herr Müller war so vor den Kopf gestoßen …") verrät Sonja die Problematik und Ambivalenz, die mit dieser Schwangerschaft entsteht (s. zu dieser Tafel auch weiter unten).
- Auch auf der Tafel 8 (Abb. 3.1, S. 100) erfährt die Titelheldin überraschenderweise, dass sie schwanger ist, sodass Sonjas eigene Problematik hier nahezu ungefiltert auf die Tafeln projiziert wird. Die Konflikte, die aus der „vergessenen Pille" resultieren können, werden einfach dadurch gelöst, dass es im 4. Monat zu einer Totgeburt kommt, worin man wieder einen Hinweis auf die ungelöste Ambivalenz in Sonjas eigener Schwangerschaft erkennen kann.

Fasst man zusammen, so findet man bei Sonja eine nicht nur wenig begabte, sondern auch in ihrem Denken vorstellungsarme, verlangsamte, an Konventionen haftende junge Frau, deren konfliktreiche, ambivalent erlebte Schwangerschaft sich vor allem in den projektiven Tests fast ungefiltert widerspiegelt. In vielen ihrer Antworten wirkt sie naiv und konzeptlos. Interessant ist, dass in allen Tests ihr Aggressionspotenzial eher unterdurchschnittlich ausgeprägt ist. Ihre Tat wird also weniger aus ihrer eigenen Aggressivität gespeist als aus ihren ungenügenden sozialen Fähigkeiten und ihrer extremen Neigung zur Verdrängung und Verleugnung – psychische Mechanismen und Persönlichkeitseigenschaften, die die Tat vielleicht nicht ausreichend erklären, ihre Entwicklung aber verständlich machen können.

In den weiteren Geschichten zeigt sich bei Sonja der Wunsch nach Entlastung, wenn man unter falscher Anschuldigung steht, und eine merkwürdig agierende Mutter, die misstrauischerweise die Tochter von den „fremden Männern" abzuhalten trachtet.

- Zu Tafel 13 MF (s. Abb. 1-3, S. 45) schreibt sie: „Als Herr Müller gestern von der Arbeit kam, sah er, dass seine Frau nicht in der Küche und nicht im Wohnzimmer war. Er dachte sich, die ist bestimmt beim Einkaufen. Als er ins Schlafzimmer ging, wo er sich umziehen wollte, sah er seine Frau auf dem Bett liegen. Er fragte sie, ob es ihr nicht gut gehe und ob er einen Arzt holen solle. Sie sagte zu ihm, dass es schon ginge und dass sie keinen Arzt bräuchte. Herr Müller wollte sich gerade umdrehen, da sagte seine Frau, dass sie heute beim Frauenarzt war und er festgestellt habe, dass sie schwanger ist. Herr Müller war so vor den Kopf gestoßen, dass es seine Frau nur in den Arm nehmen konnte."

Abb. 3-1: Thematischer
Apperzeptionstest –
Tafel 8 GF.

- Ihre Geschichte zu Tafel 8 GF (s. Abb. 3-1): „Gestern war Simone beim Frauenarzt, und sie erfuhr, dass sie schwanger ist. Im ersten Moment dachte sie, das
kann doch nicht sein, ich habe doch immer meine Pille genommen. Ein paar
Tage später, sie saß gerade in der Küche, ist ihr eingefallen, dass sie die Pille
vergessen hatte und auch nicht mehr verhütet hat. Sie redete mit einer guten
Freundin, die meinte, sie müsse das Kind abtreiben lassen. Abtreiben kam für
Simone nicht infrage, sie würde das Kind austragen. Als sie im 4. Monat war,
hatte sie plötzlich starke Unterleibschmerzen, daraufhin ging sie zum Arzt, der
sie sofort ins Krankenhaus eingeliefert hat. Es stellte sich heraus, dass das Kind
tot ist. Simone wurde ausgeschabt und ein paar Tage später entlassen."

An anderer Stelle der Untersuchung soll Sonja einige vorgegebene, abgebrochene
Sätze ergänzen (Ergänzungen sind im Folgenden halbfett gedruckt). Hier schildert
sie sich als einen Menschen, der Schicksalsromane liest und gerne Kranken-
schwester geworden wäre:
- Eigentlich wäre ich gerne **Krankenschwester** geworden.
- Jetzt würde ich viel lieber **frei** sein.
- Meinen Beruf habe ich auf Anregung vom **Fernsehen** ergriffen.
- Gesammelt habe ich schon mal Folgendes: **Stofftiere**.
- Am liebsten höre ich folgende Musik: **House, Pop, Klassik**.

- Lesen tue ich gerne: **Schicksalsromane.**
- Es gibt Leute, die ich bewundere, zum Beispiel **meine Eltern, meine Oma.**
- Folgende Personen aus dem öffentlichen Leben bzw. der Geschichte verdienen meine Anerkennung: **Polizisten, Krankenschwestern.**

Der mit begutachtende Psychologe schreibt in seiner Zusammenfassung:

„Sonja war ... durchaus kooperativ, hatte aber große Mühe, Phantasie zu entfalten, antwortete ... sehr verzögert und relativ einsilbig, ... dabei war sie (vordergründig?) recht gut gelaunt, lachte bei fast allen Aufgaben auf kindlich-amüsierte Weise. ... Die Befunde zeigen, dass man von einer unterdurchschnittlichen intellektuellen Ausstattung ausgehen muss, die in die Kategorie ‚Minderbegabung' fällt und mit den Angaben der Probandin korrespondiert, wonach sie die Prüfung zur Krankenpflegehelferin nicht geschafft habe. ... Neben dem eklatanten Ausfall bei Rechenaufgaben fällt auch ein Mangel an ‚gesundem Menschenverstand' im Sinne von praktischer Urteilsfähigkeit sowie ein erschwerter Situationsüberblick in Form von ‚sozialer Intelligenz' auf. Sonjas Denken ist vorstellungsarm, verlangsamt, konventionell bis banal und auch haftend. ... Inhaltlich zeichnet sich in den Produktionen als psychodynamischer Fokus das Thema der überraschend erfahrenen Schwangerschaft ab, die aber offenbar in belastende Ambivalenz eingebettet ist. Darüber hinaus kommen auch die Wünsche nach ehelicher Solidarität, dyadischer Harmonie und fast symbiotischer Geborgenheit zum Ausdruck. Die Mutter figuriert hintergründig als kontrollierende und entwicklungshemmende Instanz, wobei sich Sonja ohnehin als eher gehemmte, unsichere und zurückhaltende Person beschreibt.

Die an anderem Ort eingeräumte, fast promiskure Leichtlebigkeit in Diskotheken könnte dann vielleicht als unbeholfener Konversationsversuch interpretiert werden, zumal sie auch auf anderen, beispielsweise beruflichen Ebenen sehr viel schwieriger Anerkennung und Wertschätzung erreichen kann."

Versuch eines Fazits

Sonjas Tat ist grauenhaft und wirkt in ihrer Durchführung herzlos. Die katastrophale Familiendynamik mit ihrer verhängnisvollen Schweigespirale ist offenkundig geworden – die Mutter ist bemüht, aber hilflos, über den Vater lassen sich nur Vermutungen anstellen: Wahrscheinlich ist er weniger hartherzig als überfordert. Von der Familie hat er sich abgesondert. Er bleibt unsichtbar und ungehört. Beigestanden haben die beiden Sonja in ihren schweren Monaten nicht. Dies mindert nicht Sonjas Verantwortung und Schuld, gibt aber zu denken. Objektiv betrachtet wäre die Lebenssituation für Sonja vielleicht meisterbar gewesen, auch ohne biologischen Vater des Kindes. Ihr inneres Motto „Augen zu und durch" scheiterte im Moment der Geburt. War die Tat geplant? Wahrscheinlich nicht.

Sonja war, ähnlich wie die von Marneros beschriebene Mutter, eine junge, einfach strukturierte, sehr unreife und naive Frau, eine Konstellation, die für Kindstötungen typisch ist. Es steht zu hoffen, dass es Sonja gelingt, nachzureifen, erwachsen zu werden und Verantwortung für ihr Handeln und Leben zu übernehmen.

Sonja kommt mit einer Bewährungsstrafe davon. Sie muss sich in psychotherapeutische Behandlung begeben. Später ist zu erfahren, dass sie rasch wieder Arbeit gefunden hat. Ob Sonja mit dieser Hypothek glücklich werden kann? Vielleicht lernt sie, mit dem Versagen, ihrer Schuld zu leben.

Das Urteil

Sonja findet verständnisvolle Richter. Sie wird vom zuständigen Landgericht wegen Totschlags zu einer Freiheitsstrafe von zwei Jahren verurteilt, die – wie erwähnt – zur Bewährung ausgesetzt wird. In dem Urteil wird die familiäre Situation von Sonja noch einmal angesprochen.

„Das Verhältnis der Angeklagten zu ihren Eltern und das der Eltern untereinander ist ungewöhnlich. Mit beiden Eltern konnte Sonja über persönliche Probleme kaum sprechen, wobei sich insbesondere der Vater als streng und nicht zugänglich erwies. Nachdem der Vater als 53-Jähriger pensioniert worden war, kaufte er sich ein Grundstück in Kanada mit einer Blockhütte, wo er in der Regel ohne Ehefrau mehrere Monate im Jahr verbringt. Sonjas Mutter war zwar weniger streng, aber nicht weniger unpersönlich als der Vater. So zog sie aus dem Umstand, dass sie von Sonja mehrfach angelogen worden war – Sonja hielt es häufig nicht mit der Wahrheit –, aus Enttäuschung die Konsequenz, mit Sonja so gut wie nicht mehr über deren persönliche Probleme zu sprechen. Demzufolge vertraute sich auch Sonja in den letzten Jahren zunehmend weniger ihren Eltern an."

In dem Urteil heißt es:

„In den letzten Jahren hielt sie sich im örtlichen Umfeld ihres Heimatortes häufig in Diskotheken auf, ... wo viele Bundeswehrsoldaten, die Lehrgänge besuchten, verkehrten. Dort erwarb sie sich nach eigenen Angaben den zweifelhaften Ruf einer ,Nato-Matraze', weil sie häufig intime Männerbekanntschaften mit jungen Bundeswehrsoldaten einging."

Weiter wird in dem Urteil auf die ungewollte Schwangerschaft, die sich nach kurzer Bekanntschaft mit einem Bundeswehrsoldaten einstellte, abgehoben:

„Sie war zunächst geschockt, weil sie Angst vor ihrem Vater hatte, der den Standpunkt vertrat, zuerst heiraten und dann Kinder, und die Schwangerschaft nicht in ihr Lebenskonzept passte und dachte zunächst auch an Abtreibung. Trotz eines Arzttermins ... kam es hierzu jedoch nicht, weil eine Freundin, die sie zu diesem Termin fahren sollte, plötzlich Bedenken bekam, ihr Angebot zurückzog und sie weder einen anderen Versuch unternahm, diesen Termin wahrzunehmen, noch sich andere Termine geben ließ. Versuche, mit dem von ihr vermuteten Kindsvater über dessen Mutter Kontakt aufzunehmen, scheiterten. Ihren Eltern berichtete sie nichts von der Schwangerschaft. Von dieser erfuhr die Mutter erst zufällig über den Hausarzt zu einem Zeitpunkt, als sie bereits im 7. Monat schwanger war, unterließ es aber, ihre Tochter auf die Schwangerschaft und die dringenden Geburtsvorbereitungen anzusprechen. Obwohl die Angeklagte inzwischen davon ausging, dass auch ihre Mutter von der Schwangerschaft wusste, war sie nicht in der Lage, mit dieser darüber zu reden, weil man in der Familie der Angeklagten über persönliche Probleme nicht spricht. Diese Sprachlosigkeit ist die Folge einer erheblich gestörten innerfamiliären Interaktion und Kommunikation. Im Gegensatz zu ihren Eltern hatte die Angeklagte bereits frühzeitig ihren Arbeitgeber und ihre Freundin von der Schwangerschaft unterrichtet. Die letzten drei Monate vor der geplanten Geburt ... ging sie weder zur Vorsorgeuntersuchung noch richtete sie ihr Verhalten in irgendeiner Weise auf die erwartete Geburt ein."

Weiter ging das Gericht von folgendem Tathergang aus:

„Gegen 05.00 Uhr brachte sie, auf der Toilette sitzend, ein voll ausgetragenes, 49 cm großes und 2742 g schweres Mädchen zur Welt. Das Neugeborene kam mit dem Kopf nach unten in der Toilettenschüssel, bei der es sich um eine so genannte Eurotoilette ohne flachen Boden handelte, zum Liegen. Sonja sah, ohne aufzustehen, nach dem unter ihr liegenden Kind und hörte dies auch schreien, sodass ihr bewusst war, dass das Kind lebte. Sie unternahm jedoch nichts, um das Kind herauszuheben, sondern stand etwa zwei Minuten nach der Geburt auf, wobei es zu einem Abriss der Nabelschnurnaht bei dem Kind kam. Sonja ging in die Küche, schnitt mit einer Nagelschere die Nabelschnur ab und ging in die Toilette zurück, wobei die Plazenta abging und zu Boden glitt. Erst hiernach, ca. zehn Minuten nach der Geburt, hob sie ein Beinchen des Kindes an, ließ es aber unverändert kopfüber in der Toilette liegen. Zu diesem Zeitpunkt lebte das Kind nicht mehr."

Zu der psychischen Verfassung der Angeklagten zum Tatzeitpunkt hielt das Gericht fest, dass die Steuerungsfähigkeit der Angeklagten erheblich vermindert war. In der Urteilsbegründung schließt sich das Gericht der Argumentation der psychiatrischen und psychologischen Gutachter an.

Aus der Schilderung der Angeklagten und Angaben einiger Zeuginnen seien genügend Anhaltspunkte für eine zum Tatzeitpunkt vorliegende Änderung des psychischen Erlebens zu entnehmen, die nicht einer Depression im engeren Sinne, aber doch einem Erschöpfungszustand im Sinne eines psychischen Ausnahmezustands und damit der „tiefgreifenden Bewusstseinsstörung" zuzuordnen sei. Die die Angeklagte im Vorfeld belastenden innerfamiliären Konflikte und sozialen Ängste haben zu einer affektiven Zermürbung geführt, auf die sie mit einer persönlichkeitsimmanenten ausgeprägten Verdrängung und Verleugnung reagiert habe. Bei diesem Persönlichkeitsbild sei es nachvollziehbar, dass die Angeklagte von der sich rasch vollziehenden Geburt überrascht worden sei und der ohnehin geringe Handlungsspielraum aufgrund der tiefgreifenden Erschöpfung eingeengt gewesen sei und sich ihr Körper „willentlichen Funktionen zumindest teilweise entzogen" habe. Dieses Erschöpfungssyndrom sei umso plausibler, je mehr man der Angeklagten und ihrer Darstellung des „passiven Nichthandelns" als Todesursache folge. Diese Einengung des Bewusstseins und Erlebens in einem völligen

Stillstehen voluntativer Funktionen (willentlicher Funktionen) sei als erhebliche Beeinträchtigung zu werten, sodass aus psychiatrischer Sicht die Voraussetzungen des § 21 StGB vorgelegen haben.

Weiter unten im Urteil lesen wir:

„Hieraus zog die Kammer den Schluss, dass die Tötung des Kindes unmittelbar nach der Geburt nicht auf einen umrissenen Plan der Angeklagten beruhte, sondern diese die Schwangerschaft in erheblichem Maße verdrängt hat, von der sich rasch vollziehenden Geburt letztlich überrascht wurde und sie ihr Kind in dieser, in körperlicher und psychischer Hinsicht schwierigen Situation durch Untätigkeit, aber Inkaufnahme der tatsächlich eingetretenen Folgen getötet hat."

Rechtlich nahm die Kammer nach Würdigung der Persönlichkeit der Angeklagten und ihrer Tat das Vorliegen eines minderschweren Falles des Totschlags gemäß § 213 StGB an. Zu ihren Gunsten wurden u. a. ihre defizitäre Persönlichkeitsentwicklung und -struktur gewertet sowie das abweisende und verständnislose Verhalten der Eltern. Auch war sie vom völligen Rückzug des Kindsvaters tief enttäuscht. Positiv wurden auch ihre umfassende Geständigkeit, ihre Schuldeinsichtigkeit und Reue gewertet. Zu ihren Lasten wurde vor allem der „qualvolle Ertränkungstod" des Kindes gewertet.

Schließlich wurde ihre Sozialprognose als günstig gewertet, die Freiheitsstrafe konnte zur Bewährung ausgesetzt werden.

Darüber hinaus hat die Kammer in der problematischen Persönlichkeitsstruktur der Angeklagten, dem nicht nachvollziehbaren zurückweisenden Verhalten beider Elternteile, der verantwortungslosen Einstellung des Kindsvaters und der sich hieraus ergebenden Situation des Alleingelassenseins der Angeklagten sowie in dem Umstand, dass die Tat im Zustand erheblich verminderter Schuldfähigkeit begangen wurde, Milderungsgründe von besonderem Gewicht gesehen, die eine Strafaussetzung trotz des Unrechts- und Schuldgehalts als nicht unangebracht und den vom Strafrahmen gestützten Interessen nicht zuwiderlaufend erscheinen lassen, zumal es sich um ein einmaliges, in einer außergewöhnlichen Belastungssituation erfolgtes Versagen handelte.

4. Fall
Anke – Täterin aus Schwäche

Im Fall 4 begegnet uns eine junge, drogensüchtige Frau, die ihren wesentlich älteren Freund mit einem Messer niedersticht und lebensgefährlich verletzt. Die junge Frau ist mehrfach vorbestraft, u. a. deshalb, weil sie vor Jahren tatenlos zugesehen hatte, wie ihr Mann im Drogenrausch starb. Wir werden sehen, wie eine halt- und willensschwache, aus schwierigen Verhältnissen stammende Frau durch Drogen und Alkohol in ihrem Persönlichkeitsgefüge weiter zerrüttet wird und sich die Frustration über ihr Leben und ihre unglückliche Liebesbeziehung schließlich in der Tat entlädt.

Alkohol- und Drogenkonsum spielen nicht nur für die Häufigkeit von Autounfällen eine große Rolle, sondern für Straftaten insgesamt. Seit langem ist bekannt, dass Gewalttäter während der Tat häufig unter Alkohol, zum Teil auch Drogeneinfluss stehen. Fast jeder kennt die Wirkung von Alkohol schon in mäßigen Dosen – Stimmung, Antrieb, Risikofreudigkeit ändern sich. Bei Drogen sind die Änderungen meist noch viel ausgeprägter, Erregung und Aggression bei Drogenkonsum sind häufig.

Außerdem spielt die so genannte Beschaffungskriminalität bei Straftaten eine große Rolle. Die katastrophalen Lebensumstände Drogenabhängiger, die horrenden Summen, die sie für Drogen aufwenden müssen, sowie die fast zwangsläufige Illegalität, in der sie sich bewegen, führen häufig dazu, dass sich Süchtige ihren Drogenkonsum nur durch Drogenhandel, aber auch andere Straftaten finanzieren können. Juristische und psychiatrische Aufarbeitung solcher Fälle ist oft unbefriedigend und eine Durchbrechung krimineller Karrieren häufig nur dann möglich, wenn der Drogenkonsum angemessen behandelt wird und der Süchtige aufhört, Drogen zu konsumieren. Das Bild von kriminellen Drogensüchtigen ist aber bunter, als gemeinhin angenommen wird. Nicht immer sind kriminelle Handlungen ausschließlich Folgen eines Drogenkonsums, auch wenn dies häufig mit der zunehmenden Verwahrlosung und der sozialen Instabilität bei Süchtigen der Fall ist. Da Drogenkonsum kaum finanzierbar ist, werden viele Süchtige kriminell, um ihn aufrechtzuerhalten.

Häufig ist der Drogenkonsum auch Ausdruck einer sozialen Haltschwäche, eines bestimmten Lebensgefühls bzw. einer Verweigerungshaltung, er gehört „dazu". Die Psychiatrie, vor allem die in den USA, kennt die Diagnose der so genannten „antisozialen Persönlichkeit". Darunter sind Menschen zu verstehen, die schon in ihrer Jugend durch soziale Fehlhandlungen, Kriminalität, Instabilität in ihrer Lebensführung besonders auffallen, bei denen, mit anderen Worten, die Sozialisierung und Integration in die Gesellschaft nicht gelingt. Persönlichkeitsstörungen oder die hier zugrunde liegende seelische Fehlhaltung und die sich begleitend entwickelnde Drogenabhängigkeit begünstigen einander auf verhängnisvolle Weise und werden gleichsam zu einem häufig schwer entwirrbaren Knäuel an psychischen Problemen und Verhaltensauffälligkeiten, die zwangsläufig zu desaströsen Lebensverhältnissen führen. Auch wenn Suchterkrankungen immer eher „männlich" sind, können solche Fehlentwicklungen natürlich auch bei Frauen auftreten. Anke ist dafür ein gutes Beispiel.

Die Tat

Kurz vor Mitternacht im Januar 2002 erreicht ein Notruf die Einsatzzentrale der Polizeidienststelle. Die Polizei wird von Ankes Mutter informiert, die aufgeregt mitteilt, dass ihre Tochter Josef M. niedergestochen habe. Die Mutter, die nur wenige Häuser von Anke entfernt lebt, verständigt daraufhin Rettungsdienst und Polizei. Als die Beamten eintreffen, finden sie Josef M. in Ankes Wohnung lebend vor. Er liegt auf dem Boden zwischen Tisch und Küchentür und hat eine tiefe Stichwunde im Rücken. Das Tatwerkzeug, ein Küchenmesser mit schwarzem Kunststoffgriff liegt auf dem Herd, die Spitze ist abgebrochen, steckt noch im Rücken von Josef M. Am Tatort findet sich auch der Zeuge Karsten W., er sitzt auf einem Stuhl. Dem ersten Zugriffsbeamten teilt Karsten W. mit, dass er zusammen mit Josef M. gegen 21.00 Uhr die Wohnung von Anke aufgesucht habe. Alle drei hätten in der Küche gesessen und sich bei einer Flasche Bier unterhalten. Anke habe mit dem Rücken zum Küchenfenster gesessen, ihr gegenüber Josef M., ihr Lebensgefährte. Während der Unterhaltung soll es zu einem Streit gekommen sein. Als Josef M. aufstand, um die Toilette aufzusuchen, sei Anke plötzlich aufgestanden, zur Anrichte gegangen und habe aus der Schublade das Messer herausgezogen und auf Josef M. mehrfach eingestochen. Josef M. sei schwer verletzt zu Boden gestürzt, Anke habe das Messer auf den Herd gelegt und sei aus der Wohnung gelaufen. Dabei habe sie von außen die Wohnungstür versperrt.

Zum Zustand von Anke halten die Beamten kurz nach Mitternacht Folgendes fest: „Frau A. macht einen gefassten, jedoch nervlich angegriffenen Eindruck. Sie steht erkennbar unter Alkoholeinfluss, macht jedoch keinen betrunkenen Eindruck. ... Frau A. erklärt daraufhin, dass ihr Freund Josef M. sowie dessen Freund am vergangenen Abend zu ihr in die Wohnung gekommen waren. Die beiden hätten Bier mitgebracht. In der Wohnung wurde anschließend gemeinsam Bier getrunken. Von dem Freund des Josef M. wurde darüber hinaus irgendein alkoholisches Getränk zusammengemixt. Frau A. hat ... ungefähr seit Mittag ... mindestens sechs Halbe Bier sowie einige Schlucke von diesem zubereiteten Mixgetränk zu sich genommen. ... Im Verlauf des Aufenthaltes der beiden Männer in der Wohnung sei es dann zu einem heftigen Streit gekommen, und sie sei von den beiden Männern verbal angegriffen und niedergemacht worden. Immer wieder sei ihr, insbesondere von Josef M., gesagt worden, wie blöde sie sei. In den vergangenen Jahren hatte es im Verlaufe dieser Beziehung zwischen ihr und Josef M. immer wieder gleichartige Probleme und Auseinandersetzungen gegeben, und heute sei sie schließlich ausgerastet. Von Josef M. sei sie die ganzen Jahre immer nur finanziell ausgenutzt worden. Er habe immer nur auf ihre Kosten gelebt und sich dann über ihre Blödheit, dass sie ihn ausgehalten hat, lustig gemacht. Dies habe er nicht nur ihr gegenüber immer wieder so geäußert, vielmehr habe er dies auch in der Allgemeinheit und auch in Gaststätten herumerzählt. Immer dann, wenn Josef M. selbst Geld hatte, habe er von ihr nichts mehr wissen wollen. Zu Zeiten, wenn es ihm finanziell schlecht ging, tauchte er wieder bei ihr auf und ließ sich dann von ihr aushalten. Obwohl sie selbst nichts habe, hat sie immer wieder versucht ihm zu helfen. Aus diesem Zusammenhang heraus habe sie sich in den vergangenen Jahren immer wieder verschuldet. Meistens, wenn der Josef M., speziell mit diesem Freund, bei ihr in der Wohnung aufgetaucht wäre, wären diese verbalen Attacken besonders schlimm gewesen. So war dies auch gestern Abend der Fall gewesen, als ihr Josef wieder vorgehalten haben soll, wie blöde sie sei und außerdem eine Hure sei. Aus diesem Zusammenhang heraus habe sie plötzlich eine unheimliche Wut gegen den Mann bekommen. Warum sie dann zum Küchenmesser gegriffen habe, könne sie sich nicht erklären."

Die Verletzungen des Josef M., der mehrfach niedergestochen wurde, sind ernst. Er überlebt, behält aber Nervenschädigungen zurück. Für eine starke Aggression spricht nicht nur das Tatwerkzeug, sondern auch die Wucht, mit der die Verletzungen zugefügt wurden. Josef M. war, was die Staatsanwaltschaft Anke später zur Last legen wird, gegenüber den Angriffen arglos, wurde von hinten getroffen.

Ankes Mutter sagt bei ihrer Zeugenvernehmung, dass ihre Tochter weinend zu ihr in die Wohnung gelaufen sei und immer wieder gesagt habe, ihn umgebracht zu haben.

Weiter berichtet sie, dass ihre Tochter Anke mit Josef M. nun seit acht Jahren befreundet bzw. liiert sei. Der Mann ist fast 30 Jahre älter als Anke. „Die Anke war so außer sich, dass man mit ihr nicht vernünftig reden konnte. Das Mädchen hat unterbrochen stark geweint, und eine Unterhaltung mit ihr war nicht möglich. Sie wiederholte immer wieder: Ich komme jetzt ins Gefängnis und bat mich, dass ich mich dann um ihre Katze kümmern sollte. Anke erzählte mir, dass sie von Josef und dessen Freund auch heute wieder stark fertig gemacht worden ist und sie sich nicht mehr zu helfen wusste. Sie hätte dann ein Messer genommen und es dem Josef ‚hineingerammt'. Anke sagte weiter, dass sie den Josef nicht umbringen wollte, sondern sie wollte nur, dass er endlich aufhört, sie fertig zu machen bzw. sie zu quälen. ... Sie hat immer nur wieder gesagt, dass die beiden Männer sie mit Worten fertig gemacht haben."

An anderer Stelle sagt sie: „Meine Tochter Anke ist alkoholabhängig, darüber hinaus war sie jahrelang heroinabhängig. Momentan konsumiert sie meines Wissens kein Heroin mehr, jedoch macht sie ein Substitutionsprogramm durch, bekommt legal einen Ersatzstoff. ... Aufgrund ihrer Süchte ist meine Tochter seit Jahren arbeitsunfähig und krankgeschrieben." Und zu Josef M.: „Es handelt sich um ein intimes Verhältnis. Teilweise hat er auch in der Wohnung meiner Tochter gewohnt, es kam dann immer wieder zu Problemen, und er ist wieder ausgezogen. Trotzdem sind die beiden nach wie vor immer wieder zusammen und dann wieder getrennt. Der Josef wohnt in einer Baracke. ... Seit meine Tochter mit diesem Mann liiert ist, gibt es immer wieder Probleme. Das weiß ich einerseits aus den Erzählungen meiner Tochter, andererseits habe ich dies teilweise auch selbst mitbekommen. Diese Auseinandersetzungen waren nicht nur verbaler Natur, sondern meine Tochter wurde von Josef M. auch immer wieder zusammengeschlagen, niedergeschlagen. Aus solchen Anlässen heraus wurde in den vergangenen Jahren bereits mehrmals die Polizei zu Hilfe gerufen. Letztendlich war es aber immer wieder so, dass Anke später die Strafanträge zurückgenommen hat. Zum Verhältnis meiner Tochter zu Josef M. kann ich nur die Vermutung anstellen, dass sie ihm hörig gewesen ist. Dies hatte sicherlich keinen sexuellen oder finanziellen Hintergrund, vielmehr nehme ich an, dass meine Tochter im Josef irgendwie einen Vaterersatz gesehen hat. Zu der Vermutung komme ich deshalb, weil meine Tochter Anke – wie ihre Schwester – im Kleinkindalter von fünf Jahren fortgesetzt von meinem damaligen Ehemann sexuell missbraucht worden ist ... Ich traue der Anke nicht zu, dass sie den Josef tatsächlich töten wollte."

Hier scheint bereits viel von Ankes Problematik durch: desolate Familienverhältnisse, Sucht, wahrscheinlich auch sexueller Missbrauch in der Vorgeschichte. Wir kommen gleich darauf zurück. Vorher wollen wir aber noch die Zeugenaussage von Karsten R. hören. Er trägt zur Aufhellung des Falls nichts Wesentliches bei, erscheint völlig unbeteiligt. Den Streit will er zunächst nicht bemerkt haben: „Es war ein Wortwechsel, kein richtiger Streit, ansonsten ist nichts Besonderes vorgefallen. Gegen 23.00 Uhr stand Josef M. auf und wollte die Wohnung verlassen, nachdem er mir zuvor den Vorschlag machte, die Wohnung zu verlassen und wieder zu ihm zu fahren. Als die Anke sah, dass Josef aufstand, stand sie ebenfalls schnell auf, ging hinter meinem Stuhl vorbei und direkt zum Küchenschrank. Die Anke riss eine Schublade auf und holte ein Fleischermesser mit schwarzem Griff heraus. Die Klinge war ca. 20 cm lang. Das Ganze ging dann wahnsinnig schnell. Ich habe gesehen, dass die Anke das Messer dem Josef zuerst vorne in den Bauch stieß und danach von hinten in den Rücken. Sie stach dabei mit voller Wucht zu. ... Ich habe den Josef angesprochen, der jedoch nicht viel sagen konnte, weil er starke Schmerzen hatte."

Die Polizei glaubt diese Aussage nicht und vernimmt Karsten M. erneut: „Es war so, dass ja die ganze Zeit so ein Wortwechsel war, so eine Art kleine Streiterei, aber kein offener Streit oder nicht kriminell. Ganz konkret, bevor der Josef aufgestanden ist, war es so, dass sie ihm vorgeworfen hat, dass er sie nicht richtig lieben würde. Der Josef hat dann das Gleiche ihr gegenüber behauptet, dass sie ihn nicht wirklich lieben würde. Es waren aber überhaupt keine Handgreiflichkeiten oder sowas." Später erzählt Karsten, dass Josef ihm erzählt habe, dass Anke schon mal mit dem Messer auf ihn losgegangen sei und ihn leicht verletzt habe.

Anke äußert sich kurz nach der Tat. Sie gibt an, seit ihrem 19. Lebensjahr drogenabhängig zu sein und sich in so genannter Methadonbehandlung zu befinden. Am Nachmittag habe sie sechs Halbe Bier getrunken, Karsten M. habe in ihrer Wohnung noch ein Mixgetränk aus hellem Bier, Cognac und Zucker (!) gemischt.

Später schildert der Freund des Paars, Karsten M., die Zubereitung der alkoholischen Krügerl (oder: Rüscherl), die die beiden getrunken haben: $1/4$ Flasche Schnaps, der Rest wird mit Bier aufgefüllt, dazu zwei Löffel Zucker.

Dieses Mixgetränk habe sie auch getrunken. „Wir haben uns bei mir in der Wohnung in die Küche gesetzt und haben etwas getrunken. Ich selbst habe in der Wohnung noch ein halbes helles Bier und einige Schlucke von dem Mixgetränk zu mir genommen. Der Josef und der Karsten haben die Reste von den mitgebrachten Getränken zu sich genommen. Ich kann es nicht genau sagen, aber ich meine schon, dass die ganze Flasche Cognac dabei geleert wurde. Es kam dann wieder zu so einer Auseinandersetzung, da mich der Josef wieder so verarscht hat, wie er es schon seit $7\,1/2$ Jahren macht. Er hat sich halt über mich lustig gemacht und alles. Ich habe vorher gehört, dass der Josef gesagt hätte, dass er die blöden Weiber wieder rum hätte, dass er sie ausnützen könnte. Irgendwann ist das Ganze eskaliert, dann hatte ich einen ‚Black-out'. Ich habe mich so verletzt gefühlt. Ich bin einfach zum Schrank gegangen, habe das erste beste Messer herausgenommen und habe es ihm hineingehauen."

Kurz nach der Tat wird bei Anke eine Urin- und Blutuntersuchung vorgenommen. Bei der Abnahme selbst wirkt sie angetrunken, aber nicht völlig betrunken. Im Blut und Urin findet sich nicht nur das Drogensubstitutionsmittel Methadon, sondern auch verschiedene Psychopharmaka, u. a. Antidepressiva, vor allem aber Benzodiazepine (starke Beruhigungs- oder Schlafmittel). Außerdem werden Haschisch und Marihuana nachgewiesen. Die Dosen sind allerdings nicht besonders hoch.

Ihr Gang ist unsicher, das Denken aber klar, das Verhalten erscheint beherrscht. Das Tatopfer Josef M. hat einen Promillegehalt von 1,2 Promille.

Aus der Sicht des Geschädigten hört sich vieles ganz anders an: „Ich war mit der Anke seit fast neun Jahren zusammen, seit halt ihr Mann tot ist, wir waren mehrfach verlobt. Das Verlöbnis haben wir aber immer wieder gelöst. Zuletzt hat es kein Eheversprechen zwischen uns gegeben. Ich kann mich an den Vorfall noch ziemlich gut erinnern, nur danach war Feierabend ... (er kann sich also an nichts mehr erinnern), als wir zur Wohnung kamen, war die Anke nicht da, sie war gerade von ihrer Mutter gekommen. ... In der Wohnung war nichts zu rauchen, deswegen bin ich zum Plusmarkt gleich in der Nähe gefahren und habe dort eingekauft. ... Danach saßen wir zu dritt in der Küche ... es ist vielleicht dann nur eine Viertelstunde gegangen, dann ist es wieder losgegangen. Wir haben gestritten. Ich kann nicht mehr genau sagen, um was es genau ging. Ich meine, dass es auch ums Geld ging. Anke war zu diesem Zeitpunkt schon deutlich angetrunken. ... Während der Unterhaltung saß die Anke immer an ihrem Platz am Küchentisch am Fenster. Ich saß ihr gegenüber so wie immer. ... Ich bin aufgestanden, bin auf den Flur hinaus und habe meine Lederjacke angezogen. Danach war ich gerade dabei, meine Winterstiefel anzuziehen ... Mit dem Gesicht war ich dabei in Richtung Wohnungstüre. Plötzlich verspürte ich einen Stich im Rücken, es hat gebrannt, danach war ich weg und weiß nichts mehr."

Das Opfer schildert die Beziehung zu Anke zum Teil recht dramatisch. „Die Anke ist schon mindestens 15-mal mit dem Messer auf mich losgegangen. Einmal hat sie mich schon vor fünf oder sechs Jahren mit dem Messer an der rechten Schulter gestochen. ... Ich habe sie bislang nie angezeigt. ... Und zum Grund der Streitereien: Weil sie das ganze Geld für Rauschgift ausgibt. Ich gebe schon zu, dass ich ihr öfter auch mal einige saftige ‚Schellen' gegeben habe. Sie ist immer wieder einmal mit dem Messer auf mich losgegangen."

Alkohol und Drogen – Ankes Weg

Ankes Lebensgeschichte, die man nur mit geduldiger Mühe erfragen kann, ist katastrophal. Vergebens fragt man nach Positivem, Stärkendem, Menschen und Erinnerungen, die ihr Halt geben könnten. Anke wird 1971 geboren. Die familiären und sozialen Verhältnisse sind sehr schwierig. Der Vater ist alkoholkrank, wird sich in ihrer Jugendzeit erhängen. An einen fraglichen sexuellen Missbrauch im 5. Lebensjahr will sich Anke nicht genau erinnern, berichtet aber, sie habe damals versucht, sich an der Toilettenspülung zu erhängen – als 5-jähriges Kind! Dies ist glaubhaft. Eine ältere Schwester ist zum Zeitpunkt der Tat in zweiter Ehe neu verheiratet, sie hat sieben Kinder. Die ältere Schwester soll von einem mehrjährigen Missbrauch durch den Vater berichtet haben. Er ist nie angezeigt worden. Der Vater ist Bäcker, die Mutter Hausfrau. Ein Bruder von ihr ist Krankenpfleger und verheiratet, vom familiären Milieu wahrscheinlich am weitesten entfernt. Zu ihm besteht kaum Kontakt. Die Ehe der Eltern, wenn auch kaum erfragbar, dürfte durch den Alkoholismus des Vaters, wahrscheinlich auch durch seine Gewalttätigkeit überschattet gewesen sein. Irgendwann will sich die Mutter trennen – der Vater erhängt sich. Überhaupt fällt in der Familienvorgeschichte eine erschreckende Häufung von Selbstmordversuchen auf. Dies betrifft u. a. die Mutter und einen Onkel. Die Mutter, zu der Anke ein gutes Verhältnis berichtet, findet später wieder einen Lebensgefährten. Auch er ist alkoholkrank. Anke wächst überwiegend im Familienverband auf, nur einmal ist sie für einige Monate im Heim. Die Schule kann sie nicht abschließen, eine Berufsausbildung wird nie begonnen. 1986 verlässt sie 15-jährig die Schule, nimmt nur ganz gelegentlich Jobs an. Sie lebt im Wesentlichen von Arbeitslosen- und Sozialhilfe.

Schon früh wird Anke der Jugendgerichtshilfe bekannt. In den Unterlagen finden sich Hinweise auf auffallend viele Selbstmordversuche in der Familie. Die Jugendgerichtshilfe schreibt: „Vor 20 Jahren hat sich der Bruder der Mutter umgebracht, vor 10 Jahren hat die älteste Schwester versucht, sich durch Trinken einer Flasche Rum das Leben zu nehmen. Vor 10 Jahren ist der ältere Bruder aus dem Fenster gesprungen, vor 2 Jahren hat der Vater versucht, sich das Leben zu nehmen, indem er einen Föhn in die Badewanne warf. Anke fand ihn, benachrichtigte den Arzt; der Vater kam in die Psychiatrie. Vor einem Jahr hat die Mutter Schlaftabletten genommen, wieder fand Anke sie. Ebenfalls vor einem Jahr hat sich Ankes Onkel aufgehängt. Auch sie selbst hat schon mehrere Selbstmordversuche hinter sich: jeweils mit Schlaftabletten hat sie versucht sich das Leben zu nehmen; im 11., im 13. und im 14. Lebensjahr. Danach ging sie selbst zum Kreisjugendamt und bat um Heimunterbringung. Seit Dezember 1987 ist Anke mit ihrem Mann befreundet, den die Vertreterin der Jugendgerichtshilfe sehr gut kennt."

Ankes Interesse ist schon früh für Menschen außerhalb der Gesellschaft geweckt. Schon als 15-Jährige knüpft sie Briefkontakt mit einem 32-jährigen Häftling, mit dem sie sich im gleichen Jahr verlobt. Einige Zeit später lernt sie ihren später verstorbenen drogenabhängigen Mann kennen. Sie selbst beginnt mit Drogenkonsum, als 17-Jährige nimmt sie Haschisch, später Heroin und Kokain. Sie gleitet ins Drogenmilieu ab, zusammen mit ihrem Mann. Die Jahre mit ihm scheinen trotz des Drogenkonsums, trotz Armut und Beschaffungskriminalität noch die glücklichsten zu sein. 1994 stirbt er an einer Überdosis. An seinem Tod trägt sie Mitschuld.

Flucht in Drogen

Ankes Weg ist in gewisser Weise typisch für viele Drogensüchtige. Viele, wenn auch längst nicht alle kommen aus schwierigen Verhältnissen. Es fehlen der familiäre Rückhalt und innere Bindungen. Anke ist in ihrer Persönlichkeit sicherlich kaum gereift, als sie in Drogenkreise gerät. Rückblickend ist schwer zu sagen, ob sie realistische Lebensentwürfe hatte: Möglichkeiten, sich als Mensch zu entwickeln, einen Beruf zu erlernen, eine eigene Identität zu entwickeln, sind früh gescheitert. Eine Ausbildung macht sie nicht, einen Beruf ergreift sie nicht, eine Therapie lehnt sie stets ab. Der Mann ist genauso drogensüchtig, wohl auch die meisten Freunde. Ärzte sehen depressive Verstimmungen, zeitweise wird sie mit so genannten Drogenersatzstoffen behandelt, doch sie nimmt trotzdem weiter Drogen zu sich. Das Geld reicht hinten und vorne nicht. Anke und ihr Mann dealen selbst ein wenig, werden mehrfach verurteilt. Anke spürt eine seltsam anmutende Zuneigung zu Randgestalten der Gesellschaft, Häftlingen, Kriminellen. Beruflich gelingt ihr nichts. Ein Leben ohne Drogen scheint nicht mehr vorstellbar. Nicht nur das Euphorisierende, Aufputschende wird gesucht, sondern zunehmend nur noch das Dämpfende, „Downers", die den Tag in süße Schläfrigkeit verwandeln.

Drogenabhängigkeit ist vor allem in westlichen Ländern ein häufiges und zunehmendes Problem. Die Anzahl der süchtigen Drogenkonsumenten wird in Deutschland auf mindestens 200 000 geschätzt. Das Bild der Drogenabhängigkeit ist ebenso vielgestaltig, wie es die eingenommenen Substanzen sind. Immer noch spielen Opiate und Heroin, die euphorisierend wirken, eine herausragende Rolle. Sieht man von Cannabis ab, stehen sie an vorderster Stelle der eingeschmuggelten und konsumierten Drogen. Sehr häufig werden aber mittlerweile auch eher aufputschende Drogen, wie zum Beispiel Kokain, das enthemmend, euphorisierend und erregend wirkt, eingenommen oder synthetische Substanzen, wie zum Beispiel Amphetamine, die ähnlich wirken. Die psychischen Effekte dieser Drogen sind sehr stark. Dazu kommen andere Substanzgruppen, zum Beispiel Halluzinogene, die vor allem in den 60er Jahren populär waren und unter dem Aspekt der so genannten Bewusstseinserweiterung eingenommen wurden. Sie feiern derzeit ein gewisses Comeback. Neuere so genannte Designer-Drogen, wie zum Beispiel Ecstasy, mit sehr differenzierten Wirkungen auf das Gefühlsleben, sind hinzugekommen. Der Drogensüchtige, der nur eine oder zwei Substanzen konsumiert, ist heute selten. Meist liegt ein so genanntes polytoxikomanes Suchtverhalten vor, d. h. verschiedene Rauschdrogen werden gleichzeitig oder nacheinander konsumiert, je nach Disposition oder Verfügbarkeit. Beruhigungs- und Schlafmittel werden häufig zur Dämpfung von Entzugserscheinungen eingesetzt, aber auch Alkohol. Die Kombination verschiedener Substanzen erklärt zum größten Teil die hohe Sterblichkeit von Drogensüchtigen, die an Mischvergiftungen sterben. Bei der Zahl der Drogentoten spielen naturgemäß Opioide, vor allem Heroin eine Rolle, da diese direkt dämpfend auf das Atemzentrum wirken. Der klassische Drogentote, ein Heroinkonsument, stirbt in Deutschland übrigens meist nicht unter Brücken, sondern im häuslichen Umfeld, wo er sich eine tödliche Dosis injiziert. Bekannte und Lebensgefährten reagieren dabei tragischerweise nicht rechtzeitig – entweder sie verkennen die Situation oder sie sind selbst Drogenkonsumenten und wollen unter keinen Umständen mit der Polizei in Kontakt kommen. Stattdessen wird die Gefahr verdrängt.

Drogenabhängigkeit entwickelt sich häufig vor dem Hintergrund gestörter Familienverhältnisse, bei Jugendlichen, die Wärme und Zuneigung nicht ausreichend erlebt haben. Anke ist hierbei keine Ausnahme. Ihr Drogenkonsum beginnt früh und beeinträchtigt eine ohnehin gestörte Persönlichkeitsentwicklung zusätzlich.

Frühe Ehe und Tod des Ehemanns

Anke lernt als 16-Jährige ihren späteren Ehemann kennen, heiratet ihn früh. Während einer Inhaftierung ihres Ehemanns hat sie zeitweise eine andere Beziehung, bleibt aber mit ihm zusammen. Er führt sie an Heroin heran, das sie ab dem 18. Lebensjahr regelmäßig nimmt, ab 1989 ist sie abhängig. Später kommt Kodein dazu und andere so genannte Drogenersatzstoffe. 1992, als 21-Jährige, reicht sie die Scheidung ein, als ihr Mann für einige Monate in Haft ist, da sie „viel Stress" um Geld mit ihm hatte und auch Geldprobleme, zieht die Scheidung aber bald wieder zurück. In Bezug auf ihren Mann sagt Anke später, er sei „kein wirklich schlechter Mensch" gewesen, aber „ziemlich sensibel". Beide leben von Sozialhilfe, bekommen von der Gemeinde eine „Obdachlosenwohnung". Die Mutter des Mannes unterstützt sie etwas. Nach kurzer Abstinenz werden Anke und ihr Mann „aus Lust und Laune" wenige Wochen vor dem Tod des Mannes rückfällig. Sie besorgen sich ein opiathaltiges Hustenmittel, das sie bei einer Apotheke „so kriegen", und nehmen dies zusammen mit Beruhigungsmitteln und Haschisch ein. Es kommt zur Katastrophe: Der Mann stirbt an einer Überdosis von Dihydrocodein und eines Schlafmittels. Anke hat ihm die Drogenersatzmittel besorgt und ihn in der Nacht seines Todes zur Einnahme der Tabletten überredet. Sie bemerkt, dass er bewusstlos wird und am nächsten Morgen um 10.00 Uhr völlig unverändert auf der Couch in der gemeinsamen Wohnung liegt, unternimmt aber nach der Darstellung der Staatsanwaltschaft „nichts zur Durchbrechung dieses unnatürlichen Zustandes". Gegen 12.00 Uhr kommt ein Bekannter in die Wohnung und versucht, Ankes Mann durch laute Musik aufzuwecken. Sie rütteln an ihm, übergießen ihn mit kaltem Wasser, aber er bleibt bewusstlos. Eine Verständigung des Rettungsdienstes durch den Bekannten lehnt Anke ab, da dann mit der Einschaltung der Polizei zu rechnen ist. Bedenken des Bekannten, der wegen des röchelnden Atems ihres Mannes von einem lebensbedrohlichen Zustand ausging, zerstreut sie mit der Bemerkung, dass dies ein „Normalzustand" sei. Dies, obwohl ihr Mann schon einige Monate zuvor mit einem Atemstillstand in lebensbedrohlichem Zustand in eine Klinik eingeliefert werden musste. Anke bleibt passiv, regungslos, der Mann verstirbt im Laufe des Nachmittags, ohne dass sie etwas unternimmt.

Mehrfach ist Anke wegen Verstößen gegen das Betäubungsmittelgesetz zu Geld- und kürzeren Haftstrafen verurteilt worden, ohne dass dies zu therapeutischen Konsequenzen führt. Vor Gericht und bei der psychiatrischen Erstuntersuchung sagt Anke später, dass sie die Situation nicht ernst genommen habe. Ihr Mann habe zwar gewusst, dass er auf einige der Tabletten „allergisch" reagieren könne, habe aber zuvor gesagt, wenn er keinen Alkohol trinke, gehe das schon gut. Sie selbst stand auch unter Drogeneinfluss, verlässt nachmittags das Haus, ohne sich um den Mann zu kümmern. Von dessen Tod erfährt sie abends in einer Kneipe. Der Wirt hat schon von dem Tod des Mannes erfahren, sie ist darüber geschockt, nimmt Drogen und Tabletten. Danach hat sie einen „Black-out", kommt aber noch bei der Mutter an und wird ins Krankenhaus gebracht, wo sie nach wenigen Tagen entlassen wird.

Anke unternimmt nichts, um ihn zu retten, leidet an Schuldgefühlen, Einsamkeit, an ihrer hilflosen Schwäche. Sie flüchtet sich in Drogen, Drogenersatzstoffe, Alkohol. Ihr Lebensgefährte, das spätere Opfer, taucht auf, meldet sich wieder. Schon während des Prozesses sitzt ihr späterer Lebensgefährte und späteres Tatopfer im Gerichtssaal. Vielleicht sieht er seine Chance. Ankes Leben reduziert sich immer weiter, engt sich ein, Ängste stellen sich ein. Sie verlässt nur noch ungern die Wohnung. Man möchte sagen: Sie gibt sich auf.

Anke wird angeklagt und wegen unterlassener Hilfeleistung verurteilt. Ein Gutachten wird erstellt. Darin heißt es:

„Im Persönlichkeitsbild erscheint Anke als eine durchschnittlich intelligente, aus schwierigen sozialen Verhältnissen stammende, wenig an Arbeit interessierte und begrenzt belastbare erscheinende, affektiv labile junge Frau. Die Persönlichkeit trägt deutlich dissoziale und haltschwache Züge. Bezüglich der Polytoxikomanie (Drogenkonsum) ist ein gewisses Krankheitsgefühl erkennbar; Behandlungsbereitschaft und Motivation zu weiterführenden Entwöhnungsmaßnahmen sind dagegen kaum gegeben. Diagnostisch gehen wir von dem Vorliegen einer Polytoxikomanie aus, die Sozialprognose wird als äußerst ungünstig eingeschätzt."

Ankes weiterer Lebensweg stützt diese Prognose. Sie wird zu einer kurzen Haftstrafe verurteilt, erhält vom Gericht die Möglichkeit, im Sinne des Betäubungsmittelrechts (§ 35 BTMG) „Therapie statt Strafe" eine geschlossene Drogentherapie im Maßregelvollzug anzutreten. Diese wäre ihre Chance, das Gericht gibt ihr die Möglichkeit. Trotzdem bricht sie die Therapie rasch ab, sitzt lieber die Strafe ab, anstatt sich behandeln zu lassen. Eine echte Entwöhnungstherapie erfolgt nie, Anke meint, den Gruppendruck nicht ertragen zu können. Unmittelbar nach der Haftentlassung wird sie rückfällig. Eine Berufsausbildung, eine Arbeit wird nicht begonnen. In dieser Situation meldet sich Josef M., ein früherer Bekannter ihres Mannes, wieder. Er kümmert sich, wohl etwas väterlich wirkend, um Anke, macht kleine Besorgungen, wird rasch ihr Intimpartner. Es ist eine sexuelle, aber wohl keine echte Liebesbeziehung. Was Anke an Josef M. findet, einem heruntergekommen wirkenden Trinker und Drogensüchtigen bleibt unklar. Wahrscheinlich war er einfach da, verfügbar, in der Nähe. Vielleicht rührt sich auch wieder ihr Hang, sich Menschen außerhalb der Gesellschaft anzuschließen. Gemeinsame Interessen (Drogen, Berauschtsein) und Abneigungen (Arbeit, andere Pflichten) mögen das begünstigen. Trotzdem, warum kein jüngerer Freund? Wo ist der Zauber von zerstochenen Venen, zerstörten Gesichtern, dem Geruch von Haft und verkommenen Wohnungen? Anke ist keine Schönheit, aber auch nicht hässlich, gelegentlich hat sie andere Kontakte, flüchtige Liebesabenteuer, wahrscheinlich nur Sex. Freundschaften gehen verloren, sie pflegt sie nicht. Ohnehin kommen die meisten Bekannten aus dem Drogensumpf. Die Familie gibt wenig Halt, auch wenn das Verhältnis zur Mutter als gut geschildert wird. Im Erstgutachten ist bei Anke schon von einer Zerrüttung des Persönlichkeitsgefüges und einer Depravation die Rede.

Anke ist in so genannter Substitutionsbehandlung. Hierunter wird der Einsatz von Methadon, neuerdings auch Buprenorphin (Subutex®), beides Opioidderivate, verstanden, die wie Heroin eine suchterzeugende Wirkung haben, aber nicht so stark euphorisierend wirken, vor allem eine lange Wirkdauer haben und – als Medikamente dauerhaft eingenommen – Entzugserscheinungen und möglichst auch den Drogenhunger und damit die Rückfallgefahr vermindern sollen. Die Einführung so genannter Methadonsubstitutionstherapien in den 60er Jahren war einer der Durchbrüche in der Behandlung Drogenabhängiger. Sie waren lange umstritten, da mit ihrer Einführung eine nachlassende Attraktivität von Therapieprogrammen, die primär auf Drogenfreiheit (Abstinenz) ausgerichtet sind, befürchtet wurde. Diese Entwicklung ist nicht eingetreten. Drogentherapien mit Abstinenzausrichtung werden immer noch angeboten und mit gutem, wenn auch nicht überragendem Erfolg durchgeführt. Die Abstinenzraten liegen meist bei 20% (maximal: 30%). Der Einsatz so genannter Drogenersatzstoffe wie Methadon oder Buprenorphin war auch vor dem Hintergrund einer dramatisch ansteigenden Zahl von Drogentoten notwendig geworden. Dieser therapeutische Ansatz ist nicht nur ein medikamentöser, sondern natürlich auch ein sozialer: Die Abgabe von Methadon soll Drogensüchtige nicht nur aus der Gefahr, sondern auch aus der Illegalität herausbringen und Möglichkeiten einer psychischen Stabilisierung und Wiedereingliederung öffnen. Methadonsubstitutionsprogramme schließen eine gute soziale und auch psychotherapeutische Behandlung drogenabhängiger Patienten mit ein. Über den Umweg der Methadonsubstitution ist es vielen Drogensüchtigen gelungen, sich so weit zu stabilisieren, dass sie wieder eine Arbeit oder einen Beruf ergreifen, manchmal auch völlig von Drogen loskommen. In vielen Fällen ist eine Substitutionsbehandlung aber eine mehr oder weniger dauerhaft ausgerichtete Therapie. In jedem Fall setzt ihre Durchführung die Einhaltung bestimmter ärztlicher und therapeutischer Standards voraus: Zu nennen sind hier eine ärztliche und psychosoziale Begleitung der Patienten sowie die regelmäßige Kontrolle von Urinproben, um einen weiteren Drogenkonsum auszuschließen. In der Praxis werden viele solcher Methadontherapien leider nicht sehr sachgerecht durchgeführt. Sie sind nicht sehr gut bezahlt und von ärztlichen Kollegen meist nicht sehr gut angesehen. Somit werden sie manchmal leider von Ärzten durchgeführt, die die geforderten Standards nicht einhalten können oder wollen. Solche Laisser-faire-Therapien nutzen Drogensüchtigen wenig. Umgekehrt sind Ärzte, die nachlässig bei der Kontrolle von Urinbefunden und großzügig bei der Abgabe von Methadon sind, bei Süchtigen naturgemäß sehr beliebt. So etwas spricht sich in der Szene schnell herum.

Bei Anke läuft die Drogensubstitution schlecht, was nicht nur die Urin- und Blutbefunde mit Einnahme zahlreicher anderer Drogen belegen. Oft geht sie noch nicht einmal mehr selbst zur Substitution, sondern schickt ihren Freund hin. In den Unterlagen finden sich handschriftliche Briefe von Anke an ihren behandelnden Arzt:

> „Leider kann ich diese Woche wieder nicht selbst kommen, habe einen Termin beim Arbeitsamt, den ich unbedingt wahrnehmen muss. Wegen eines schon mal versäumten Termins bekam ich im August zwei Wochen Sperrzeit, konnte für drei bis vier Monate keine Miete zahlen, darauf erfolgte die Kündigung meiner Wohnung. ... Ich wäre Ihnen sehr dankbar, wenn Sie bis dahin das Rezept wieder meinem Verlobten mitgeben würden."

Immer wieder kommt es auch zu Vergiftungen, Überdosen und Selbstmordversuchen. Im Januar 1999 wird sie nach einem solchen Selbstmordversuch im örtlichen Kreiskrankenhaus aufgenommen. „Die Patientin hat in der Silvesternacht 7 Flaschen Bier sowie eine Flasche Sekt in Gesellschaft der Eltern getrunken. Anschließend hat sie in suizidaler Absicht 6 bis 7 Tabletten Valium® à 5 mg eingenommen." Der von den Eltern verständigte Notarzt veranlasste die stationäre Einweisung.

Ein Psychiater sieht Anke im November 1999. „Anke lebt in einer Außenseiterposition mit allerdings gutem Anschluss zu ihrer Herkunftsfamilie." Es kommt zu Fehleinschätzungen: „Es besteht im Beobachtungszeitraum eine eindeutige Motivation, aus dem Drogenmilieu und der Drogenabhängigkeit herauszukommen. Erhebliche Antriebsminderung, sozialer Rückzug, geringe soziale Kompetenz, erheblich verminderte psychische Belastbarkeit, Defizite in der Realitätswahrnehmung, Realitätsbewältigung; in der letzten Zeit kamen soziale Ängste hinzu, so weit, dass Anke sich kaum mehr allein aus ihrer Wohnung traut, selbst in ihrem Haus Angst hat, Mitbewohnern zu begegnen oder mit ihnen zu sprechen.

Fazit: Als Behandlungsziel ist eine Reintegration als Arbeitsziel vermutlich nicht umsetzbar. Es geht vielleicht vielmehr um eine weitere psychische Stabilisierung in ihren bisherigen Lebensumständen."

Ihre Psyche

Das Auffälligste an Anke ist ihre Unscheinbarkeit. Sie wird 1994 und dann etwa sieben Jahren später noch einmal begutachtet, beide Mal aufgrund erheblicher Delikte: Das eine Mal sie sieht zu, wie ihr Mann im Drogenkoma stirbt, das andere Mal sticht sie ihren Freund nieder. Trotzdem kann sich der Gutachter beim zweiten Mal kaum an Anke erinnern. Sie ist klein, unscheinbar, nicht ungepflegt, aber fast unsichtbar, kindlich wirkend. Sie kennt sich mit Polizei, Gerichten und Psychiatern aus, sucht auf eine naive Art ihren Vorteil, gibt zu, was zugegeben werden muss, schweigt über Belastendes und Unangenehmes. Dem Gutachter scheint sie zu vertrauen, bleibt aber auch hier in der Reserve. Den sexuellen Missbrauch, über den die Familie berichtet, streift sie nur ganz am Rande, meint, sich daran nicht zu erinnern. Körperlich findet sich bei Anke nichts Besonderes, lediglich einige Narben als Folgen ihres früheren Drogenkonsums in den Armbeugen und eine ältere, amateurhaft wirkende Tätowierung am Oberarm, die von ihrem verstorbenen Mann angefertigt wurde. Außerdem hat sie eine leichte Schuppenflechte. Im Gebiss fehlen mehrere Zähne. Der neurologische Befund ist normal, die Reflexe sind unauffällig, nichts spricht für eine Hirnschädigung.

Psychisch wirkt Anke bei dem Untersuchungstermin vom äußeren Erscheinungsbild her ausreichend gepflegt, aber unscheinbar, verlegen. Sie wird in Häftlingskleidung aus der Untersuchungshaft vorgeführt, nicht immer kann sie während der Gespräche Blickkontakt halten. Sie spricht leise, aber verständlich, ist im Wesentlichen kooperativ. Ihr Anwalt hat ihr aber geraten, zu der Tat selbst nichts zu sagen. Gedächtnis, Konzentration, Merkfähigkeit und Auffassungsgabe wirken ungestört. Das testpsychologische Gutachten zu dieser Frage findet einen durchschnittlichen Intelligenzquotienten ohne Hinweis auf Hirnschädigung oder eine hirnpathologische Leistungsminderung. In der Stimmung ist sie indifferent, wobei eine leicht depressive Tönung auffällt, sicherlich nicht im Sinne einer krankhaften Depression, aber Anke leidet unter der Haft, macht sich auch Vorwürfe. Bei der Erstuntersuchung wirkte sie eher resignativ, nicht wirklich melancholisch oder depressiv verstimmt. Wahn, Halluzinationen, eine Psychose liegen bei ihr nicht vor. Über ihre sozialen Kontaktängste sowie die Panikattacken, die sie plötzlich überfallen, berichtet sie nicht spontan, sondern erst auf Nachfrage, sie scheinen sie überraschend wenig zu kümmern. Die vielen Suizidversuche, der erste, wie angesprochen, im 5. Lebensjahr, werden von ihr fast teilnahmslos geschildert. Überhaupt wirkt sie teilnahms- und interesselos, manchmal desinteressiert, obwohl es für sie auch im Gutachten um viel geht. Ihre katastrophale Biografie, die fehlenden Sozialkontakte, die katastrophale Sozialanamnese, auch die Vorverurteilungen werden von ihr ohne erkennbare Regungen dargestellt. Spontan sagt sie wenig, spricht auf Nachfrage. Die Persönlichkeit wirkt haltschwach und abhängig, auch unreif. Ausführlich wird die lange Drogenkarriere thematisiert. Anke zeigt wenig Krankheitsgefühl, kaum Behandlungsbereitschaft. Eigene Vorstellungen, wie sie mit ihrem Leben besser zurechtkommen kann, entwickelt sie gar nicht, meint, sie brauche noch Zeit, darüber nachzudenken. Ob sie nicht doch einmal eine Drogentherapie absolvieren will? Sie denkt nicht in diese Richtung. Eine psychosomatische Behandlung kann sie sich vorstellen, nichts, was auf Drogenabhängigkeit abzielt.

Ein erfahrener Psychologe untersucht Anke mit einer Reihe von Fragebögen, aber auch projektiven (Psycho-)Tests. Der Hamburg-Wechsler-Intelligenztest für Erwachsene zeigt einen IQ von 101 Punkten, genau Durchschnitt. Die übrigen Tests sprechen eher für ein niedriges als für ein erhöhtes Aggressionspotenzial. In den projektiven Tests, die darauf abzielen, Ankes Selbstbildnis und ihr Rollenverständnis herauszuarbeiten, erscheint sie, wie auch in der psychiatrischen Untersuchung, selbstunsicher und an einem überzogenen weiblichen Rollenstereotyp orientiert. Es ergeben sich auch einige Hinweise für „unbewusste masochistische Provokationen". Sie wirkt emotional labil und zurückhaltend, melancholisch. Auch der Psychologe geht von einer Persönlichkeitsstörung mit haltschwachen, abhängigen und unreifen Zügen aus.

Der Prozess

Zum Prozess wird Anke aus der Untersuchungshaft vorgeführt. Im Gerichtssaal, umrahmt von Polizisten und Männern in schwarzen Roben, wirkt sie noch kleiner, unscheinbar. Sie hat etwas unreine Haut, wirkt für ihre 31 Jahre deutlich vorgealtert. In Bezug auf ihre unübersehbare Zahnlücke berichtet sie, dass Josef ihr einmal einen Zahn bei einem Streit ausgeschlagen habe. Sie wird nach früheren Erkrankungen befragt, berichtet über Asthma, Schuppenflechte und Kopfschmerzen, nichts davon akut. Die Anklage wird verlesen.

Eindrucksvoll ist ihr Vorstrafenregister, das Bundeszentralregister enthält neun Eintragungen: Fahren ohne Fahrerlaubnis, versuchte Körperverletzung, mehrere Betäubungsdelikte. Der Tod ihres Mannes ist hier als fahrlässige Tötung angerechnet worden, ein Jahr und 6 Monate auf Bewährung. Diese wurde widerrufen.

Der Staatsanwalt geht von einem versuchten Totschlag aus, schildert die Verletzung, die Josef M. erlitten hat. Er selbst ist beim Prozess zunächst nicht anwesend, obwohl geladen und sogar durch einen Nebenkläger vertreten. Sein Rechtsanwalt, ein älterer Herr, kann dem Prozess nur mit Mühe folgen, da er seine Hörgeräte verloren hat. Interessiert wirkt er später nur, als der dann doch noch erschienene Josef M. bei seiner Vernehmung recht spontan die Nebenklage zurückzieht, was die Bezahlung des Anwalts gefährdet. Anke wird von einem erfahrenen Rechtsanwalt vertreten. Er rät ihr, zur Sache, nämlich der Tat, nichts zu sagen, aber zu ihrem Lebenslauf. Der Richter, ebenfalls ein erfahrener Mann, der kurz vor der Pension steht, vernimmt sie zur Person und zu ihrem Lebenslauf. Was sie nach der Schule gemacht habe? „Nichts, keine Motivation." Wie habe sie ihre Tage verbracht? „Nicht mit Arbeit." Sie sei manchmal weggegangen, habe ein bisschen gelesen, aber nichts getan. Wann sie zuletzt gearbeitet habe? „Während der letzten Inhaftierung." Noch einmal berichtet sie von ihrem Werdegang: die schwierigen Familienverhältnisse, die frühe Heirat mit 18, erster Haschischkonsum mit 16. Was habe sie für Zukunftspläne? „Nichts Konkretes." Beiläufig ist zu erfahren, dass sie mit dem Bruder ihres verstorbenen Mannes in Briefkontakt steht. Er ist ebenfalls in Haft. Was soll aus ihr werden? Vielleicht hätte sie Interesse an Kinderpflege, aber das gehe nicht. Ansonsten denke sie an irgendetwas mit Computern. Die Strafvollzugsanstalten bieten Ausbildungen an, habe sie sich dafür interessiert? Eher nicht. Sie habe 150,– € Rente von ihrem verstorbenen Mann, ansonsten lebe sie von der Sozialhilfe. Ihr desaströser Lebensweg scheint ihr nicht peinlich zu sein, sie antwortet ruhig, wirkt fast etwas unbeteiligt. Mit leiser Stimme schildert sie ihre Suizidversuche – Schulprobleme, Liebeskummer, Probleme im Elternhaus.

Ausführlich wird ihre Beziehung zu Josef M. thematisiert. Sie kenne ihn seit 15 Jahren. Er sei jetzt 62, eine intime Beziehung hätten sie, seit sie aus der letzten Haft entlassen worden sei. Die Beziehung sei „mal so und mal so". Wenn er (sehr selten) nüchtern gewesen sei, sei er lieb und nett gewesen, wenn er getrunken habe, eifersüchtig und aggressiv. Immer wieder habe sie ihm auch Geld gegeben, manchmal habe er zugeschlagen (Zahnlücke!), oft habe sie auch zurückgeschlagen. Geld habe er nicht verlangt, sie habe es ihm so gegeben, obwohl es hinten und vorne nicht gereicht habe. Vor allem habe er sie immer wieder beleidigt. „Hure" sei sein Lieblingsausdruck gewesen. Anke schildert, dass ihr wohl mehr an ihm gelegen sei als umgekehrt. Habe sie in Josef M. ihren Vater gesehen? Das sei nicht direkt der Fall gewesen, immerhin habe der Vater sie nicht geschlagen.

Wie oben schon erwähnt, ist zur Verärgerung des Gerichtes Josef M. zur Vernehmung nicht erschienen. Er wird von der örtlichen Polizei vorgeführt, in einer Kneipe aufgelesen. Sein Auftritt vor Gericht wirkt wie ein schlecht gespielter Kabarett-Auftritt. Ein angetrunkener, vorgealterter, verlangsamter Mann, mit den typischen fahrigen, weit ausholenden Bewegungen des chronischen Trinkers. Er schwadroniert, durchaus gerichtserfahren, legt sich mit dem Richter an. Manchmal beschimpft er Anke, dann will er, dass sie vom Gericht nicht verfolgt wird. Er will ihr nur ab und zu „eine Schelle" gegeben haben. Ihr schlechtes Verhältnis sei auch schuld ihrer Mutter gewesen. Das Gericht fragt, warum er eine Nebenklage eingereicht habe. Will er eine Entschädigung? Dies bleibt vor Gericht offen.

Josef M. poltert mit kehliger Stimme über ihre Beziehung: „Herr Richter, was soll ich Ihnen sagen ..." Er hat das Großspurig-Belanglose des chronischen Stammtischbesuchers, zeigt die grobe Psychomotorik des chronischen Trinkers. Zur Tat selbst kann er wenig sagen, es sei „so plötzlich gegangen".

Es bleibt mysteriös, was Anke an diesem Mann gefunden haben mag.

Der einzige Tatzeuge Karsten M. wird gehört. Auch er wird aus der Haft vorgeführt. Warum er sitzt, bleibt dem Gutachter verborgen. Auch er will sich an wenig erinnern. Er ist 61 Jahre, ein Arbeiter. Als Karsten M., erinnerungsunwillig, seine frühere Aussage bei der Polizei noch einmal lesen soll, stellt sich heraus, dass er Analphabet ist. Auch an die von ihm gemixten „Rüscherl" will er sich kaum erinnern. Nur den Messerstich kann er schildern. Hat es einen Streit gegeben? Es war halt so wie immer.

Schließlich werden die Gutachter gehört. Der Rechtsmediziner hat bei Anke eine Blutentnahme durchgeführt, einige Zeit nach der Tat hatte sie noch 1,6 Promille. Zurück und hochgerechnet, hatte sie wahrscheinlich 1,9, maximal 2,2 Promille zum Tatzeitpunkt. Eine mittelschwere, keine exzessive Berauschung.

Schließlich wird ein erfahrener Psychologe gehört. Er hat Anke für den Psychiater mituntersucht, schildert ihr Verhalten bei der Untersuchung. Ruhig habe sie gewirkt, fast schüchtern, aber nicht verkrampft. Gelegentlich habe sie verlegen gelächelt. Ernsthafte Erkrankungen hätte sie nicht angegeben. Auch dem psychologischen Gutachter schildert sie ihre vielen Suizidversuche. Habe sie jetzt Beschwerden? Nein, sie könne klar denken, ihre Konzentration sei gut, nur das Gedächtnis „ein bisschen schwierig". Auch bei Anke war eine Testbatterie zur Messung der Intelligenz und zur Erfassung der Persönlichkeit angewendet worden. Sie besitzt eine sehr gute Lern- und Umstellungsfähigkeit, hätte also leicht die Voraussetzungen für eine abgeschlossene Berufsausbildung gehabt. Der langjährige Alkohol- und Drogenkonsum hat keine relevanten Spuren hinterlassen, jedenfalls nicht in den fassbaren Bereichen Gedächtnis, Konzentration und Merkfähigkeit. Nichts spricht für eine Hirnschädigung.

Anders die Befunde in den Persönlichkeitstests. Vieles spricht für eine depressive Denkhemmung. Besonders problematisch scheint ihr weibliches Rollenverständnis zu sein. Immer wieder fällt eine eher abhängig-unterwürfige Haltung auf. Ihre psychische, menschliche Tiefe ist nicht sehr groß, sie scheint ein fast ausgebrannt wirkendes Gefühlsleben zu haben. Im thematischen Apperzeptionstest (s. S. 98f.) finden sich Hinweise auf eine Sehnsucht nach einem idyllischen, konfliktfreien Leben. Die Sehnsucht nach einer gütigen Vaterfigur klingt an, aber auch das überzogene weibliche Rollenstereotyp: dienen, sich unterordnen, unselbstständig, abhängig in neurotisch wirkender Ich-Einschränkung.

Einige Antwortbeispiele
aus dem thematischen Apperzeptionstest

- Ankes Antwort zu Tafel 4 (s. Abb. 1-1, S. 43): „Melanie war eine großartige Sängerin am Theater, sie liebte ihre Arbeit und liebte es, frei und ungebunden zu sein. John, den stattlichen Sheriff, lernte sie im Salon beim Kaffeetrinken kennen. Da John keinen Hehl daraus machte, wie wenig er von Künstlern und Sängern hielt, verschwieg sie ihm ihren Beruf. Eines Tages wurde John von seinem Chef eingeladen, er sollte ins Theater gehen. Trotz geringer Begeisterung nahm John pflichtbewusst diese Einladung an. Oh, wie erstaunt und auch verletzt war er, als er dort Melanie während ihres Auftritts sah. Nach der Show ging er hinter die Bühne und schrie ihr seine Verbitterung ins Gesicht. Er wollte sie verlassen. Melanie hielt ihn fest und flehte ihn an, nicht zu gehen, sie hatte es doch nur aus Liebe zu ihm verheimlicht. Es wurde eine sehr lange Nacht, in der sie sich aussprachen. Melanie hat ihren Beruf aufgegeben und singt jetzt nur noch abends für John."
- Ihre Antwort zu Tafel 8 (s. Abb. 3-1, S. 100): „Agnes war eine hübsche, sinnliche Frau, die ihr Leben gern verändern würde. Sie arbeitet in einem Kindergarten, und obwohl sie die Kinder liebte, füllte ihr Beruf sie nicht richtig aus. Bei einer Kunstausstellung lernte sie den Maler George kennen und verliebte sich in ihn. Auch George fand Gefallen an der jungen Frau. So kam es, wie es kommen sollte, nach einem halben Jahr heirateten die beiden. Nach der Hochzeit zogen sie in Georges Heimatland Italien. Agnes fand bald eine neue Stelle in einem Kindergarten, in dem bald auch ihr eigener Sohn mit den anderen spielte. Noch einige Monate bekam Agnes kleine Bilder und Geschenke von den Kindern aus Deutschland, die sie sehr vermissten. Da Agnes das sehr traurig machte, malte George ein Bild von ihr. Das schickte sie nach Deutschland und nun hängt es im Kindergarten als Erinnerung."

Sehnsüchte, Träume, Klischees

Was zeigen die anderen Tests? Auch im MMPI, dem großen Persönlichkeitstest, findet sich ein negatives Selbstbild. Anke wirkt gespannt und überempfindlich. Die Computerauswertung zeigt sie als uneinsichtig, unreif, abhängig und egozentrisch. Auch Gefühle der Selbstabwertung klingen an. Fragen nach Suizidgedanken bejaht Anke zum Teil. Vieles spricht für eine masochistische Selbst-wahrnehmung und ein überzogenes weibliches Rollenstereotyp, das sie verinnerlicht hat.

Besonders hohe Werte hat Anke in den Skalen „Psychopathie" und „Femininität". Der Psychologe:

„Nach klinischer Erfahrung spricht das dafür, dass solche Frauen (auf eher bewusstseinsferner Ebene) die Männer, mit denen sie Umgang haben, dazu zu provozieren, sie schlecht zu behandeln. Aus dieser Demütigung ziehen sie dann einen ‚masochistischen Triumph'. Auch die übrigen Befunde sprechen eher für eine emotional instabile, allerdings nichtaggressive Persönlichkeit. Der Psychologe sieht ein großes Konfliktpotenzial und eine ausgeprägte Persönlichkeitsstörung mit dependenten (abhängigen), schizoiden und haltschwachen Zügen. „Angesichts der eher bewusstseinsfernen masochistischen ‚Provokation' ist zu befürchten, dass sie sich wieder in eine asymmetrische und belastende Täter-Opfer-Dyade hineinmanövrieren wird, wenn nicht ihr (auch) selbstzerstörerischer Lebensentwurf bewusst gemacht werden kann."

So ist es.

Der Psychiater muss am Ende alle Informationen, alle vorliegenden Befunde zusammentragen. Zur Tat hat sich Anke nicht geäußert, er weiß nicht, ob sie von Josef provoziert wurde und wenn ja, wie ausgeprägt diese Provokation war. Klar erkennbar ist die schwierige, tatsächlich masochistisch getönte, in normalpsychologischen Kategorien kaum nachvollziehbare Beziehung zu Josef M., dem stadtbekannten Trinker, über 30 Jahre älter, abgebrannt, ein Wirtshausschwadronierer. Wie viele Erniedrigungen, Kränkungen hat Anke erfahren? Sehr viele, sie hat sie auch gesucht. In ihrer masochistischen Selbstwahrnehmung mag Josef M. ihr als idealer Prinz erschienen sein, für den sie eine überzogene, wie in einer Karikatur überzeichnete weibliche Rolle einnimmt und sich aufopfern kann – ohne Hoffnung auf Erlösung, in ihrem Elend verhaftet, gedemütigt durch alkoholgetränkte Zoten. Gleichzeitig mag die Beziehung sie auch davor geschützt haben, sich ernsthaft mit ihrem Leben auseinanderzusetzen. Zu trostlos muss die Gegenwart erschienen sein. Nimmt man Josef M. als Spiegel, so mag Anke ihre eigene Zukunft gesehen haben. Vielleicht hat sie auch ihren Vater in Josef M. gesehen – auch er alkoholkrank, verantwortungslos – ein Trinker, der seine Familie vielleicht missbraucht, sicher vernachlässigt hat. Der Geruch von Alkohol und Elend ist Anke von früher Kindheit bekannt. Ihr Vater hatte ihn, ihr Mann, jetzt Josef M. An diesem Geruch will Anke festhalten. Er wärmt ihr Leben.

Anke ist in ihrer Persönlichkeitsentwicklung schwer gestört, kaum gefestigt. Eine Persönlichkeit im engeren Sinne, einen Kern mit eigenem Willen und Antrieb, kann man bei ihr kaum sehen, noch weniger beschreiben. Es bleibt, jenseits aller Befunde und Tests, der Eindruck einer großen Schwäche und Leere, die Anke mit Gift gefüllt hat. Ihre Zukunft, die Sozialprognose, scheint düster. Für die Tat selbst kann man, mit einiger Unsicherheit, eine so starke Berauschung vermuten, dass ihr Hemmvermögen, ihre Steuerungsfähigkeit, zumindest vermindert war. Psychische Barrieren, „Bremsen", die ihre Verärgerung, ihre Frustration nicht in Aggression und Gewalt umschlagen lassen, dürften durch Alkohol und Drogen unwirksam geworden sein. Für ihr weiteres Leben spielt die Drogenkarriere die entscheidende Rolle. Wird sie sich von Drogen fernhalten? Nichts spricht dafür, nicht einmal schwache Lippenbekenntnisse sind dazu zu vernehmen. Eine

Therapie, als Gerichtsauflage durchaus vorstellbar und rechtlich durchsetzbar, will Anke nicht machen, sie zieht die Haft vor. Der Gutachter wird sie nicht in den Maßregelvollzug schicken – die Therapieaussichten sind zu schlecht, Anke will es auch nicht. Ihr Leben bleibt düster.

Das Urteil

Anke wird wegen versuchten Totschlags zusammen mit gefährlicher Körperverletzung zu einer Freiheitsstrafe von 4 Jahren und 6 Monaten verurteilt. In der Urteilsbegründung wird noch einmal auf ihre Vorstrafen und den Tod ihres Ehemanns Bezug genommen:

„In diesem Zusammenhang wurde die Angeklagte ... wegen fahrlässiger Tötung zu einer Freiheitsstrafe von einem Jahr und 6 Monaten verurteilt, deren Vollstreckung mit der Weisung, sich einer stationären Drogentherapie zu unterziehen, zur Bewährung ausgesetzt wurde. Die Strafaussetzung wurde widerrufen, weil die Angeklagte dieser Weisung nicht nachkam. Bis zum Wiederruf der Strafaussetzung und nach ihrer Entlassung aus der Strafhaft ... konsumierte die Angeklagte weiterhin Codein, Diazepam, Methadon, Haschisch und Alkohol."

Zu der Beziehung zum Tatopfer ist in der Urteilsbegründung zu lesen, dass die Beziehung, die sich, laut Angeklagter, „so ergeben hatte", keine Stabilisierung in ihr Leben brachte. Das Tatopfer „war nicht mehr berufstätig, zog es vor, mit einem Bekannten den Tag zu verbringen und war regelmäßig betrunken. Er lebte von der Sozialhilfe und ließ sich, wenn sein Geld nicht mehr reichte, von der Angeklagten finanziell unterstützen". Die angespannten finanziellen Verhältnisse gaben häufig Anlass zu Streitereien mit dem Tatopfer, das sich dann „regelmäßig aggressiv und übermäßig eifersüchtig zeigte, wenn er betrunken war. Dann beschimpfte er die Angeklagte unter anderem als Hure, als blöd und wurde hin und wieder auch tätlich. Zuletzt im November ... musste die Polizei einen Streit zwischen der Angeklagten und dem Tatopfer schlichten."

Zum Tatgeschehen wird in der Urteilsbegründung ausgeführt, dass es zwischen den Partnern einen Streit gab und ein Wort das andere ergab. Das Tatopfer warf der Angeklagten laut Urteilsbegründung vor, dass sie ihn mit anderen Männern betrüge, was diese heftig in Abrede stellte.

„Gegen 23.00 Uhr wurde der Streit schließlich so heftig und lautstark geführt, dass das Tatopfer aus Verärgerung Anstalten machte, die Küche zu verlassen. Zu diesem Zeitpunkt waren sowohl das Opfer als auch die Angeklagte wegen des vorangegangenen Alkoholkonsums erheblich betrunken. ... Die wegen dieser, den Abend über zu Unrecht erhobenen Vorwürfe und kränkenden Äußerungen bereits erregte Angeklagte wollte gegen 23.00 Uhr den Streit nicht mehr länger ertragen. Sie wollte, dass das Tatopfer endlich damit aufhörte. Als er dann aufstand und zur Küchentür ging, fasste sie deshalb den Entschluss, ihn mit einem Messer niederzustechen. ... Trotz ihrer Alkoholisierung und ihrer Wut über die bis dahin erlittenen Kränkungen wusste die Angeklagte in diesem Moment, dass der von ihr kräftig geführte Stich mit dem verwendeten Messer ohne weiteres so tief in den Oberkörper eindringen konnte, dass lebenswichtige Organe oder größere Blutgefäße verletzt werden konnten ... Um aber ihren spontan gefassten Entschluss, das Opfer durch einen Messerstich zum Schweigen zu bringen, in die Tat umzusetzen, wollte die Angeklagte zumindest auch dessen Tod in Kauf nehmen. Sie war zwar noch uneingeschränkt in der Lage, das Unrecht ihres Handelns und die damit geschaffene Lebensgefahr zu erkennen, ihre Fähigkeit nach dieser Einsicht zu handeln, war jedoch in Folge ihrer Erregung über die erlittenen Kränkungen und ihrer beträchtlichen Alkoholisierung erheblich vermindert."

Weiter unten im Urteil wird ausgeführt, dass das Gericht zu der Überzeugung gelangt war, dass die Angeklagte in subjektiver Sicht mit bedingtem Tötungsvorsatz gehandelt habe und nach dem Stich der festen Meinung war, das Tatopfer bereits getötet zu haben.

Dann lesen wir:

„Es spricht allerdings nichts dafür, dass sie im Bewusstsein ihres gefährlichen Tuns darauf vertraute oder Vertrauen durfte, der Stich würde nicht lebensgefährlich verletzen. Ihre Wut, ihre Wahl der Waffe und der eingesetzte Kraftaufwand sprechen dafür, dass ihr selbst der in Betracht gezogene Tod in diesem Moment um ihres Zieles wegen, ihn zum Schweigen zu bringen, gleichgültig war. Dies wird bestätigt durch ihr Nachtatverhalten, selbst wenn man davon ausgeht, dass sich die Wut der Angeklagten in dem Stich ‚entladen‘ hatte, somit eine gewisse Ernüchterung eingetreten war, so zeigte sich ihre mitgeteilte Überzeugung, ihren Freund umgebracht zu haben, als schlüssige Fortsetzung ihrer Tatvorstellung. Die Angeklagte hat sich nach dem Stich nicht mehr über den tatsächlichen Zustand des Opfers vergewissert. Sie hat die Wohnung sofort verlassen, dennoch hat sie es in der Wohnung ihrer Mutter von vornherein als gewiss dargestellt, ihn umgebracht zu haben. Die Initiative, zuerst in ihrer Wohnung nachzusehen und dann für ärztliche Hilfe zu sorgen, ging nicht von der Angeklagten aus."

Im Übrigen schloss sich das Gericht, wie bereits angedeutet, der psychiatrischen Einschätzung hinsichtlich der strafrechtlichen Verantwortlichkeit an und ging von einer verminderten Steuerungsfähigkeit im Sinne des § 21 StGB aus.

„Auch das Gericht ist ... der Überzeugung, dass die Alkoholisierung im Zusammenwirken mit dem beharrlichen demütigenden und beleidigenden Verhalten des Opfers an diesem Abend einen affektiven Zustand der Angeklagten bewirkt hat, in dessen Folge ihr Hemmungsvermögen im Sinne des § 21 StGB vermindert war. Dieser Affektzustand erreichte allerdings nicht eine Intensität, die in ihrer Auswirkung einer krankhaften seelischen Störung gleichwertig war. Dagegen spricht, dass der Konflikt in ihrer Beziehung zum Tatopfer an diesem Abend nicht erstmals akut wurde. Sowohl das Verhalten des Geschädigten der Angeklagten gegenüber als auch ihre Unzufriedenheit damit bestanden seit langer Zeit. Der Tatabend war insofern nur ein weiterer, in seinem Ablauf nicht ungewöhnlicher Konflikt innerhalb einer seit langem konfliktreichen Beziehung. Die Reaktion der Angeklagten auf die erneut erlebten Kränkungen war zwar schwerwiegend, scheint aber nicht als symptomatisch für ein unkontrolliert impulsives Handeln.

Sowohl die Entwicklung des Geschehens bis zur Tat als auch ihr Handeln und Denken bleiben ihr nach der Tat in Erinnerung. Sie schildert dies bei ihrer ersten Vernehmung als Beschuldigte nach der Tat ohne Erinnerungslücken."

Eine Anmerkung des Gutachters: Diese Urteilsbegründung unterstreicht die Bedeutung, die gerade die ersten Vernehmungen von Angeklagten hinsichtlich des später angenommenen Tatablaufs oft haben.

Schließlich heißt es zum weiteren Verlauf der Tat: „Sie konnte sich insbesondere daran erinnern, aus Wut über die erneuten Kränkungen zugestochen zu haben mit dem Ziel, ihn endlich zum Schweigen zu bringen. Eine Vielzahl von Stichen, die für eine unkontrollierte affektive Entladung sprechen könnten, versuchte die Angeklagte nicht."

Schließlich stellte das Gericht interessanterweise auch fest, dass die Tat „nicht symptomatisch für die Betäubungsmittelabhängigkeit der Angeklagten oder ihre Persönlichkeitsstörung" war, sodass eine Unterbringung nach § 63 StGB oder 64 StGB nicht veranlasst wurde.

Hinsichtlich der juristischen Bewertung stellte das Gericht fest, dass die Voraussetzungen eines strafbefreienden Rücktritts vom Tötungsversuch nach § 24, I StGB nicht vorlagen, da die Angeklagte davon ausgegangen war, nach dem erstem Messerstich das Tatopfer bereits getötet zu haben. Nach ihrer Vorstellung bedurfte es daher keiner weiteren Handlung mehr, um den Tötungserfolg zu verwirklichen.

Weiterhin ging das Gericht davon aus, dass die Angeklagte weder ihre Mutter noch ihren Lebensgefährten veranlasst hatte, Hilfe herbeizuholen.

Besondere Umstände, die die Tat der Angeklagten in die Nähe eines Mordes gerückt hätten, sah das Gericht nicht. Auch der Umstand, dass der Angriff von hinten erfolgte, rechtfertigte nicht die Annahme eines besonderen schweren Falles. Vielmehr ging das Gericht davon aus, dass die Umstände, die zur Tat geführt haben, die Annahme des Totschlags gemäß § 213 StGB rechtfertigten. Insofern blieb das Gericht am unteren Rand des Strafrahmens. Begründet wurde die Strafzumessung im Wesentlichen damit, dass es sich um die akute Zuspitzung eines seit langem schwelenden Konfliktes handelte. Zu Lasten der Angeklagten wurden ihre zahlreichen Vorstrafen sowie die einschlägige Vorverurteilung (fahrlässige Tötung) gewertet, außerdem, dass die Tat nur kurze Zeit nach der letzten Verurteilung erfolgt war. Zugunsten der Angeklagten wertete das Gericht, dass keine schwerwiegenden Verletzungsfolgen eingetreten waren und Lebensgefahr nicht bestand.

Ein Ausgleich mit dem Tatopfer wurde zudem zumindest insofern erreicht, dass er unter dem Eindruck der Hauptverhandlung seinen Strafantrag zurückgenommen hat und erklärt hat, dass er der Angeklagten verzeihe.

5. Fall
Magda – Raubmord

Im vorletzten Fall begegnet uns eine Frau in den mittleren Jahren. Sie ist geschieden, dreifache Mutter. Die Kinder wachsen nicht bei ihr auf. Sie schleicht sich bei einer älteren, hilflosen Frau ein und begeht einen klassischen Raubmord – sie erstickt die alte Frau und durchsucht ihre Wohnung nach Wertgegenständen. Wir werden diskutieren, ob ihre Persönlichkeit und die bei ihr bestehende Tablettenabhängigkeit Bedeutung für den Mord haben.

Der Mensch (biografischer Hintergrund)

Magda wird vor 43 Jahren in einer mittelgroßen oberbayerischen Stadt mit Spielbank und Skibetrieb geboren, ein gesundes Mädchen ohne Auffälligkeiten. Der Vater ist bei der Geburt 54 Jahre alt, ein Bademeister, der zusätzlich in einer Kaserne die Kegelbahn betreut. Das Verhältnis zu ihm ist schlecht, sie seien „nicht zusammengekommen". Kein gewalttätiger Vater, der sie schlägt, aber einer, der sich wenig kümmert. Sie hat sieben Brüder und eine Schwester, ist selbst das zweitjüngste Kind. Die älteren fünf Geschwister sind Halbgeschwister, da die Mutter sie bereits hatte, als sie Magdas leiblichen Vater kennen lernt. Ihr erster Mann war im Krieg gefallen. Das Verhältnis zur Mutter wird als sehr gut geschildert, ihr späterer Tod, 57-jährig an einem Herzinfarkt, als Katastrophe erlebt. Trotz der vielen Kinder geht die Mutter noch nebenbei arbeiten, putzt und hilft in einer Küche. Magda wird von einer älteren Schwester großgezogen, zu der sie immer ein schlechtes Verhältnis hat. Die Lebensumstände sind ärmlich. Die ersten acht Jahre verbringt die Familie zunächst in einer 2-Zimmer-Wohnung, sie selbst schläft mit anderen Geschwistern in der Küche. Später berichtet sie, an die ganze Kindheit keine guten Erinnerungen zu haben. Die ältere Schwester, der Mutterersatz, wird als böse und streng erlebt, Magda wird von der großen Schwester häufig geschlagen. Kommt sie mit schlechten Noten aus der Schule zurück, gibt es Prügel. Noch in der Schule nässt sie ein, hat Angst vor der Schwester. Mit acht Jahren bessern sich die Wohnverhältnisse etwas, die Familie bezieht eine 4-Zimmer-Wohnung. Sie teilt sich das Zimmer mit ihrem Bruder. Außerhalb der Familie findet sie rasch Kontakt zu Gleichaltrigen, hat viele Freunde. Etwa ab dem 10. Lebensjahr wird auch das Verhältnis zur Schwester besser. Diese heiratet später, hat heute vier Kinder. Magda berichtet, in dieser Zeit habe sie häufiger den Wunsch gehabt, zu sterben. Als kleines Kind habe sie einmal ganz lange in eine Glühbirne gesehen, in der Überzeugung, dann blind zu werden. Nicht nur die Schwester, auch der Bruder hacken auf ihr herum. Die Familie bietet keinen Halt.

In der Schule läuft es besser. Magda wird in die örtliche Hauptschule eingeschult, besucht diese acht Jahre, ohne sitzen zu bleiben. Die letzten Schuljahre schwänzt sie öfter, hat keine Lust auf Schule. Trotzdem sind die Leistungen akzeptabel. Bis zum 13. Lebensjahr kommt es immer noch zum Bettnässen. Mit 14 Jahren ein Selbstmordversuch – Magda schildert, eine Freundin und sie hätten keine Lust mehr aufs Leben gehabt, hätten unter den Problemen mit ihren Familien gelitten. Beide nehmen Tabletten, werden kurz danach aus dem Krankenhaus entlassen. Beide Freundinnen hätten „kein Zuhause" gehabt. Nach der Schule absolviert Magda eine Textillehre, die sie erfolgreich abschließen kann. Sie hat durchaus intellektuelles Potenzial, wie auch die spätere Untersuchung zeigen wird. Mit 17 Jahren glaubt Magda eine Lösung für ihre familiären Probleme zu finden: Sie heiratet. Schon zuvor war ihre erste Tochter geboren worden. Der Mann ist vier Jahre älter, ein Zeitsoldat und späterer Hilfsarbeiter. Die Ehe dauert drei Jahre und ist eine Katastrophe. Schon am Hochzeitstag wird sie von ihrem Mann im Lokal geschlagen, weil sie mit ihrem Stiefvater tanzt. Der Mann ist Bezirksmeister im Boxen, körperlich stark. Er verprügelt sie regelmäßig. Als sie 18 Jahre ist, wird ihr Sohn geboren, das zweite Kind, zwei Jahre später erfolgt die Scheidung.

Die Kinder wachsen nur teilweise bei ihr auf. Die finanziellen Sorgen bleiben drängend. Die Tochter wird später Zimmermädchen, heiratet wie sie selbst früh. Noch schlechter ist das Verhältnis zum Sohn, der im Ausland lebt und früh kriminell wird. Zu beiden Kindern hat sie langjährig keinen Kontakt. Der Sohn stiehlt ihr mit sieben Jahren Geld, wächst teilweise beim Vater auf, mit dem sie sich das Sorgerecht teilt. Erst zehn Jahre später sieht sie ihn wieder. Die fehlenden Jahre sind nicht aufzuholen.

Trotz der kleinen Kinder muss Magda arbeiten, geht in eine Fabrik, muss häufig umziehen. Auch der erste Ehemann soll „leicht kriminell" geworden sein. Magda spricht von Diebstählen.

Nach der Scheidung zieht sie zu ihrer Mutter zurück, eine harte Zeit. Nachts muss sie als Bedienung arbeiten, tagsüber kümmert sie sich um die Kinder, zumindest schildert sie das später. Zweifel bestehen. Mit 23 bekommt sie eine eigene Wohnung. Wieder lernt sie einen Mann kennen, der nachts als Diskjockey arbeitet. Sie heiraten „aus Blödsinn". Angeblich beim ersten und einzigen Geschlechtsverkehr wird sie erneut schwanger, neun Tage nach der Hochzeit. Nach nur zwei Monaten verlässt sie der Mann, nachdem er eine andere Frau mit nach Hause gebracht hatte. Magda bekommt ihr drittes Kind, einen Sohn, der rasch zur Adoption freigegeben wird. Von diesem Kind weiß sie nichts.

Eine Zeit lang lebt sie alleine, trifft dann wieder einen Jugendfreund, der sie bei sich aufnimmt. Auch er schlägt sie. Es gibt andere Beziehungen. Sie arbeitet überwiegend als Bedienung in Tanzlokalen, oft nachts. Prostituiert will sich Magda nicht haben. Oft arbeitet sie auf Provision, beginnt zunehmend Alkohol zu trinken. Sie trinkt zu viel, süchtig wird sie nicht.

In Magdas 24. Lebensjahr stirbt die Mutter, ihr einziger Halt. Später meint sie, ein Teil von ihr sei mitgestorben. Jetzt hat sie niemanden mehr, mit dem sie reden kann. Im Jahr darauf lernt sie einen jüngeren Mann kennen, stellt später fest, dass er hohe Schulden hat. Auch er ist „fraglich kriminell". Wenige Monate später geht der Mann in den Wald, nimmt Tabletten und bringt sich um. Magda fühlt sich zunehmend kraftlos, nimmt selbst Tabletten, wird aber von ihrer Tochter gefunden. Ein Nervenarzt untersucht sie, in die Klinik will sie nicht. Eine Therapie erfolgt nicht.

Wieder meldet sich ein alter Schulfreund, mit dem sie zusammen zieht. Auch dieser schlägt sie häufig. Ihre Gefühle seien „rasch erkaltet". Magda meint, der Mann habe sie auch bestohlen. Ihr Bruder holt sie aus der Wohnung des Mannes heraus. Einige Zeit später fährt sie spontan mit ihrer Tochter nach Hamburg. Sie kennt dort niemanden, weiß nicht, wohin. Über das Sozialamt bekommt sie ein Zimmer. Auch hier trifft sie „durch Zufall" einen Bekannten wieder. Angeblich wird sie trotz Pille wiederum schwanger, bekommt einen Sohn. Der Mann, Vater des Kindes, will von ihr nichts mehr wissen, bezahlt auch nicht. Deshalb wird auch dieses Kind nach 1 1/2 Jahren zur Adoption freigegeben. Zur selben Zeit stirbt ihr Vater. Magda ist 28.

Silvesternacht, sie ist auf einer Party. Mittlerweile ist auch die Tochter zu ihrem ersten Mann zurückgegangen. Sie war in der Schule schlecht, ist geistig zurückgeblieben, hat seelischen Kummer. Später kommt die Tochter ins Heim, da sich auch der Vater nicht um sie kümmert. Auf der Silvesterparty lernt Magda ihren dritten Mann kennen, einen Buchdrucker, der eine 13-jährige Tochter hat. Erst nach Wochen des Zusammenseins will sie bemerkt haben, dass er Alkoholiker ist. Trotzdem heiratet das Paar rasch. Auch diese Ehe ist eine Katastrophe. Der Mann trinkt, immer wieder kommt die Polizei ins Haus, weil er randaliert, sie verprügelt. Angeblich erst nach der Heirat will sie erfahren haben, dass ihr Mann „vor ihrer Zeit" Zuhälter gewesen war. Er will sie auf den Strich schicken, was sie ablehnt. Der Mann fällt ins Delir, schlägt auch seine Tochter. Deren Mutter soll Prostituierte gewesen sein. Sie selbst arbeitet in einer Buchbinderei, gelegentlich sieht sie die Tochter. Vier Jahre hält die Ehe, dann hält sie es nicht mehr aus. Immer wieder schlägt er ihr Platzwunden, trinkt immer mehr. Magda beginnt, Schlafmittel zu nehmen, die sie sich von Ärzten verschreiben lässt. Nur so ist der Tag erträglich. „Auf der Reeperbahn findet man schnell einen Arzt, der ein Rezept ausstellt." Nach der Scheidung bleibt sie noch einige Zeit in Hamburg, lernt wieder einen Mann kennen, aber auch diese Verbindung läuft rasch auseinander. Zunehmend nimmt sie Beruhigungs- und Schlafmittel, es kommt zu Rezeptfälschungen. Magda wechselt die Stelle, arbeitet in einem Großmarkt. Dort lernt sie einen Türken kennen, er lebt in Scheidung. Damit beginnt „eine schlimme Zeit". Das erste Jahr verläuft noch harmonisch, dann nimmt er sie mit in sein Heimatland, für einen Urlaub. Er kommt aus einem Dorf, das vier Stunden von Ankara entfernt liegt. Dort sind auch seine vier und sieben Jahre alten Kinder aus seiner früheren Ehe. „Das

Ganze war gut eingefädelt". Sie muss fast ein Jahr in der Türkei bleiben, kann nicht zurück, muss „wie ein Moslem leben", darf nur vermummt außer Haus. Der Freund lässt sie dort zurück, damit sie sich um die Kinder kümmert. Angeblich verletzt er sie mit einem heißen Schweißbrenner, wovon eine Narbe am linken Oberarm zeugt. Wieder nimmt sie Tabletten, wird verprügelt. Mit einer Schere schneidet sie sich am linken Unterarm. Angeblich versucht sie sich mit einer Pistole zu erschießen, die nicht funktioniert. Mit dem Leben in der Türkei kommt sie nicht zurecht, leidet unter den Familienangehörigen. Auch hier wird Alkohol getrunken. Der Mann schlägt ihr Zähne aus, entschuldigt sich, wenn er wieder nüchtern ist. Der Pass läuft ab. Schließlich kehrt sie doch zurück, ohne Geld. Sie hat die Armreifen der Schwiegermutter mitgenommen und verkauft sie. Schließlich fährt sie an ihren Heimatort zurück und findet Arbeit in einem Imbiss. Mit dem Chef verträgt sie sich nicht, „ihr Lebenswandel" gefällt ihm nicht. Magda berichtet, sie sei „ein lustiger Mensch", sie „lache gerne". Mit 34 Jahren lernt sie einen verheirateten Griechen kennen, der öfter das Lokal besucht, in dem sie arbeitet. Er ist Lkw-Fahrer, und sie beginnen ein Verhältnis. Auch hier ist wieder Alkohol im Spiel. Immer und immer mehr nimmt sie Tabletten, bricht zusammen. Sie bekommt eine Stelle als Kassiererin und Verkäuferin in einem Supermarkt, lernt eine junge Frau kennen. Die beiden unternehmen viel miteinander. Ihr Leben beginnt auseinanderzubrechen. Magda steht an der Kasse, ihre Freundin fragt, ob sie nicht einiges billiger abrechnen könne. Magda beginnt, Geld zu unterschlagen, das sie angeblich mit der Freundin teilt. Ein Jahr lang geht alles gut, sie fälscht die Bücher. Der Schaden ist erheblich, Magda realisiert, dass sie bald auffliegen wird, und fährt mit der Freundin nach Österreich, arbeitet dort ein paar Wochen. Die Freundin setzt sich nach Spanien ab, sie selbst tritt mit einem Anwalt in Deutschland in Verbindung, der sie vertreten soll. Ein halbes Jahr bleibt sie in Österreich, schließlich lässt sie sich von einem Schulfreund abholen und fährt zu ihrer Tochter. Dort wird sie verhaftet, für sie überraschend, nicht wegen dem unterschlagenen Geld, sondern wegen des Diebstahls der Armreifen. Magda wird zu einem Jahr und 3 Monaten Haft verurteilt, die sie absitzt.

Nach der Entlassung geht sie zunächst zur Tochter, dann wieder zu einem Schulfreund, arbeitet als Zimmermädchen. Sechs Monate lebt sie mit dem Freund zusammen, er trennt sich wieder von ihr. Immer wieder geht sie zu Ärzten, besorgt sich Schlaftabletten. Einmal muss der Notarzt kommen. Magda meint, sie wollte nur abschalten. In dieser Zeit meldet sich ihr Sohn wieder, der in Frankreich lebt. Sie hat ihn sieben Jahre nicht gesehen, besucht ihn dort. Der Sohn lebt mit einer Türkin zusammen, beide sind berufslos. Die Wiedersehensfreude trübt sich rasch ein. Magda lässt sich wieder von ihrem ehemaligen Schulfreund abholen, geht an den Heimatort zurück. Das Sozialamt finanziert ihr ein Zimmer, Arbeit bekommt sie wegen ihrer Vorstrafe nicht. Magda ist hoch verschuldet, noch aus Hamburger Zeiten. Schließlich bekommt sie über die Kirche eine Stelle bei „Essen auf Rädern", wo sie stundenweise hilft. Sie wird aber rasch krank, nimmt zu viele Tabletten. Ihr Hausarzt bemerkt Rezeptfälschungen. Magda ist medikamentensüchtig, nimmt Beruhigungs- und Schlafmittel in steigender Dosis, manchmal bis

20 Stück am Tag. Wie bei vielen Menschen, die Beruhigungsmittel nehmen, merkt man es ihr oft nicht an. Die Dosis steigt. Magda entwickelt eine Toleranz bezüglich ihrer Wirkung. Wenn sie die Medikamente weglässt, wird sie nervös, hat Angst, zieht sich zurück. Ein schwerer Entzug, aber sie beginnt wieder Medikamente zu nehmen. Immer wieder wechselt sie die Ärzte, lässt sich Beruhigungsmittel verschreiben, entwendet manchmal Rezepte in Arztpraxen, löst diese ein. Hat sie keine Medikamente, kommt es zu Schlafstörungen. Manchmal ist Magda auf den Beinen unsicher, meistens verträgt sie aber die Medikamente. Ist sie traurig oder niedergeschlagen? Eher einsam, wenn ihr Lebenshunger ungestillt ist. Was sie an Männern findet? Trotz vieler Kontakte: Sex interessiert sie eigentlich nicht, gibt ihr wenig. Wenige ihrer Beziehungen sind in diesem Bereich erfüllt, nur das Alleinsein fällt ihr schwer. Magda will „mit rosaroter Brille" durchs Leben gehen und scheitert böse. Am Ende hat sie alles verloren, Freunde, ihre Kinder. Ihr bleiben nur Schulden und Schlafmittel. Magda ist 43.

Der Mord

Essen auf Rädern. Magda fährt morgens Essen aus, besucht alte Menschen. Eine davon ist Frau Müller, die sie dreimal sieht. Sie bringt das Essen, unterhält sich kurz mit ihr. Keine Freundschaft, kein engerer Kontakt. Frau Müller ist eine von vielen.

Am Tattag steht Magda morgens auf, geht schwimmen, schläft etwas. Sie legt sich in die Sonne, fühlt sich weder gut noch schlecht, „ganz normal". Auch die Schulden drücken nicht mehr als sonst, sie hat sie seit vielen Jahren. Am Nachmittag will sie die Ehefrau ihres Schulfreundes besuchen, sie geht zur Busstation. Zufällig trifft sie Frau Müller auf der Straße, es ist später Nachmittag. Angeblich nimmt sie zu diesem Zeitpunkt 20 bis 50 Tabletten verschiedener Beruhigungsmittel ein, vielleicht auch weniger. Macht der Gewohnheit.

Passt sie Frau Müller absichtlich ab? Vor Gericht lässt sich das schwer beweisen. Jedenfalls geht sie mit der Greisin nach Hause. Diese hat den falschen Schlüssel dabei, eine Nachbarin versucht die Tür zu öffnen, was misslingt, schließlich wird die Polizei gerufen, ein Feuerwehrmann muss die Tür öffnen. Frau Müller, körperlich hilflos, aber geistig völlig präsent, bittet Magda in die Wohnung. Zunächst ist noch die Nachbarin dabei, diese geht dann. Man unterhält sich. Frau Müller erzählt von ihrem Mann im Pflegeheim und berichtet über ihre Sorgen. Um Geld geht es nicht.

Magda trinkt mit Kaffee, geht ins Bad. Plötzlich sieht sie ihrer Darstellung nach dort eine Plastiktüte liegen und nimmt sie. (Das Gericht geht später allerdings von einem anderen Tathergang aus und glaubt, dass Magda die Tüte bereits mitgebracht hatte.) Ihr bleibt unerklärlich, was dann passiert. Selbst immer Opfer, meint sie, niemandem etwas zuleide tun zu können. Es gibt keinen Streit, es wird nicht über Geld gesprochen. Die alte Frau sitzt auf der Couch. Magda nimmt die Plastiktüte und stülpt sie ihr über den Kopf, drückt dann noch ein Kissen auf das Gesicht. Die Frau erstickt, wehrt sich nicht. Es geht sehr schnell. Sie ist tot. Nach der Tat durchsucht Magda die Wohnung, das geht „alles automatisch". Sie bricht in der Küche eine Kassette auf, durchsucht Schrank und Kommode, findet aber kein Geld. Das Telefon klingelt, Magda nimmt den Telefonhörer, eine Frauenstimme sagt, dass sie gleich Frau Müller besuchen wolle. Magda sagt, sie solle erst in 30 Minuten kommen. Panikartig verlässt sie die Wohnung. Magda flieht aus der Wohnung, sperrt diese ab. Mit dem Bus fährt sie zurück, wirft den Schlüssel weg. Zu Hause legt sie sich ins Bett und sieht einen Videofilm mit Arnold Schwarzenegger an. Sie schläft normal, geht am nächsten Tag ins Hallenbad, telefoniert mit einem Bekannten. Immer wieder nimmt sie Beruhigungsmittel. Nachmittags kommt die Polizei und verhaftet sie. Erst dann soll ihr bewusst geworden sein, was sie getan hat. Kurze Zeit streitet sie alles ab, gesteht dann aber die Tat, die sie selbst nicht versteht.

Die Staatsanwaltschaft geht von einem Mord aus. Einige Details fallen auf. So hat Magda in der Wohnung das Licht gelöscht und abgeschlossen, „um den Eindruck zu erwecken, Frau Müller sei spazieren gegangen". Zeugen meinen, dass Magda das Opfer im Bus angesprochen und den Kontakt gesucht habe. Magda bestreitet dies. Der Rest ist bekannt.

Ärztliche Befunde werden sichergestellt. Aus diesen geht hervor, dass Magda doch mehr Alkohol getrunken hat, als sie schildert. Ein Nervenarzt sieht Magda, behandelt sie aber nur aufgrund weniger neurologischer Beschwerden, nicht wegen der Depressionen, die sie gelegentlich schildert. Ihr Hausarzt schreibt in einem Brief, sie sei „nervlich und körperlich sehr angeschlagen". Die wohnlichen Verhältnisse seien „in letzter Zeit untragbar geworden". Nach der Verhaftung werden Blut und Urin abgenommen. Schlaf- und Beruhigungsmittel werden gefunden, wenn auch nicht in exzessiver Dosis. Magda wird psychiatrisch untersucht.

Die Psyche

Bei der Untersuchung berichtet Magda von wenigen Problemen und Beschwerden. Die geistige Leistungsfähigkeit scheint gut. Gedächtnis, Merkfähigkeit, Konzentration, Auffassungsgabe sind unauffällig. Ihr Denken ist geordnet, weder verlangsamt noch wirr, nichts spricht für eine Psychose – kein Wahn, keine Sinnestäuschungen. Gegenüber dem Geschehen ist sie etwas ratlos, zeigt sich glaubhaft betroffen. Manchmal weint sie, im Wesentlichen ist die Stimmung aber ausgeglichen. Während der Untersuchung ist Magda auf der geschlossenen Frauenabteilung in der psychiatrischen Klinik. Sie verhält sich dort unauffällig, knüpft rasch Kontakt zu Mitpatientinnen, ordnet sich im Stationsalltag ein. Sie wird dies auch im Gefängnis tun.

Manchmal berichtet sie über leichte Schlafstörungen, ansonsten aber hat sie wenig Beschwerden. Auch körperlich geht es ihr gut. Magda ist eine Mörderin, was hat sie für ein Selbstbild?

Sie schildert sich als schwach, labil, sieht sich in ihrem bisherigen Leben selbst überwiegend als Opfer. Ihre zahlreichen Beziehungen zu Männern seien durch Schläge, Kränkungen, Zurücksetzungen geprägt gewesen, erzählt sie; den sexuellen Bereich schildert sie, trotz vielfältiger Kontakte, als unerfüllt. Sie nennt ein Streben nach Familie und Geborgenheit, das mit ihrem bisherigen Lebensweg auffällig kontrastiert. Das Interesse an ihren Kindern ist gering. Magda erscheint haltschwach, auffallend kritikarm bezüglich ihrer Partnerwahl. Neigt sie zu Impulsivität, ist sie unüberlegt? Viel spricht für eine unreife Persönlichkeit, auch für eine Außenorientierung. Hysterische bzw. histrionische Züge sind unverkennbar. Setzt man Magda Grenzen, kommt sie gut zurecht, auf sich alleine gestellt neigt sie zu Unüberlegtheit, ist ablenkbar. Der Kern ist weich, das „Ich" schwach.

Magdas Lebensweg trägt sicherlich dissoziale Züge. Dort, wo sie Verantwortung zeigen müsste, zum Beispiel in finanziellen Dingen, vor allem, wenn es um die Kinder geht, versagt sie kläglich. Immer wieder verliebt sie sich in die falschen Männer, an die sie sich noch lange klammert, auch wenn das Scheitern der Beziehung unübersehbar geworden ist. Manche der Männer, zu denen sie sich hingezogen fühlt, mögen an ihren leiblichen Vater erinnern, der in ihren Schilderungen allerdings blass bleibt. In jedem Fall ist ihre Partnerwahl durchgehend unkritisch und verhängnisvoll. Erste Straffälligkeiten und die Suchtentwicklung unterstreichen das Bild einer Frau, die zunehmend aus ohnehin schwach entwickelten sozialen Bindungen kippt, das Bild einer dissozialen Entwicklung und eines Lebenswegs jenseits bürgerlicher Normen.

Exkurs:
Medikamentenmissbrauch und -abhängigkeit

Das Auffälligste an Magda ist ihre Medikamentensucht. Hierzu seien einige Anmerkungen gemacht. Während Alkoholismus und Konsum illegaler Drogen bei Männern wesentlich häufiger ist, dominieren Frauen bei Medikamentenmissbrauch und -abhängigkeit. Bei einer erheblichen zusätzlichen Dunkelziffer wird die Anzahl der Abhängigen in Deutschland auf mehrere hunderttausend geschätzt. Manche Schätzungen gehen bis zu 1,4 bis 1,5 Millionen Arzneimittelabhängigen (s. Soyka 1998). Unter den Medikamenten mit Missbrauchspotenzial kommen Beruhigungs- und Schlafmitteln sowie Schmerzmitteln eine überragende Bedeutung zu. Sie gehören in Deutschland zu den am häufigsten verordneten Medikamenten überhaupt, wobei erstere in der Regel verschreibungspflichtig sind, letztere aber häufig auch rezeptfrei als so genannte Over-the-Counter-Medikation bezogen werden können. Auch wenn diese beiden Substanzgruppen den „Löwenanteil" unter den Medikamenten mit Suchtpotenzial ausmachen, so kommt auch einigen anderen Psychopharmaka und zahlreichen anderen Medikamenten, zum Beispiel Schlankheitsmitteln (so genannte Psychostimulanzien bzw. Appetitzügler),

Abführ- und Entwässerungsmitteln (insbesondere bei Patientinnen mit Ess-Störungen), aber auch anabolen Steroiden und anderen Dopingmitteln sowie weiteren Lifestyle-Medikamenten Bedeutung zu (Deutsche Hauptstelle gegen die Suchtgefahren 2001).

Die Symptomatik eines Medikamentenmissbrauchs bzw. einer Medikamentenabhängigkeit ist, mit einigen Ausnahmen, ähnlich wie bei Alkohol oder anderen Suchtformen: Es entwickelt sich, wie auch bei Magda, eine meist erhebliche Toleranz bezüglich der Wirkungen der Medikamente, hinzu tritt ein starker Wunsch, die Substanz zu konsumieren. Körperliche und psychische Folgeschäden sowie Entzugserscheinungen bei Absetzversuchen treten hinzu, und es entwickelt sich eine körperliche oder psychische Bindung an das Medikament. Wie häufig psychoaktive Substanzen eingenommen werden, verdeutlichen Erkenntnisse der so genannten Bundesstudie, die im Auftrag des Bundesministeriums für Gesundheit in unregelmäßigen Abständen Erkenntnisse zum Gebrauch psychoaktiver Substanzen liefern soll (Kraus u. Bauernfeind 1998). Dabei zeigte sich, dass Frauen fast doppelt so häufig psychoaktive Substanzen einnehmen wie Männer (19,5% versus 11,5% in den letzten vier Wochen), wobei Schmerzmittel (Frauen: 13,5%, Männer: 8,6%) deutlich dominierten vor Schlafmitteln (3,2% versus 2%), Tranquilizern ([Beruhigungsmittel] 4,4% versus 2%), so genannten Anregungsmitteln (1% versus 0,8%) und Abführmitteln (3,1% versus 0,9%) sowie Appetitzüglern (1,2% versus 0,4%). Bei dieser Untersuchung wurden ältere Menschen über 60 Jahre interessanterweise gar nicht erfasst, wobei bekannt ist, dass gerade Alter ein zunehmender Risikofaktor für die Verschreibung speziell psychoaktiver Substanzen darstellt, sodass die Zahlen sicherlich eher noch höher ausgefallen wären. Man denke nur an die zum Teil völlig unsinnige Verordnung von Schlafmitteln gerade bei älteren Patienten und Patientinnen. So überrascht es nicht, dass die Zahl der Medikamentenabhängigen in Deutschland auf bis zu 1,4 Millionen geschätzt wird.

Die von Magda eingenommenen Medikamente gehören überwiegend zur Gruppe der Benzodiazepine, so genannte Beruhigungsmittel (Tranquilizer) und Schlafmittel (Hypnotika), die weltweit in der Therapie von Schlafstörungen sowie von Angst- und Spannungszuständen eine überragende Bedeutung haben und ältere, meist toxischere bzw. gefährlichere Medikamente verdrängt haben. Sie werden (seltener) bei Epilepsie, vor allem aber zur Beruhigung sowie als Schlafmittel verordnet oder als Ko-Medikation bei verschiedensten psychischen Erkrankungen, wie zum Beispiel Depressionen. Sie haben auch eine zum Teil starke angstlösende Komponente.

Leider werden sie, wie andere Psychopharmaka auch, häufig außerhalb ihres eigentlichen Einsatzgebietes verschrieben und gerade bei Frauen, die häufiger den Haus- oder Nervenarzt aufsuchen, auch zur Behandlung psychosomatischer Beschwerden, leichten depressiven Verstimmungen, Erschöpfungszuständen oder generell bei mehr oder weniger ausgeprägten psychischen Krisen oder Befindlichkeitsstörungen verordnet. Häufig entwickelt sich hier eine Langzeitanwendung, nicht selten auch eine Abhängigkeitsentwicklung, gerade bei psychisch entsprechend disponierten Individuen. Magda würde schon aufgrund ihres erhöhten Alkoholkonsums zu einer entsprechenden Risikogruppe zu zählen sein. Niemand weiß, ob ihre psychischen Probleme, ihre Lebensgestaltung, ihre Partnerbeziehungen sich durch eine Psychotherapie hätten günstig beeinflussen lassen können oder nicht – versucht worden ist es jedenfalls nie. Stattdessen ist sie rasch in eine Medikamentensucht hineingewachsen, die ihre Lebensgestaltung und ihre Psyche sicherlich nicht günstig beeinflusst hat. Zwar finden sich bei Magda kaum Hinweise für eine schwere Medikamentenüberdosierung mit entsprechenden körperlichen Folgen oder Verhaltensauffälligkeiten (verwaschene Sprache, Koordinationsstörungen, Gangunsicherheit etc.), was für eine erhebliche Medikamenten-Toleranz spricht – es ist aber anzunehmen, dass sie gerade in kritischen Situationen, immer dann, wenn sie als Mensch gefordert gewesen wäre, (mehr) Medikamente eingenommen hat. Alles in allem eine Fehlentwicklung, die vielleicht hätte vermieden werden können.

Testergebnisse

Der langjährige Medikamentenmissbrauch hat keine objektivierbaren Schäden hinterlassen. In der Intelligenztestung erreicht sie einen gut durchschnittlichen IQ. Überraschend scheint ihre gute Lernfähigkeit und ein rasches Überschauvermögen. Ihre „soziale Intelligenz" scheint eher gut entwickelt. Menschen kann sie richtig einschätzen – warum gerät sie dann immer an die falschen Partner? Einige Tests sprechen für gewisse aggressive Strebungen. Sieht man von der Tat ab, spricht wenig in ihrem Leben dafür. Die Tests deuten auf eine Persönlichkeitsstörung mit hysterischen bzw. histrionischen Zügen, Haltschwäche und Depressivität. Soziale Normen kann Magda richtig einschätzen, ist an ihnen aber wenig interessiert. Dissoziale Verhaltensmuster, die Suche nach rascher Ablenkung sind unverkennbar. Ein ausgeprägter Persönlichkeitswandel, nicht selten Ergebnis einer Langzeiteinnahme von Medikamenten, liegt nicht vor. Ihre psychischen Probleme und Verhaltensmuster sind „hausgemacht".

Die Tat stellt in gewisser Weise eine Umkehrung von Magdas eigener Vorgeschichte dar. Wie häufig war sie Opfer, ist geschlagen worden, hat sich schwach und wehrlos gefühlt? In der Tat kann sie selbst handeln. Vielleicht haben auch die Medikamente innere Spannungen und hemmende Gefühle vermindert. Vor sich hat sie eine schwache, völlig wehrlose alte Frau, der Prototyp des Opfers. Warum kommt es nicht nur zum Raub, sondern auch zum Mord? Die Tat trägt erkennbar aggressive Züge.

Das Geschilderte macht die Tat etwas verständlicher. Das Anwenden einer Plastiktüte, zusätzlich der Einsatz des Kissens, das Zudrücken, das Ersticken einer wehrlosen Greisin – all dies zeugt von einer erheblichen aggressiven Energie. Nichts spricht für eine plötzliche Erregung, für einen Durchbruch unterdrückter Gefühle. Keine Erinnerungslücke trübt später Magdas Darstellung des Tathergangs. Die Tat mag mehr oder weniger vorbereitet gewesen sein, dies ist vor Gericht nicht zu klären – das Nachtatverhalten ist in jedem Fall geordnet. Die Wohnung wird nach Geld durchsucht. Kein panikartiges Weglaufen, keine unüberlegte Flucht, keine tief greifende Zerrüttung sind erkennbar. Vielleicht ist sogar das relative Fehlen einer stärkeren Betroffenheit das auffallendste. Möglicherweise haben die eingenommenen Medikamente beruhigend, „verdrängend" gewirkt. Ausschlaggebend für die Tat selbst waren sie nicht. Bei Würdigung aller Umstände: Nichts spricht für eine erhebliche Beeinträchtigung psychischer Funktionen, für eine verminderte Steuerungsfähigkeit. Im Grunde sieht dies auch Magda so.

Das Urteil

Magda wird von der zuständigen Kammer des Landgerichtes wegen Mordes zu einer lebenslangen Haftstrafe verurteilt.

In der Urteilsbegründung werden noch einmal Magdas persönlicher Lebensweg und die schwierigen persönlichen und familiären Verhältnissen, aus denen sie stammt, beleuchtet. Auch ihre vielen und wechselnden Partnerbeziehungen und Ehen sowie die Einnahme von Medikamenten und die Rezeptfälschungen werden angesprochen, aber auch die Selbstschädigungs- und Selbstmordversuche schon in der Kindheit und der überhöhte Alkoholkonsum.

„Das eigentliche Problem bei der Angeklagten ist der zweifellos vorhandene übermäßige Tablettenkonsum, der mit dem Tod ihrer Mutter begann und sich nach dem Selbstmord eines Freundes steigerte, wobei es sich um Tranquilizer und Hypnotika ... handelte. Die Tabletten besserten ihre Stimmungslage und nahmen ihre Niedergeschlagenheit, gaben ihr vermeintlich mehr Sicherheit und Selbstvertrauen; sie nahm sie jedoch nie in Mengen, die zu unsicheren Bewegungen führten. Entzugserscheinungen traten bei der Angeklagten nach ihrer Verhaftung nicht auf, sie musste sich trotz Absetzen der Medikamente auch nicht in ärztliche Behandlung begeben."

Mit diesen Erläuterungen will das Gericht deutlich machen, dass bei Magda keine schwere Suchtentwicklung vorlag.

In Bezug auf die vorgeworfene Tat kommt die Kammer zu einer eindeutigen Position:

„Zu einem nicht näher bestimmbaren Zeitpunkt Ende Juli/Anfang August 1997 entschloss sich die Angeklagte, ihre Bekannte ... in deren Wohnung zu töten, um anschließend ungestört und ohne Gefahr, entdeckt zu werden, die Wohnung nach Geld durchsuchen zu können. Am Tattag begab sich die Angeklagte nachmittags mit einem aus dem eigenen Haushalt stammenden Plastik-Müllbeutel, der ihr für die Tötung geeignet schien, zu ihrer Wohnung (der der älteren Dame) und wartete, da diese nicht zu Hause war, deren Rückkehr ab. Nach einer längeren Unterhaltung in deren Wohnung ... trat die Angeklagte zwischen 19.00 und 19.30 Uhr an das 84-jährige Tatopfer von hinten heran und zog ihr in der Absicht, sie zu töten, unter Ausnutzung deren völliger Arg- und Wehrlosigkeit überraschend und unerwartet den mitgebrachten Müllbeutel über den Kopf. Da der Beutel jedoch hierbei zerriss, nahm die Angeklagte sofort ein auf dem Sofa, neben dem Opfer liegendes Kissen und drückte es ihr so lange kräftig gegen das Gesicht, bis das Tatopfer erstickt war. Durch die von der Angeklagten hierbei ausgeübte Gewalt brach die zweite Rippe rechts des Opfers zweimal. Anschließend durchsuchte die Angeklagte entsprechend ihrem Tatplan mehrere Zimmer ... erfolglos nach Geld, bis eine Nachbarin des Tatopfers telefonisch ihren Besuch ankündigte. Hierauf verließ die Angeklagte ohne Beute die Wohnung, wobei sie den Haus- und Wohnungsschlüssel ihres Opfers an sich nahm. Mit diesem versperrte sie schließlich noch die Haustüre, nachdem sie das Wohnhaus verlassen hatte."

In der Urteilsbegründung führt das Gericht weiter aus, dass die Angeklagte die Tat einräumte, allerdings mit einigen Einschränkungen: Sie sei nicht auf dem Weg zu dem Tatopfer gewesen, sondern habe dieses eher zufällig getroffen. Außerdem will sie den Müllbeutel nicht von zu Hause mitgenommen, sondern auf der Toilette des Tatopfers gefunden haben. Sie sei diesbezüglich sicher, denn anderenfalls sei es für sie erschreckend, weil sie „dann die Tat geplant habe".

Überdies ging aber das Gericht von einem „überzeugend reuevollen Geständnis" aus, „mit dem sie sich bereits bei dem Ermittlungsrichter schwer belastete".

In der Urteilsbegründung wird weiter festgehalten, dass die rechtsmedizinische Untersuchung einer Haarprobe ergab, dass Magda ein opiathaltiges Hustenmittel sowie Beruhigungsmittel eingenommen hatte, etwa in der Größenordnung von mehreren Tabletten täglich.

Im Übrigen schloss sich die Kammer den Ausführungen der psychiatrischen und psychologischen Gutachter an:

„Die Angeklagte stellt eine mit dem Leben unzufriedene, bedrückte, ernste und zurückhaltende Frau mit körperlichen Beschwerden dar, ohne sich jedoch zu schonen und um die Gesundheit zu kümmern, die sich für sozial verantwortlich und für emotional labil hält und bei der eine geringe psychische Widerstandsfähigkeit mit wenig Selbstvertrauen und Selbstsicherheit und nur eine geringe Selbstkontrolle entwickelt sind. Der Kontakt zur Welt zeigt sich gestört, eventuell aufgrund der Tat mit Abwehrmechanismen des Ungeschehen-Machen-Wollens, es besteht eine Suche nach Geborgenheit und Halt, Mangel an Sicherheit und Steuerung, eine unfertige Persönlichkeit mit naiv-demonstrativen Zügen. Zusammenfassend ... handelt es sich ... um eine durch ein unruhiges Leben ‚geschlitterte' Frau, die sich durch die Auswahl ihrer Lebenspartner immer wieder die gleichen Konflikte heranzog und von ihnen betrogen und geschlagen und mit Alkoholikerproblemen belastet wurde. Diese Auswahl ist zurückzuführen auf ein Bündel von Schwäche und kaum abgestufter Affektivität und einer Neigung zu hysterischem Handeln, beruhend auf einer starken Haltsuche und Verlangen nach Geborgenheit. Hirnorganische Beeinträchtigungen infolge Medikamentenabhängigkeit sind zu verneinen. Deutlich vorhandene aggressive Strebungen werden durch gegenteilige Tendenzen neutralisiert. Die Angeklagte stellt eine primär hysterisch strukturierte Persönlichkeit mit Haltschwäche, depressiver Entwicklung und dissozialen Zügen auf dem Niveau einer Persönlichkeitsstörung dar."

Ausführlich wird in dem Urteil auch eine mögliche Beeinflussung durch die eingenommenen Beruhigungs- und Schlafmittel diskutiert:

"Aus dem Verhalten der Angeklagten vor und nach der Tat ergeben sich keine Hinweise auf eine exzessiv hohe Medikamentenbeeinflussung. Selbst bei einer hohen Medikamentenabhängigkeit und Toleranz wäre die ursprünglich behauptete Tabletteneinnahme so hoch, dass schwere neuropsychiatrische Auffälligkeiten vorliegen müssten und Nebenwirkungen hinsichtlich der psychischen und neurologischen Funktionen, wie u. a. ausgeprägte Sedierung, Schläfrigkeit, Lethargie, Störungen der Bewegungskoordination, geistige Verwirrung und Desorientierung, undeutliche Sprache und die Beeinträchtigung kognitiver und psychomotorischer Funktionen auftreten müssten. Solche Auffälligkeiten ergaben sich jedoch weder aus der Einlassung der Angeklagten noch aus der Schilderung der Zeugen ... über das Verhalten der Angeklagten vor der Tat."

Letztlich ergaben sich nach Ansicht des Gerichts auch keine Hinweise für eine durch chronische Medikamenteneinnahme bedingte, ausgeprägte Persönlichkeitsveränderung oder eine schwere Medikamentenvergiftung (Intoxikation) zum Tatzeitpunkt:

"Die Tat wurde zielstrebig durchgeführt, das Verhalten der Angeklagten vor, während und nach der Tat spricht nicht für das Vorliegen einer schweren Intoxikation, die den Grad einer krankhaften seelischen Störung erreichen würde. Die nicht völlig ausschließbare Beeinflussung der Steuerungsfähigkeit zum Tatzeitpunkt ist daher einerseits keinesfalls so schwerwiegend, dass die Steuerungsfähigkeit der Angeklagten erheblich vermindert wäre im Sinne des § 21 StGB, andererseits erreicht die chronische Intoxikation nicht in ausreichendem Maß den Grad einer krankhaften seelischen Störung."

Zusammenfassend ging das Gericht in seiner juristischen Wertung davon aus, dass die Angeklagte aus Habgier und heimtückisch getötet hatte und auch, um eine andere Straftat, nämlich einen Diebstahl, zu ermöglichen und zu verdecken. Damit waren aus Sicht der Kammer wesentliche Mordmerkmale erfüllt. Eine besondere Schwere der Schuld im Sinne des § 57a, Abs. 1, Nr. 2 StGB, die eine eventuelle Entlassung nach 15-jähriger Haft verhindern würde, wurde von dem Gericht nicht angenommen, trotz des Vorliegens von vier Tatbestandsmerkmalen des Mordes, wie sie im Gesetzestext genannt werden:

"Es ergaben sich hierbei keine Anhaltspunkte für eine deutliche rechtsüberschreitende Schwere der Schuld über das mit dem Mordtatbestand üblicherweise verbundene Maß hinaus und damit für ein Vorliegen besonderer Umstände von Gewicht bei der Gesamtwürdigung von Tat und Persönlichkeit der Angeklagten."

6. Fall
Inge – von Müll und Wahn

Im letzten Fall geht es um eine 51-jährige Frau, die an einer Sammelwut leidet und Unmengen von Müll sammelt. Sie tötet ihren Mann auf grausame Weise. Es stellt sich die Frage, ob sie schizophren ist oder nicht.

Die Tat

Inge ist zur Tatzeit 51 Jahre alt, Mutter dreier halbwüchsiger Kinder. Sie erschlägt ihren Mann und lässt die Leiche auf grausige Art verschwinden. Die Hintergründe der Tat sind so ungewöhnlich, so bizarr, dass man etwas weiter ausholen muss, um das Bedingungsgefüge, das zu der Tat führt, zumindest erahnen zu können.

Inges Mann ist gelernter Metzger, arbeitet aber recht erfolgreich als Handelsvertreter. Die Ehe wird auch Jahre nach der Tat von Inge als eher glücklich geschildert. Dem Gutachter gegenüber macht sie deutlich, dass sie auch in sexueller Hinsicht zuletzt „aktiv" gewesen ist. Inge ist Hausfrau, ihre drei Kinder wachsen im Familienverband auf. Angeblich gibt ihr Ehemann kein Haushaltsgeld, stattdessen fahren sie stets gemeinsam einkaufen. Inge betont, sie habe auch nie Geld von ihm verlangt. Kommt es deswegen zu Streitereien? Inge berichtet hiervon nichts. Sicher ist, dass sie ihren Haushalt sehr sparsam und bescheiden führt.

Etwa 15 Jahre vor der Tat beginnt Inge, Kleidungsstücke, Sperrmüll oder anderes Verwertbares zu sammeln, um es weiterzuverkaufen. In ihren eigenen Worten hört sich dies so an:

„Ich habe mir bereits Anfang der 80er Jahre angewöhnt, von Entrümplungsstellen Sachen zu holen und zu Hause zu deponieren. Kleidungsstücke für mich und die Kinder ließ ich aus Zeitmangel (!) von meiner Schwester waschen, und dann zogen wir es an, bzw. was übrig war, brachte mein Mann – der meinte, die Sachen stammten von Bekannten und Verwandten – zum Secondhand-Verkauf. ... Ich bin täglich gegangen und musste mich beeilen und hatte dann keine Zeit – ich holte auch Spielsachen oder kleine Holzsachen zum Verheizen. Als es etwa nach zehn Jahren nicht mehr in der Zeitung bekannt gegeben wurde, wo solche Entrümpelungsstellen sind, war ich einerseits froh, dass ich nicht mehr hin ,muss', andererseits geriet ich jetzt in eine vollkommen neue Lage: Ich erzählte meinem Mann, was Sache ist, versprach, ab nun würde der Haushalt zur vollen Zufriedenheit laufen. Mein Mann beklagte sich jedoch über den nicht optimal funktionierenden Haushalt, doch war er nichts anderes gewöhnt, ich bin ja täglich mehrere Stunden unterwegs gewesen, und so blieb für die Hausarbeit kaum noch Zeit. Ich wollte ihm also eine Freude bereiten mit der Mitteilung – nunmehr viel mehr Zeit und Energie für den Haushalt zu haben, was resultierte, war ein ständiges Kontrollieren bzw. ein Kaputtmachen all der Sachen, die ich brachte und die noch im Haus gelagert waren. Mein Mann hinderte mich laufend, und so konnte ich nicht, wie ich eigentlich vorhatte, die Haufen, die sich im ganzen Haus ansammelten, abbauen, es blieb alles, wie es war. Im Februar 1997 kam ... das Ordnungsamt, ich versprach zu räumen. Um Zeit und Bewegungsfreiheit zu haben, suchte ich meine Hausärztin auf und bat sie, meinem Mann – der auch tagsüber oft zu Hause war und mich störte – die Auflage zu machen, mich täglich von 08.00 Uhr bis 17.00 Uhr nicht zu stören, mir nicht dreinzureden. Die Hausärztin erklärte mir, sie könnte dies für mich nicht regeln, ich müsste mich mit meinem Mann selbst arrangieren. Hingegen meinte sie, es wäre vernünftig, wenn ich für einige Wochen ins Bezirkskrankenhaus ginge, damit mein Mann in dieser Zeit unser Haus entrümpeln kann."

Ihre Hausärztin wird später Folgendes aussagen:

„Die Patientin erscheint in Begleitung ihres Ehemanns. Er beklagt sich, wobei er schon ziemlich resigniert wirkt, dass seine Ehefrau alles aufhebe, alles noch brauchen könne. Sie fragt trotzig, ob ihr Ehemann das Recht habe, ihr alles wegzunehmen. Sie müsse immer mehr aufpassen und habe daher auch keine Zeit mehr (auf Frage hin) sich zu waschen."

Zu ihrer Ehe gibt Inge an, dass sie 1976 mit 28 Jahren ihren späteren Ehemann über eine Kontaktanzeige kennen gelernt hatte und später – gleich beim ersten Intimverkehr – schwanger geworden war.

„Die Ehe mit meinem Mann würde ich bis etwa 1990 insgesamt als gut bezeichnen. In den ersten Jahren war ich immer körperlich erschöpft – die aufeinander folgenden Schwangerschaften zehrten an mir, die drei kleinen Kinder erlebte ich als klare Überforderung. Mein Mann, der ja die Metzgerei aufgab, war bereits als Vertreter tätig, er kam tagsüber sehr oft nach Hause, damals störte mich das noch nicht, da kannte ich noch nicht die Entrümpelung. Es war gerade um die Zeit unseres Umzugs. ... Im November 1981, als ich zufällig in eine Straße geriet, wo eine Entrümpelungsaktion stattfand. Ich sah vor einem Haus einen Haufen mit Spielzeug, als ich am gleichen Nachmittag wiederkam, war das Zeug aber schon weg. So erfuhr ich überhaupt von Entrümpelungsaktionen, gewöhnte mir an, in der Zeitung zu verfolgen, wo und wann solche Entrümpelungen stattfinden. Anfangs begleitete mich mein Mann sogar zwei-, dreimal, dann war es ihm zuwider, ich ging alleine. Ich glaube, er hat nie so recht realisiert, dass das viele Gerümpel zu Hause aus dieser Quelle entstammte. Da ich die Sachen bald in Umlauf brachte bzw. bei meiner Schwester lagerte, bekam er das alles nicht so recht mit, erst als die Entrümpelungsdaten nicht mehr im Lokalanzeiger veröffentlicht wurden und ich ihm zu erklären versuchte, damit sei jetzt Schluss, realisierte er die Sachlage und war sehr erzürnt, das dürfte etwa 1986/87 gewesen sein. Ab dem Zeitpunkt ging er ständig auf meine mitgebrachten Sachen los, störte und hinderte mich bei der Verarbeitung, zerstörte Sachen, verschmutzte sie, verfolgte und kontrollierte mich auf Schritt und Tritt, ich hatte keine freie Minute mehr für mich."

Inges Sammelleidenschaft, ihr Zwang oder Wahn, fraglich Wiederverwertbares zu sammeln, um es noch zu nutzen oder weiterzuverkaufen, wächst über die Jahre. Dutzende, wahrscheinlich hunderte von Säcken werden im Haus der Familie aufgestellt. Manche Zimmer sind nicht mehr zu betreten. Selbst das Ehebett soll teilweise mit Müllsäcken zugestellt gewesen sein. Man kann sich vorstellen, welche enormen Auseinandersetzungen dies nach sich gezogen hat. Über den Mann erfährt man von Inge und aus den Aktenunterlagen auch im Nachhinein wenig. War er gutmütig, jähzornig, gab es Auseinandersetzungen? Auch nach der Tat verliert Inge kein böses Wort über ihren Mann, aber es wird deutlich, dass er ihrer Sammelleidenschaft ablehnend gegenüberstand. Es muss Auseinandersetzungen gegeben haben.

Dazu Inge:

„Gut, ich habe auch meine Fehler, wahrscheinlich wurde mein Mann dadurch gereizt, weil ich alles zu genau machen wollte und daher zu umständlich seiner Meinung nach. Trotz meiner Arbeitsweise bin ich mir sicher, dass ich alles geschafft hätte, wenn er mich in Ruhe gelassen und nicht so oft gestört hätte. Das Hauptproblem war seine ungeregelte Arbeitszeit, ich musste immer aufpassen, wann er gerade kommt. War er da, ließ ich alles stehen und liegen, versuchte die Zeit durch belangloses Geschwätz zu überbrücken, so blieben eben meine Berge unaufgeräumt. Schließlich traute ich mich kaum noch außer Haus – ich fürchtete, wenn er heimkommt während meiner Abwesenheit, würde er alles klitzeklein schlagen bzw. wegschaffen. Ich entschloss mich also, um unsere Finanzen etwas zu verbessern, mit dem Zeitungsaustragen zu beginnen. ... Mit dem Zeitungsaustragen begann ich etwa 1988 – von Beginn an nutzte mein Mann meine Abwesenheit aus, um alle meine Depots durcheinander zu bringen bzw. Sachen wegzuschaffen. So konnte ich meiner Tätigkeit bis zum Schluss nicht durchgehend nachgehen; eine Zeit lang sauste ich nach Hause und schaute, ob er wieder was anrichtete. ... Die letzten Jahre verbrachte ich nur noch damit, all das zu reparieren, was er verpfuscht hat. ... Gelitten haben auch die Kinder – infolge meines Chaos zu Hause konnte praktisch kein Fremder ins Haus; bestand die ‚Gefahr‘, dass trotzdem jemand kommt, so habe ich in einer Blitzaktion den Gang ‚entrümpelt‘, alles ins Schlafzimmer geworfen, später transportierte ich alles wieder in den Gang. ... Eine dramatische Zuspitzung ereignete sich bereits etwa 1993, als mein Mann mal richtig auf mich losging, mich auf den Kopf schlug. Die Hausärztin attestierte eine nicht unerhebliche Verletzung, verschrieb mir ein Medikament. Diese Tabletten habe ich nicht genommen, stattdessen tat ich in der Folgezeit meinem Mann des öfteren eine solche Tablette ins Bier, in der Hoffnung, ihn damit ‚sprechwillig‘ zu stimmen, ich wollte erzwingen, dass er sich mit mir vernünftig auseinandersetzt und wir einen Kompromiss schaffen. Zu dieser Zeit hatte ich auch erstmals die Phantasie, ihn über mehrere Wochen zu fesseln; ich wollte mir damit einen Freiraum schaffen, um mein Zeug in Ruhe wegzuschaffen, ich hätte ihn so lange gefesselt gelassen, bis er gesprächsbereit gewesen wäre. ... Ich habe es auch einige Male versucht, als er unter dem Tabletteneinfluss war, es gelang mir nicht. Am nächsten Morgen, wenn er wieder ganz wach war, schlug er alles zusammen."

Hier klingt schon Inges wirr wirkender Tatplan an. In ihr wächst die Überzeugung, ihren Ehemann festbinden zu müssen, um ihm dann die Zusage abringen zu können, ihr freie Hand zu lassen, zumindest die Müllsäcke zu entsorgen. Mehrfach gibt sie ihrem Mann Beruhigungsmittel ins Bier, ihr Plan, ihn festbinden und überreden zu können, scheitert aber jedes Mal – bis zum Tattag. Es klang oben schon an: Vom Ordnungsamt gab es drohende Nachfragen, wann das vermüllte Haus, in dem es einmal schon brannte, wieder aufgeräumt wird. Inge steht dem Drängen sehr ablehnend gegenüber: Einem Gutachter berichtet Inge, dass sie einmal versucht habe, ihren Mann auch ohne Tabletten anlässlich eines Silvesterfestes festzubinden. Als dies fehlschlägt, wartet sie ein weiteres Jahr auf das nächste Silvester, weil er da später ins Bett geht und schneller müde wird. Auch dieser Versuch scheitert, ihr Ehemann schlägt alles kaputt. Kaum vorstellbar, dass es danach keine Auseinandersetzungen zwischen den Eheleuten gegeben hat. Inge schildert das jedenfalls so, und auch von den Kindern ist nichts Gegenteiliges zu erfahren.

„Bei meiner Sammelware handelte es sich auch nicht um Müll, sondern ich glaube man kann schon sagen: um Handelsware. Ich verkaufte zum Beispiel an Secondhand-Läden, meine Tätigkeit war somit mit einer Geschäftstätigkeit vergleichbar. Genauer gesagt, beruhte meine Art Geschäftstätigkeit auf dem heutigen Recyclingprinzip – Sperrmüllverwertung, denn die Recyclinghöfe verkaufen ebenfalls die noch brauchbaren Sachen und machen Geld damit. Da ich das Recycling jedoch als ‚Selbstständige' betrieb, bedeutete es finanzielle Einbußen, wenn man daran gehindert wird, seinem Recycling, Verwerten und Verkaufstätigkeit, nachzugehen, zumal ich ohne zwingenden Grund daran gehindert wurde, da eine andere Möglichkeit gegeben war, diesem unserem Problem Herr zu werden (statt einer Geschäftsauflösung; denn wenn ich mein Sammlergut einfach hätte wegschmeißen lassen, wäre das einer Geschäftsauflösung gleichgekommen), nämlich mir nur zuzugestehen, dass ich die dazu vorhandene Zeit zum Verwerten optimal nutzen kann. Mit diesem meinem Vorhaben wäre es zu dem gleichen Ergebnis gekommen, das mein Mann anstrebte, nämlich; dass die Sachen außer Haus gekommen wären. Nur zu einem späteren Zeitpunkt. Dass dies möglich gewesen wäre, werden Sie bezweifeln aufgrund der Fotos, die in den Gerichtsakten zu sehen sind. Doch die Menge erscheint deshalb so enorm, da die Kleidungsstücke nicht zusammengefaltet sind und daher wesentlich mehr Platz einnehmen, sodass (die Menge) viel mehr ausschaut, als sie in Wirklichkeit ist, und außerdem in diesem Zustand leicht als Müll durchginge, was zu vergleichen wäre mit einem gepackten Koffer, den man auskippt. Dieser Berg, der daraufhin entsteht, gleicht dann einem Müllhaufen, vor allem wundert man sich, dass dies in einem Koffer war. In meinem Fall war es mein Mann, der alles übereinander geworfen hat, und zwar zu dem

Zweck, diese Sachen nun auf den Müll zu bringen, als es zu einem Brand kam. Dadurch kam es zu dieser Müllmenge."

An anderer Stelle sagt sie: „Und wenn mein Mann Sachen wegbrachte, handelte es sich stets um die noch brauchbaren, neuwertigen Sachen, weil die Sachen, die in den Müll gehört hätten, hinter den brauchbaren gelagert waren, an die man aber erst kommen konnte, wenn man die noch brauchbaren verwertet gehabt hätte. Mir war sehr gelegen, die dazu vorhandene Zeit optimal nützen zu können und die unnützen Störungen meines Mannes nicht noch länger hinzunehmen – und weil ich mich in meinem Lösungssystem nicht beirren ließ."

Am Tatabend gelingt es Inge schließlich, ihrem Ehemann noch einmal Beruhigungsmittel ins Bier zu mischen. Wieder verfolgt sie den Plan, ihn festzubinden, um ihm dann einen Kompromiss abzuringen, der ihr „ihre Nebentätigkeit" erlaube. Tatsächlich schläft der Mann zunächst ein, ist aber wohl nicht so betäubt, dass Inge ihn am Sessel festbinden kann. Er steht wieder auf, vielleicht irrt er umher, legt sich wieder hin. Inge hat Angst, ihr Plan könne scheitern. Unbedingt will sie ihren Mann für einige Zeit „aus dem Verkehr ziehen". Inge hat in einem Roman gelesen, dass man mit einem Schlag auf den Kopf jemanden kurzfristig bewusstlos machen könne. In ihrer Verzweiflung holt sie eine Bierflasche, schlägt dem unruhigen Mann zweimal auf den Kopf. Einer Platzwunde misst sie anscheinend keine große Bedeutung bei. Trotz der blutenden Wunde steht ihr Mann noch einmal auf, legt sich aber wieder ins Bett. Sie sperrt die Tür zu, damit er nicht wieder randalieren kann, und wähnt ihn schlafend. Einige Zeit später sieht sie wieder nach ihm und stellt fest, dass er tot ist, wohl schon erkaltet. Noch Jahre später hält Inge daran fest, dass sie in diesem Moment nicht mehr gewusst habe, was sie tun solle. Den halbwüchsigen Kindern gegenüber will sie die Tat in jedem Fall vertuschen, so tun, als ob ihr Mann mit unbekanntem Ziel weggegangen sei. Sie meint, sie habe vor den Kindern nicht so dastehen wollen, als hätte sie den Vater getötet.

Es ist Nacht. Die schmächtige Frau schleppt die Leiche ihres wesentlich schwereren Ehemanns in den Keller, versteckt ihn dort zunächst hinter einigen Müllsäcken. Die Kinder geben später eine Vermisstenanzeige auf. Als Inge allein ist, geht sie noch einmal in den Keller zur Leiche ihres Mannes. Aus der Küche hat sie eine Art Fleischklopfer genommen. Kaum fassbar, was dann passiert: Sie trennt mit einem Küchenbeil alle vier Gliedmaßen und den Kopf ab, zerstückelt ihren toten Mann, „arbeitet im Dunkeln, ohne Licht". Es soll eine Stunde gedauert haben, bis die Leiche zerlegt war. Sie steckt die Leichenteile in Säcke und bringt sie weg, wirft sie in der Umgebung in Müllcontainer. Die Leichenteile werden nie gefunden. Eine bizarre Analogie: Die Leiche des Mannes wird als Müll entsorgt.

Die Tat verschleiert sie zunächst, gibt sie auch den Kindern gegenüber nicht zu. Erst auf insistierenden, drängenden Druck und Nachfrage der Kinder gesteht Inge schließlich die Tat. Jahre später bereut sie dies noch immer – sie meint, man hätte ihr wohl nie etwas nachweisen können. Im nüchternen Abschlussbericht der zuständigen Kriminalpolizei liest sich die Tat so:

„Die Beschuldigte sammelt jetzt seit vielen Jahren Müll. Dies war zwischenzeitlich so schlimm, dass das gesamte Haus vollgestellt war. Lediglich das Wohnzimmer wurde davon freigehalten, was aber das Verdienst des Geschädigten war. Circa 1000 volle Müllsäcke dürften es noch – niedrig gerechnet – sein. Das ganze Haus ist verwahrlost und ihre ganze Leidenschaft besteht aus Müllsammeln. Diese ‚Müllsammelei' führt auch ständig zu Streitereien zwischen den Eheleuten. Es kam des öfteren zu verbalen Auseinandersetzungen. Wenn der Beschuldigten die Meckereien ihres Mannes nicht passten, kam es auch schon vor, dass sie ihm Beruhigungstabletten in das Bier mischte, damit er einschlief und sie sich in Ruhe um ihren Müll kümmern konnte. ... Das Ehepaar schlief auch schon seit mehreren Jahren nicht mehr zusammen im gemeinsamen Schlafzimmer. ... Am Donnerstag, den ..., gegen 19.00 Uhr war es wieder einmal so weit, dass das Ehepaar stritt. Die Beschuldigte fühlte sich in ihrer ‚Schaffenskraft' durch den Geschädigten beeinträchtigt. Er soll sich nach ihren Angaben ‚in ihre Arbeit eingemischt haben'. Das habe ihr derart gestunken, dass sie sich entschloss, ihm wieder einmal Schlaf-/Beruhigungstabletten in sein Bier zu mischen. Sie nützte einen unbeobachteten Moment aus und nahm aus ihrer Schürzentasche ein kleines Marmeladenglas, in dem sie ca. 20 zerdrückte Schlaf-/Beruhigungstabletten aufbewahrte. Sie kippte die Tabletten in das Bierglas und rührte um, damit sich diese nicht am Boden absetzten. Als der Geschädigte einen kräftigen Schluck genommen hatte, musste er etwas gemerkt haben. Er fragte seine Frau: ‚Hast du mir was ins Bier rein?' Die Beschuldigte antwortete ihm aber nicht und ging nach draußen. Später ging der Geschädigte in die Toilette und machte eine Mundspülung. Er machte ihr auch keine Vorwürfe, ging in den Garten und schlief ein. Nach einigen Stunden ging er in das Schlafzimmer und legte sich ins Bett. Die Beschuldigte wartete schon darauf. Sie hatte bereits ein Wäscheseil unter dem Bett bereit gelegt und begann damit, den Geschädigten ans Bett zu fesseln. Sie wollte damit erreichen, dass sie von ihm in ihrer ‚Arbeit' nicht gestört wird. Sie will die ganze Nacht neben dem Bett gestanden und auf eine günstige Gelegenheit gewartet haben, ihn noch fester mit allen Gliedmaßen anzubinden. Angeblich ergab sich dazu aber keine Gelegenheit. Am Freitag, den ..., gegen 06.00 Uhr, wachte der Geschädigte auf und befreite sich selbst von den Fesseln. Er soll noch zu ihr gesagt habe: ‚Du gehörst in die Psychiatrie.' Dann lief er ins Esszimmer, und später ging er wieder ins Bett. Vermutlich stand der Geschädigte immer noch unter dem Einfluss der Schlaf-/Beruhigungstabletten. Kurze Zeit später verließ die Tochter ... das Haus. Es war außer der Beschuldigten und dem Geschädigten nur noch der Sohn ... da, der allerdings schlief; er hatte Urlaub."

Zur Tatausführung wird in dem Polizeibericht festgehalten, dass die Beschuldigte sich ungestört fühlte und aus dem Keller eine volle Flasche Mineralwasser holte. Ihr Mann schlief wieder tief und fest.

„Die Beschuldigte hatte den Entschluss gefasst, ihren Mann mit der Wasserflasche bewusstlos zu schlagen, damit sie ihn in aller Ruhe fesseln kann. Sie brauchte mehrere Anläufe und will ca. eine Stunde vor dem Bett gestanden haben. Sie hat auch mehrmals probiert, zuzuschlagen, schaffte es aber nicht. Als es immer heller wurde, kam sie unter Zeitdruck, es ging ihr im Kopf herum, dass sie so schnell keine Tabletten mehr bekommen könnte und dann alles umsonst gewesen wäre. Deshalb fasste sie die Wasserflasche mit beiden Händen und schlug sie ihrem Mann auf den Hinterkopf. Der Geschädigte richtete sich mit dem Oberkörper auf und sagte zu ihr: ‚Was machst du denn? Spinnst du jetzt total?' Daraufhin schlug sie noch einmal mit der Flasche zu, da ihr Mann noch nicht bewusstlos war. Dann will sie Panik bekommen und noch zweimal zugeschlagen haben. Sie sah jetzt, dass ihr Mann blutete, bekam es mit der Angst zu tun und verließ das Schlafzimmer. Anschließend ging sie ins Wohnzimmer und legte sich schlafen. Irgendwann später begab sich die Beschuldigte ins Schlafzimmer, um nach ihrem Mann zu sehen. Sie hörte ihn schnarchen, sah aber nicht nach ihm und versperrte die Schlafzimmertüre. ... Die Schlafzimmertüre hielt die Beschuldigte den ganzen Tag versperrt, damit die Kinder ihren Vater nicht finden. Sie hatte immer wieder Ausreden und sperrte nicht auf. Die Kinder gaben sich damit zufrieden. Irgendwann im Laufe der Nacht vom Freitag ... auf Samstag ... ging die Beschuldigte ins Schlafzimmer. Sie machte kein Licht und stellte fest, dass ihr Ehemann tot war. Jetzt überlegte sie sich, dass sie ihren Ehemann wegschaffen müsse, dies aber ‚im Ganzen' nicht zu schaffen war. Sie entschloss sich nun, den Körper zu zerstückeln, damit sie ihn leichter beseitigen konnte. Die Beschuldigte ging zum Bett, packte ihren Mann unter den Armen und schleifte ihn aus dem Schlafzimmer zur Treppe. Dort legte sie unter seinen Körper eine gestreifte Liegestuhlauflage, damit er besser rutscht und es keinen Lärm macht. Dann zog sie ihn die Treppe runter und brachte ihn auf diese Art und Weise in den Keller. Der Keller war übervoll mit Müllsäcken, sodass es für die Beschuldigte einfach war, den Leichnam ihres Mannes zu verstecken. Anschließend legte sie sich schlafen. Ihr kam der Gedanke, dass sie zum ‚Zerlegen' des Leichnams Messer nehmen könne. Sie besorgte sich aus der Küche verschiedene Messer und ein ‚Hackerla' (Fleischklopfer mit Beil). Etwa eine Stunde probierte sie und fing mit den Beinen an. Sie schnitt diese oberhalb der Oberschenkel an und schlug dann mit dem Hackerla die Knochen durch. Als dies geschehen war, steckte die Beschuldigte die beiden Beine in einen Müllsack. Als sie feststellte, dass die Beine zu lang für den Müllsack waren, begab sie sich damit in das Wohnzimmer. Dort legte sie Schaumgummi auf den Boden und zerteilte die Beine in kürzere Stücke. Als die Beschuldigte dies geschafft hatte, verstaute sie die Einzelteile in einen Müllsack und trug sie wieder in der Keller. Dann fing sie mit dem Abtrennen der Arme an, zunächst an der Schulter, dann in den Ellenbogen, dann an den Handgelenken. Als dies auch geschafft war, musste der Kopf noch abgetrennt werden. Da es die Beschuldigte grauste, auf den Kopf zu langen, nahm sie ein Stück Stoff und deckte den Kopf damit ab. Sie hielt den Kopf an der Stirn fest und fing an ihn vom Rumpf abzuschneiden. Nach ihren Angaben ging dies leichter als bei den anderen Gliedmaßen. Schließlich verpackte sie Einzelteile und steckte sie in Kleidersäcke. Diese musste sie teilweise mit alten Bett-Tüchern auspolstern, damit die Knochen, die herausstanden, den Plastiksack nicht durchstachen und herausschauten. ... Später holte sie dann ein Handwägelchen. Auf diesen stellte sie eine Kinderbadewanne aus Plastik und legte die Leichenteile ihres Mannes hinein. ... Noch in der gleichen Nacht fuhr die Beschuldigte ihre makabere Fracht zum nahe gelegenen Großmüllcontainer in die

XY-Straße. Die Beschuldigte nahm vorhandene Abfalltüten hinaus, warf ihre hinein und legte die anderen Abfalltüten wieder darauf. Wieder zu Hause beseitigte die Beschuldigte die Spuren ihrer Tat. … Am Samstag, den …, ließ sie ihre nachfragenden Kinder in dem Glauben, dass der Vater ‚spurlos verschwunden ist'."

Eindrücke der Gutachter

Bei der ersten Begutachtung gibt Inge der Gutachterin gegenüber Folgendes an:
„Da der Termin vom Ordnungsamt immer wieder näher rückte, kam mir die Idee, dass ich noch Tabletten besaß. Ich ließ zwar mindestens fünf Gelegenheiten verstreichen, weil ich mich zu schwach fühlte. Erst als mein Mann äußerte, dass er die nächste Zeit Limo statt Bier trinke, bedeutete das für mich einen letzten Termin. … Wie in Trance schüttete ich das Medikament ins Bier. Ich hatte ja immer noch trotz dieses Gelingens die Möglichkeit, vom Anbinden abzulassen, nur wäre dann die Besorgung der Tabletten umsonst gewesen, und da diese nicht so leicht zu bekommen, schwer zu beschaffen sind, es diesmal auch geklappt hatte, dass er es getrunken hat, nahm ich doch noch einmal die nötigen Strapazen auf mich, denn es musste endlich was getan werden, um das Chaos zu beseitigen. Ich will mir damit nichts aneignen, sondern nur etwas in Ordnung bringen, und zwar ein besseres, vollkommenes Familienleben garantieren. Es kam zwar die Überlegung, den größten Teil doch wegzuwerfen, aber das war auch keine Lösung. Ich brauchte die Sachen zur Motivation, als Leistungsantrieb …

Aus heutiger Sicht wünschte ich, dass es mir nie gelungen wäre, ihm das Mittel ins Bier zu mischen, was damals nach etlichen anderen Versuchen, die ja alle scheiterten, als einzige Möglichkeit noch geblieben war und mir als das wichtigste Ziel erschien. Ich würde alles darum geben, wenn ich es ungeschehen machten könnte. Vor allem für meinen Mann tut es mir so Leid. Er hätte sicher noch gerne weitergelebt. Sobald ich daran denke, geht es mir so schlecht, dass ich nicht mehr die leichteste Arbeit fertig bringe. Mich schüttelt 's, wenn ich an das Schauderhaft-Schreckliche denken muss. Es schnürt mir die Kehle zu, nimmt mir fast jeden Atemzug. Dabei wollte ich doch, schon die ganzen Jahre lang, mit meinem Tun nur erreichen, dass der Haushalt in Ordnung kommt und auch die Kinder beruhigt ihre Freunde mit nach Hause bringen können."

Inge schreibt später in einem Brief an einen anderen Gutachter:

„Zum Tathergang möchte ich noch anmerken, dass, als ich die Entscheidung traf, zuzuschlagen, ich mich zu diesem Zeitpunkt in einem übermüdeten Zustand befand (sodass man nicht mehr in der Lage ist, mit der nötigen Sorgfalt vorzugehen), da ich eine Nachtwache hinter mir hatte. Und da ich es die ganze Nacht über nicht geschafft hatte, meinen Mann zu fesseln, lastete ein enormer Zeitdruck auf mir, da ja meine Kinder bald aufstehen würden und ich nicht unverrichteter Dinge aufgeben wollte. Dazu möchte ich ein Zitat anfügen, das ich mir aus einem Brief notierte, und zwar: ‚Der enorme Druck lässt einen dann Handlungen begehen, die meist nicht richtig sind.' Und das wurde auch mir zum Verhängnis. ...

Jetzt würde ich mir eine Handlung nicht mehr zugestehen, wenn ich mir einer Sache nicht ganz sicher bin. Wenn ich nach meinem Empfinden gehandelt hätte, hätte ich nicht mit der Flasche zugeschlagen. Doch da ich mir erfahrungsgemäß nur nichts zutraue, obwohl etwas machbar ist, verwarf ich meine Bedenken wieder und vertraute in dem Moment dann doch dem Gelesenen. Vielleicht auch, weil diese Idee mir sehr gelegen kam, mein Ziel damit doch noch erreichen zu können. Also während der darauf folgenden Bewusstlosigkeit es doch noch zu schaffen, meinen Mann zu fesseln. Aber ich war schon viel zu müde dazu, kann ich mich erinnern, um diese Frage zu überdenken ...

Da mir stets vorgeworfen wird, dass mein Nachtatverhalten (Zerstückelung) besonders verwerflich sei, ich deshalb eine äußerst gefühllose Person sein muss, möchte ich dazu folgendermaßen äußern: Zum einen befand ich mich in einer Notsituation. Ich war sozusagen dazu gezwungen, wenn ich verhindern wollte, dass meine Kinder ihren Vater so sehen, also tot, und da ja ohnehin nichts mehr zu retten war, entschloss ich mich, allerdings erst nach drei Tagen, dazu, als ich keine andere Wahl mehr hatte – entweder ich tu dies, oder meine Kinder werden ihn so zu sehen bekommen. Vielleicht kommt mit dieser Vorgehensweise auch mein stets zweckgebundenes Handeln durch. Aber wenn schon ... nichts mehr zu machen ist, dann wenigstens dies noch damit bezwecken. Ich würde sagen, meine Tat ist zwar verwerflich und wirklich das Letzte und Entsetzlichste, das es überhaupt gibt. Aber es liegt trotzdem deshalb keine psychische Erkrankung bei mir vor, da auch andere mit dem gleichen Delikt und einem solchen Nachtatverhalten im Gefängnis sind. Auch dass es zu einer psychischen Erkrankung kommen kann. Dazu ist schon einmal folgende Voraussetzung: Sie muss genetisch bedingt sein, was für mich nicht zutrifft, oder eine Verletzlichkeit gegeben sein, sodass man oft bei einer relativ geringen Anforderung bereits ins Trudeln gerät. Ich aber kann gut mit Stress umgehen, und je mehr Arbeit ich habe, desto lieber ist es mir, während eine, bei der wirklich eine psychische Erkrankung vorliegt, ihr schon zwei Stunden Arbeit täglich zu viel sind und sie sich dadurch gestresst fühlt. Selbst eine Affektverflachung liegt bei mir nicht vor (Antriebsminderung schon gleich gar nicht). Dass ich leicht über meine Tat hinwegkommen würde, ist nicht der Fall. Ich verdränge nur, was mich bedrängt (was mich viel Kraft kostet), damit ich nicht daran zerbreche und in dem Fall meinen Kindern für eine längere Dauer ... Heimkosten verursachen würde. Über ein schreckliches Ergebnis (Zweiter Weltkrieg) schrieb danach jemand: ‚Schrecken und Schmerz gab es im Übermaß. Doch das Gedächtnis ist rasch gelöscht durch andere Sorgen.' Bei mir die Sorge um meine Kinder. ... In einem Bericht wurde die Prinzessin Stephanie von Monaco charakterisiert, die ebenfalls vom Sternzeichen her Wassermann ist, und zwar: ‚Sie ist leidenschaftlich, ungezügelt und dickköpfig. Wenn sie sich etwas in den Kopf gesetzt hat, gibt es kein Wenn und Aber. Egal wie verrückt die Vorhaben auch sein mögen und egal was die Welt darüber denken könnte. Wenn sie unbedingt etwas will, lässt sie sich dafür Tricks einfallen, die es wahrlich in sich haben.'

Was Rosamunde Pilcher sagte, hat auch mich angesprochen. Traf vielleicht auch auf mich zu. Was bei ihr das Schreiben war, war bei mir das Sammeln, und zwar: ‚Eine Frau braucht Freiraum, in dem sie sich verwirklichen kann. Am Anfang schrieb ich des Geldes wegen. Dann wurde Schreiben für mich lebensnotwendig. Es bot mir einen Freiraum und finanzielle Unabhängigkeit. Wenn ich nicht schreiben könnte, wäre ich verzweifelt und leer. Ich weiß nicht, was passiert wäre, wenn ich diese Arbeit aufgegeben hätte. Sie gab mir Selbstwertgefühl und Antrieb. Mein Glück war immer das Schreiben.' In meinem Fall jeweils das Sammeln."

Es ist erstaunlich, wie wortgewandt und differenziert sich Inge, die, wie wir später noch sehen werden, auf den ersten Blick einen auch intellektuell sehr einfachen Eindruck macht, schriftlich äußern kann.

Die Ermittlungen gegen Inge werden mit Akribie geführt, diskrete Spuren der vergossenen Blutstropfen genaustens untersucht. Zeugen der Tat gibt es nicht.

Erwähnenswert ist eine Zeugenaussage ihrer ältesten Tochter, die Folgendes mitteilte:

„Vor längerer Zeit, es könnte etwa vor zwei Jahren gewesen sein, hörte ich von meinem Bett aus meinen Vater zur Nachtzeit um Hilfe rufen. Mein Bruder ... und meine Schwester ... sowie ich selbst gingen vom ersten Stock unseres Hauses nach unten ins Wohnzimmer. Wir sahen, dass meine Mutter meinen Vater am Sessel im Wohnzimmer festgebunden hatte. Wir gingen sofort zu meinem Vater hin und befreiten ihn und fragten damals auch meine Mutter, warum sie meinen Vater gefesselt hat. Sie erklärte, dass sie das Haus aufräumen möchte und Vater nur stören würde. Außerdem würde er ihre Sachen kaputt machen. Damit meinte sie die Altkleider, die Kinderspiele usw. Diese Sachen hatte sie im Lauf der Zeit von irgendwelchen Containern und Entrümpelungen angeschleppt. Meine Eltern haben sich öfters gestritten, weil meine Mutter einfach irgendwelche alten Sachen, die andere Leute weggeworfen haben, nach Hause brachte. Diese Sachen haben sich im Laufe der Zeit in den Zimmer gestapelt."

Ein Leben für den Müll

Inge wird im Januar 1946, wenige Monate nach Kriegsende, in einem bayerischen Dorf geboren. Ihr Vater ist ein Kriegsgefangener aus dem Balkan, der als Zwangsarbeiter auf dem Hof der Großmutter mütterlicherseits arbeitet. Mehr weiß Inge über ihren Vater nicht. Die Mutter ist bei der Geburt 19 Jahre alt. Hat sie unter der unehelichen Geburt gelitten, gab es Schwierigkeiten mit ihren Eltern? Wenn ja, berichtet Inge hiervon nichts. Inge wird auf dem Hof der Eltern geboren, eine Hebamme hilft. Es handelt sich um eine Zwillingsgeburt. Inge wächst mit ihrer eineiigen Zwillingsschwester zusammen auf. Von einer psychischen Störung der Zwillingsschwester ist nichts zu erfahren, was einer der Gutachter wegen der Vererblichkeit von Geisteserkrankungen, speziell schizophrener Psychosen, als Gegenargument für deren Vorliegen bei Inge wertet – kein ganz zwingendes Argument, denn selbst bei eineiigen Zwillingen liegt keine hundertprozentige Wahrscheinlichkeit des gleichzeitigen Auftretens vor. Nervenleiden, psychische

Erkrankungen sind in der Familie nicht bekannt. Der Großvater mütterlicherseits erfriert allerdings mit 42 Jahren in betrunkenem Zustand. Über eine mögliche Alkoholkrankheit ist nichts bekannt.

Von Inge ist zu erfahren, dass ihr leiblicher Vater die Mutter mit in sein Heimatland nehmen wollte, Inge wollte aber ihre Mutter auf dem Hof nicht alleine lassen. Von den fünf Brüdern der Mutter lebten drei noch auf dem Hof, die anderen beiden waren im Krieg gefallen. Inges Mutter, das jüngste Kind und die einzige Tochter, macht sich wohl Hoffnungen auf den Hof, auch im Hinblick auf die uneheliche Zwillingsgeburt. Der Hof geht aber später an einen ihrer Brüder. Inges Mutter arbeitet in einer Fabrik, hat nur wenig Zeit, sich um die Kinder zu kümmern, geht mit ihnen aber regelmäßig in die Kirche. Nach allem, was wir wissen, war der Lebensstandard in Inges Familie einfach, wenn nicht: spartanisch – was wohl auch in emotionaler Hinsicht gilt.

An körperliche Berührungen, Zärtlichkeiten durch die Mutter, kann sich Inge kaum er erinnern. Die Mutter bleibt partnerlos bis zu einer Eheschließung im 39. Lebensjahr. Zu diesem Zeitpunkt sind die Zwillingsschwestern schon aus dem Hause.

Mit 6 Jahre wird Inge eingeschult, besucht die Volksschule mit recht guten Noten. Nicht überraschend sollen die Noten der Schwester identisch gewesen sein. Beide sind brave Schülerinnen, machen im Unterricht und in der Schule keine Schwierigkeiten. Später erreichen sie auch in der Berufsschule gute Noten.

Mit 14 Jahren kommt Inge mit ihrer Schwester als Haushaltsgehilfin in das Novizen-Seminar eines geistlichen Ordens. Dort arbeitet sie fünf Jahre lang als Haushaltshilfe, besucht die Berufsschule, am Sonntag kommt die Mutter zu Besuch. Mit 19 zieht sie nach München, übernimmt eine Stelle als Pfarrhaushaltsgehilfin und bleibt auch dort fünf Jahre lang. Dann bekommt sie auf Vermittlung der Schwester eine Lehrstelle als Arzthelferin, die sie erfolgreich abschließen kann. Sie arbeitet einige Zeit in einer Apotheke.

Mit 28 Jahren entschließt sich Inge, eine Kontaktanzeige aufzugeben. Ihr späterer Mann meldet sich, sie lernt ihn kennen. Gleich beim ersten Geschlechtsverkehr – der erste überhaupt – wird Inge schwanger. War sie verliebt? Inge schildert ihre Ehe nüchtern, will aber ihren Mann aus Liebe geheiratet haben, mit 29 Jahren. Drei Kinder kommen zur Welt: Die älteste Tochter wird Fachangestellte, der ein Jahr jüngere Sohn Kommunikationselektroniker, die wiederum zwei Jahre später geborene Tochter studiert Betriebswirtschaft. Inges Mann ist Metzgermeister, leitet eine Filiale in einer fränkischen Großstadt. Zusammen mit ihrem Ehemann erwirbt sie ein Haus. Er arbeitet später als Handelsvertreter, das Einfamilienhaus ist nach einigen Jahren schuldenfrei.

Inge selbst hat kein eigenes Einkommen, ihr Mann verwaltet sämtliches Geld. Sie erhält auch kein Haushaltsgeld. Einmal in der Woche fährt man zusammen zum Großeinkauf, der Mann soll auch darin sehr bestimmend gewesen sein und führt die Einkäufe ganz alleine durch. Inge sitzt zu Hause ohne Barmittel, weiß auch nicht, wie sie an Geld kommen soll. Auch wenn Inge dies nicht so berichtet, muss es viele peinliche Kränkungen gegeben haben: Sie kann den Postboten nicht bezahlen, muss sich Geld von ihren Kindern leihen. Geschenke macht ihr Ehemann Inge nie. Nur ganz selten fährt die Familie in Urlaub. In dieser Situation beginnt Inge mit dem Verkauf ihrer Sammlungen. Sie erreicht kleine Erlöse durch Verkauf in Secondhand-Läden. Solange die Kinder klein sind, nimmt sie diese mit zum Sammeln, später geht sie alleine los, häufig nachts. Inge erledigt alles zu Fuß, Auto fahren hat sie nie gelernt.

Welche Rolle hat Sexualität in ihrem Leben gespielt?

Inge weiß später nicht zu sagen, ob sie aufgeklärt wurde. Immerhin interessiert sie sich mit 14 Jahren erstmals für Jungs. Sie wagt einen ersten Kuss. Ihren ersten Freund hat sie, auf rein platonischer Basis, erst mit 24 Jahren. Der erste Intimverkehr, wie oben angesprochen, erfolgt mit ihrem späteren Ehemann. Ihm bleibt sie treu. Sexuelle Probleme treten in der Ehe nicht auf, Intimverkehr erfolgt bis zuletzt. Die Initiative geht meist von ihm aus.

Der Ehemann wird als jähzornig geschildert. Manchmal schlägt er sie mit der Hand. Inge erzählt, dass ihre eigene Mutter ihn gebeten habe, das zu unterlassen, und ihm Geld dafür gab (!). Wenn ihr Mann in Rage ist, packt und schubst er sie, einmal wird die Kleidung zerrissen. Die Streitereien entzünden sich meist an dem im Haus gelagerten Müll. Ihr Mann ist aber auch jähzornig, wenn er keine Aufträge als Handelsvertreter hat. Inge schildert ihn dann als unberechenbar, ohne vorwurfsvoll zu werden. Angst will sie nicht vor ihm gehabt haben. Trotz allem schildert Inge die Ehe als eher glücklich.

Schwere Erkrankungen gibt es nicht. Inge ist gesund, geht nicht zum Arzt. Auffallend ist allerdings, dass sie kaum Zähne hat. Den Besuch von Zahnärzten lehnt Inge auch in den Jahren der psychiatrischen Unterbringung strikt ab, verweist auf die Kosten, meint an anderer Stelle, sie könne ohne Gebiss besser essen als mit. Auch in diesem Punkt bleibt Inge beratungsresistent.

Die Begutachtung

Inge wird im Lauf der Jahre mehrfach begutachtet werden. Ein erstes ausführliches Gutachten wird von einer erfahrenen Gerichtspsychiaterin zur Frage einer bei ihr vorliegenden psychischen Störung und einer möglichen Unterbringung im Maßregelvollzug erstellt.

Zum Untersuchungszeitpunkt ist Inge vorläufig in einer psychiatrischen Klinik untergebracht. Bei der Untersuchung selbst erscheint sie wie vorgealtert, wird als klein und hager, „verhärmt-verkümmert" wirkende Patientin beschrieben. Eine körperliche oder neurologische Erkrankung im engeren Sinne findet sich nicht. Schon bei der Erstuntersuchung weist Inge auf ihr Sternzeichen Wassermann hin:

„„Bei Wassermann-Geborenen ist man vor Überraschungen nie sicher. Es wäre sinnlos, dem Wassermann sein Naturell zum Vorwurf zu machen. Sie könne es ja nicht ändern. Die Rolle des Helfers mache ihnen Freude. Der Wassermann wolle immer so unabhängig wie möglich sein. Selten geben sich Hausfrauen damit zufrieden, nur den Haushalt zu versorgen, Nichtstun, Faulsein halten Wassermann-Geborene nicht aus.'"

In dem Gutachten ist von einer „Sammelmanie" die Rede. Aus persönlichkeits-diagnostischer Sicht wird Inge als schizoid-anankastisch beschrieben, „also eine letztlich beziehungsarme und zwanghafte Persönlichkeit":

„Ihr sich widersprüchlich abzeichnendes Antriebsgeschehen ist zwanghaft-pedantisch, sparsam-sachbezogen und gleichzeitig haushälterisch-haltbedürftig ausgerichtet (im psychoanalytischen Sinne sprechen diese Merkmale für eine so genannte anal-retentive Charakterausprägung). Aufgrund der schizoid-zwanghaften Charakterstruktur bleiben die Erlebnisweisen unterschwellig, zurückgedrängt, werden weitgehend von ihr dissimuliert. ... Das Persönlichkeits-bild von Inge wird zudem wesentlich durch ihr äußeres Erscheinungsbild charakterisiert, die zierliche, verhärmt wirkende Patientin befindet sich eindrucksmäßig in einem reduziert-vorgealterten Allgemeinzustand, im körperlichen Zustand der Rückbildung, der Involution. Diese ihren Lebensentwurf einschränkenden Charakterzüge erscheinen heute zudem durch ein pathologisches Geschehen sowohl akzentuiert wie nivelliert. ... In erlebnisdynamischer Hinsicht äußert die Patientin Züge entfremdender Selbstverlorenheit, sthenischer Abwehr und scheuer Uneinsichtigkeit, das Ausmaß an Introversion, d. h. an Zurückgezogenheit, mitmenschlicher Entfremdung und weitgehender Kommunikationslosigkeit erscheint krankheitswertig. ... Das Erleben und Handeln der Frau X ist psychopathologisch im ‚Übergangsbereich zwischen Zwang und Wahn' ... angesiedelt."

Breiten Raum in diesem, wie auch in allen anderen Gutachten, nimmt die Frage ein, ob die Sammelleidenschaft oder Sammelmanie von Inge psychotisch motiviert, also Ausdruck einer chronischen Psychose (Schizophrenie) ist oder nicht. Die Frage ist außerordentlich schwierig zu beurteilen. Auch in den folgenden Jahren wird man bei Inge nie so genannte produktiv-psychotische Symptome finden, also klare Wahnsymptome oder Halluzinationen. Die Erstgutachterin geht von einer so genannten „Schizophrenia simplex", einer schleichenden Psychose ohne akute produktiv-psychotische Merkmale aus. Diese Diagnose wird selten gestellt. Die charakteristischen „negativen" Merkmale, wie Affektverflachung und Antriebsminderung, entwickeln sich dabei ohne vorhergehende akute Psychose. Diese Symptome will die Erstgutachterin bemerkt haben.

Kurz zusammengefasst, wirkt Inge bei der Untersuchung verschroben, in sich zurückgezogen, aber es finden sich keine klaren Wahnsymptome. Die Diagnose einer Schizophrenia simplex scheint ganz wesentlich durch die Tat und die bizarre Sammelmanie begründet zu sein.

Interessanterweise finden sich in der begleitenden Testpsychologie keine ganz überzeugenden Hinweise für eine Psychose. Im Freiburger Persönlichkeitsinventar (s. S. 97), einem häufig eingesetzten Testverfahren, erscheint Inge als hochgradig gehemmt-gespannt, beherrscht und ungesellig-zurückhaltend. Die Befunde deuten insgesamt auf ein „Höchstmaß an Introversion" hin.

Interessant auch die Computerauswertung des Persönlichkeitstests MMPI, über den wir schon in den früheren Kapiteln gesprochen haben (s. S. 97):

> „Patienten mit ähnlichen Ergebnissen kann man sich oft als Personen mit naiven Abwehrmechanismen vorstellen, die ein starkes Bedürfnis haben, sich als sittsam und möglicherweise als Persönlichkeit mit hohen Moralbegriffen zu präsentieren. Sie sind oft uneinsichtig und sind nach ihrer Einschätzung durch andere nur leidlich bewusst. Patienten mit solchen Profilen wirken oft depressiv und sozial zurückgezogen. Ihre introvertierte Haltung ist häufig von sozialen Minderwertigkeits- und Unsicherheitsgefühlen sowie einem echten Mangel an geschicktem Umgang mit anderen begleitet. ...
> Diese Patienten werden oft als ordentlich, selbstkritisch und starr bezeichnet. Sie neigen dazu, sich unnötige Sorgen zu machen und zeigen oft Angst, Spannung und Unentschlossenheit. Vergleichbare psychiatrische Patienten zeigen eine gewisse Lebensuntüchtigkeit. Rationalisierung und Intellektualisierung sind die üblichen Abwehrmechanismen. ... Wahrscheinlich fühlt die Patientin in allen sozialen Situationen ein beträchtliches Unbehagen. Soziale Introversion, Schüchternheit und mangelnde soziale Fähigkeiten sind oft kennzeichnend. Sorgen, Mangel an Selbstvertrauen und schlechte Laune sind möglicherweise vorhanden. ... Eine schizoide Persönlichkeitsentwicklung sollte abgeklärt werden."

Insgesamt betont der testpsychologische Gutachter die auffälligen Persönlichkeitsmerkmale, insbesondere ihre starke Zwanghaftigkeit (Anankasmus). Auch ihm gegenüber begründet Inge ihre Sammelmanie mit ihrer Erziehung:

> „Meine außergewöhnliche Sparsamkeit rührt ebenfalls daher, wie ich aufgewachsen bin, da bei uns die Kniggerigkeit an der Tagesordnung war und meine Mutter noch heute so spartanisch lebt."

Überraschend und kontrovers zu beurteilen ist im Erstgutachten nicht nur die schwierige diagnostische Einschätzung (Psychose oder nicht), sondern auch die daraus resultierende forensische Einschätzung. Die Erstgutachterin geht von einer völlig aufgehobenen Steuerungs- und Einsichtsfähigkeit aus:

> „Das langjährige krankhafte wie abstruse Sammelverhalten belegt … die krankhaft aufgehobene Steuerungsfähigkeit der Patientin, die krankhafte (psychotisch verzerrte) Wahrnehmung des Ehemannes als noch störender Bestandteil im Kontext dieser pathologischen Sach-Bezogenheit lässt auch die Einsichtsfähigkeit der psychotisch wesensveränderten Patientin als aufgehoben erscheinen."

Diese Einschätzung kann man durchaus kontrovers diskutieren. Für eine aufgehobene Einsichtsfähigkeit spricht auch im Rückblick wenig, bei ungestörter hirnorganischer Leistungsfähigkeit spricht bei Inge gerade nichts für eine so starke Psychose, dass die Einsichtsfähigkeit stark gestört gewesen wäre. Auch die völlige Aufhebung der Steuerungsfähigkeit mag man vor dem Hintergrund, dass das Tatgeschehen sehr langgezogen und komplex war, durchaus unterschiedlich bewerten. Insbesondere, wie Inge in einem Brief selbst schreibt, das langgezogene und sehr „nüchtern und überlegt" wirkende Nachtatverhalten, die fast eiskalte und überlegte „Entsorgung" der Leiche ihres Ehemanns, spricht nicht für eine starke Erregung oder Zerrüttung des Persönlichkeitsgefüges zum Tatzeitpunkt. Mag der Grund der Tat ein abstruser, fast wahnartig erscheinender Anlass sein: Die Tat selbst wurde zumindest teilweise geplant. Zumindest im Rückblick scheint eine völlige Aufhebung der Steuerungsfähigkeit fraglich.

Exkurs:
Wissenswertes über schizophrene Psychosen

Wir haben schon im Einführungskapitel über das Gewalttäterrisiko bei psychischen Erkrankungen gesprochen. Vieles spricht dafür, dass das Risiko gerade bei einer Kerngruppe psychischer Störungen, nämlich der Schizophrenien, deutlich erhöht ist. Der Begriff der Schizophrenie wurde 1911 von dem Schweizer Psychiater E. Bleuler geprägt. Schizophrene Erkrankungen sind im Vergleich zu anderen psychischen Störungen relativ selten, etwa 0,6 bis maximal 1% der Bevölkerung erkranken irgendwann in ihrem Leben an einer schizophrenen Psychose.

Die Symptomatik ist ausgesprochen vielfältig, die Diagnose deswegen häufig nicht ganz einfach. Sehr unterschiedliche Bereiche des psychischen Erlebens und des Verhaltens können bei schizophrenen Erkrankungen verändert sein, und es existieren eine Reihe verschiedener Verlaufstypen. Häufig beginnt die Erkrankung in der Jugend oder im jungen Erwachsenenalter, sie kann aber auch im späteren oder sogar höheren Erwachsenenalter erstmals auftreten.

Bei akuten Erkrankungen kann das Bewusstsein im Sinne einer Bewusstseinseinengung oder eines traumartigen Zustands verändert sein. Typischerweise ungestört sind bei schizophrenen Erkrankungen in aller Regel das Gedächtnis sowie die intellektuellen Funktionen. Schizophrenie ist also keine Frage der Intelligenz. Ob es bei chronisch verlaufenden Fällen auch zu einer gewissen Beeinträchtigung intellektueller Fähigkeiten kommt, ist umstritten. Der berühmte Münchener Psychiater Emil Kraepelin, der zu Beginn des 20. Jahrhunderts Direktor der Psychiatrischen Universitätsklinik in München war, fasste schizophrene Erkrankungen unter dem Begriff der „Dementia praecox" (vorzeitige Demenz oder Verblödung) zusammen. Jedenfalls steht der Verlust intellektueller Funktionen nicht im Zentrum der psychopathologischen Veränderungen.

Andere Symptome sind häufig und kommen mehr oder weniger regelhaft vor. Dabei handelt es sich insbesondere um Störungen des so genannten formalen Denkens, also Inkohärenz und Zerfahrenheit, Gedankenabreißen, Sperrungen und Danebenreden. Oft fehlt bei schizophren Erkrankten der „rote Faden" im Denken. Auch das Verständnis für Zusammenhänge ist häufig gestört, so können zum Beispiel allgemein verständliche Sprichwörter nicht richtig wiedergegeben werden, und ihr Sinn wird nicht erfasst. Zudem kann die Sprache verändert sein. Eigenartige Wortschöpfungen, Neologismen können auffallen. Bei chronischen Verläufen mit Negativsymptomatik (s. unten) steht dagegen häufig eine Denkverarmung mit einer Verminderung an Menge und Inhalt des gesprochenen Wortes im Vordergrund.

Irgendwann tritt bei fast allen schizophrenen Erkrankungen eine Wahnsymptomatik auf. In manchen Fällen dominiert der Wahn die Symptomatik vollständig, zum Beispiel in Form eines Verfolgungs- oder Eifersuchtswahns, der sehr systematisch sein und viele Lebensbereiche umfassen kann. In anderen Fällen sind es mehr oder weniger flüchtige Beziehungsideen, etwa im Sinne eines vagen Gefühls, dass andere Menschen dem Betroffenen nachschauten. Alltägliche Beobachtungen, wie zum Beispiel ein bestimmtes Auto, ein Nummernschild oder eine Bemerkung einer Verkäuferin in einem Supermarkt, können für den Betroffenen eine ganz bestimme Bedeutung erlangen. Die Wahnsymptomatik kann ausgesprochen vielfältig sein, neben Beziehungs-, Verfolgungs- und Beeinflussungserleben kann ein Sendungs- oder Abstammungswahn, ein Vergiftungs- und Eifersuchtswahn oder anderes vorliegen.

Als sehr typisch wird das Auftreten von (vorwiegend akustischen) Sinnestäuschungen bzw. Halluzinationen angesehen. Diese liegen aber längst nicht bei allen schizophren Erkrankten vor. Typische Symptome, von dem einflussreichen Heidelberger Psychiater Kurt Schneider als Symptome ersten Ranges und somit wegweisend für die Diagnostik schizophrener Erkrankungen beschrieben, sind dialogisierende oder kommentierende Stimmen, die der schizophren Erkrankte halluziniert. Weitere so genannte Symptome ersten Ranges sind:

- Gedankenlautwerden
- Wahnwahrnehmungen
- Gedankeneingebung, -entzug und -ausbreitung
- das Gefühl der Willensbeeinflussung
- körperliche Beeinflussungserlebnisse

Andere Sinnestäuschungen, insbesondere visuelle Halluzinationen, Geruchs- oder Geschmackshalluzinationen, sind deutlich seltener.

Im Gefühlsbereich weisen viele schizophren Erkrankte einen starren Affekt (starres Gefühl) auf und wirken emotional distanziert. Oft scheint die gezeigte oder erlebte Stimmung eigenartig im Sinne einer so genannten Parathymie verändert. Ein plötzlicher Wechsel verschiedener Stimmungslagen sowie unvermittelte Gefühlsausbrüche können auftreten. Misstrauen, Gespanntheit, gereizte Grundstimmung sind häufig, insbesondere bei im Jugendalter beginn beginnenden Fällen (so genannter Hebephrenie) wird der Affekt oft als „läppisch" beschrieben. Dieser etwas unglückliche Begriff bezeichnet eine eigentümlich erscheinende Heiterkeit oder zumindest äußerst unangemessenen Affekt des Betroffenen. Andererseits sind schizophren Erkrankte häufig auch freud- und mutlos, wirken ängstlich und bedrückt.

Auffällig sind auch Veränderungen der Motorik wie eine allgemeine Verlangsamung, aber auch eigentümliche Bewegungsmuster bis hin zu motorischen Erregungszuständen. In seltenen Fällen findet sich eine seltsame „wächserne Biegsamkeit" (Flexibilitas cerea) der Muskulatur. In akuten Krisen kann der schizophren Erkrankte fast völlig bewegungsunfähig sein, was bis zu lebensbedrohlichen Krisen reichen kann. In anderen Fällen imponiert das Gegenteil, nämlich Erregung und aggressive Durchbrüche.

Man unterscheidet verschiedene Verlaufsformen schizophrener Erkrankungen. Besonders häufig und prognostisch eher günstig ist die so genannte paranoide Schizophrenie, bei der Wahn und Halluzinationen im Vordergrund stehen. Deutlich seltener ist die so genannte katatone Schizophrenie, bei der Stupor bzw. Haltungsverharren, Erregung, Haltungsstereotypien, Negativismus und Gefühlsautomatismus im Vordergrund stehen. Die besonders ungünstig verlaufende hebephrene Schizophrenie (mit frühem Beginn) ist zumeist durch eine Verflachung des Affekts, Oberflächlichkeit, zielloses Verhalten und vor allem inkohärentes und zerfahrenes Denken gekennzeichnet. Wahn und Halluzinationen können vorliegen, stehen aber nicht so im Vordergrund wie andere Symptome. Ganz selten sind zönästhetische Schizophrenien, bei denen leibliche Halluzinationen (Körperhalluzinationen) und Beeinflussungserlebnisse im Vordergrund stehen.

Die Schizophrenie simplex wird heute nur noch selten diagnostiziert. Bei ihr stehen so genannte Negativsymptome wie Affektarmut und Affektstarre, Sprachverarmung und Apathie im Vordergrund, wie sie auch im vorliegenden Fall diskutiert wurden. Man kennt darüber hinaus bei den leider häufigen chronischen Verläufen so genannte schizophrene Residualsymptome, bei denen die Negativsymptomatik ganz im Vordergrund steht. Überhaupt ist der Verlauf bei schizophrenen Erkrankungen nicht sehr günstig: Bis zu 10% der Patienten versterben durch Selbstmord! In vielen Lehrbüchern wird die Anzahl der schizophren Erkrankten, die symptomfrei bleiben, mit etwa einem Drittel angegeben, was nach neueren Untersuchungen deutlich zu hoch ist. Wahrscheinlich ist der Anteil der Patienten mit nur einer schizophrenen Phase nicht höher als 20 bis 25%. Trotz Fortschritten durch neuere Psychopharmaka sowie sozial- und psychotherapeutische Maßnahmen, die sich zum Beispiel in einer doch deutlichen De-Institutionalisierung früher häufig langzeit-hospitalisierter Patienten niederschlagen, verlaufen die meisten Erkrankungen immer noch chronisch oder chronisch rezidivierend. Immerhin ist die Prognose hinsichtlich der sozialen Integration häufig deutlich besser als noch vor einigen Dekaden, auch wenn in vielen Fällen zum Beispiel eine Berufstätigkeit nicht erreichbar ist. Die sozialen Konsequenzen der Erkrankung sind schwerwiegend, und auch Partnerbeziehungen sind durch das häufig gestörte Kontaktverhalten gefährdet. Günstige prognostische Kriterien schizophrener Erkrankungen sind ein akuter Krankheitsbeginn, relativ wenig Negativsymptome und eine wenig gestörte so genannte prämorbide Persönlichkeit, also das Fehlen von größeren Persönlichkeitsveränderungen vor Beginn der Erkrankung.

Eine ganze Reihe von Drogen (z. B. LSD) rufen schizophrenieähnliche Bilder und Symptome hervor. Es gibt aber auch viele körperliche Erkrankungen, die die Hirnfunktion beeinflussen und entsprechende Symptome hervorrufen können.

Differenzialdiagnostisch abzugrenzen sind auch manische oder manisch-depressive Erkrankungen, schizoaffektive Störungen, die so genannte Paranoia, also Wahnkrankheiten ohne sonstige schizophrene Symptomatik, sowie verschiedene Persönlichkeitsstörungen. Genau diese Problematik der genauen Diagnose beschäftigt uns auch im vorliegenden Fall.

Die Behandlung im Maßregelvollzug

Wir begegnen Inge etwa vier Jahre nach der Tat wieder. Sie ist seit Jahren in einer psychiatrischen Klinik fernab des Heimatortes untergebracht. Die Kontakte zu den drei Kindern sind abgerissen. Gleichwohl sorgt sich Inge um das materielle Wohl der Kinder.

Aufgrund des Gerichtsurteils kommt Inge in den psychiatrischen Maßregelvollzug. Sie wird in einer psychiatrischen Klinik untergebracht. Auch während der Behandlungen dort sammelt Inge weiter alte Nahrungsmittel, Zeitungsausschnitte, Kleiderfetzen, Dinge auch von allergeringstem Wert. Hier bleibt sie unkorrigierbar.

Ansonsten fügt sie sich, zurückgezogen und selbstbezogen, in den Klinikalltag ein. Inge ist genügsam, stellt keine Ansprüche. Mit Medikamenten will sie nicht behandelt werden, setzt diesbezüglich neue Gutachten durch, lässt Gerichtsbeschlüsse erwirken. Sie kann eine bemerkenswerte Energie entfalten, wenn sie will. Schließlich wird sie nicht mehr mit Psychopharmaka behandelt. Ihr Zustand bleibt gleich. Niemals fallen konkrete Wahngedanken oder Sinnestäuschungen auf. Inge ist zurückgezogen, aber freundlich, wenn auch nicht völlig abgekehrt von der Umwelt. Ihre Denkabläufe sind nicht zerfahren, nicht zerrüttet, ihre Gedankengänge folgen einer logischen Ordnung. Die Arbeitsdiagnose einer schizophrenen Erkrankung lässt sich auch nach Jahren nicht erhärten. Bizarr und lästig erscheint weiterhin ihre Sammelwut – andere Symptome treten nicht hinzu.

Einige Jahre nach der Unterbringung wird Inge erneut begutachtet. Sie selbst wäre lieber im Gefängnis statt im psychiatrischen Maßregelvollzug, auch aus finanziellen Gründen: Sie fürchtet, vielleicht nicht ganz zu Unrecht, dass ihr (kleines) Vermögen oder das der Kinder zur Finanzierung der Unterbringung herangezogen werden könnte.

Bei einer Anhörung vor Gericht gibt Inge Folgendes zu Protokoll:

„Ich sehe nicht ein, dass ich hier die Kosten zu tragen habe, da die Betreuung gegen meinen Willen angeordnet wurde und mir damals auch gesagt wurde, dass der Staat für diese Kosten aufkommt. ... Ich wünsche eine Überprüfung nicht nur der Vergütungsfestsetzungen für die Betreuerinnen, sondern auch eine Überprüfung der Frage, ob ich überhaupt einer Betreuung bedarf, und wenn ja, ob nicht eines meiner Kinder diese Betreuung übernehmen kann."

Inge wird noch einmal untersucht: Der neue Gutachter ist gerichtserfahren. Er verwirft die Diagnose einer schizophrenen Erkrankung. Äußerlich wirkt Inge zwar nicht vernachlässigt, jedoch gering bis gar nicht zurechtgemacht, ärmlich gekleidet. Der Zahnstatus wird als „erheblich defektuös" beschrieben. Eine Sanierung lehnt Inge weiterhin ab. Der Gutachter findet Inge situationsangemessen höflich, freundlich, sogar recht kontaktfähig. Die Stimmung ist weiter ausgeglichen, von der Tatbegehung wird mit niedergeschlagener Stimmung berichtet. Eine autistische Abkehrung von der Welt fällt nicht auf. Immerhin unterhält Inge regen Briefverkehr. Ihr fehlendes Geselligkeits- und Anschlussbedürfnis stört sie nicht. Ihre höheren Denkleistungen sind ungestört, nichts spricht für Wahnideen. Mit der Anlasstat und ihrem Müllsammeltrieb setzt sie sich zumindest ansatzweise kritisch und bedauernd auseinander. Bizarre Einfälle, wie sie bei Schizophrenie so häufig sind, berichtet Inge nicht. Im schriftlichen Ausdruck ist sie unerwartet genau und ausdrucksstark. Schizophrene Sprach- und Schriftstörungen fallen nicht auf. Der Gutachter erlebt sie als im Kontakt herzlich, gemütsmäßig ansprechbar und beschreibt ihre Persönlichkeit als sehr gewissenhaft, pedantisch, sorgsam und ernst, auch etwas humorlos, innerlich unsicher und ängstlich. Wie geschrieben, verwirft er die Diagnose einer schizophrenen Erkrankung, spricht stattdessen von einem „veritablen Vermüllungs-Syndrom" und einem klassischen „Diogenes-Syndrom".

Exkurs: das Diogenes-Syndrom

Diese Diagnose wird man in psychiatrischen Lehrbüchern nicht finden, auch wenn es diese Patienten häufig gibt. Tatsächlich häufen sich in den letzten Jahren Berichte über Menschen, die ihre Wohnungen vermüllen lassen. Keineswegs liegen bei ihnen immer schwere psychische Erkrankungen, zum Beispiel eine Psychose oder ein demenzieller Abbau, vor, auch wenn es sich in vielen Fällen um verwirrte Alte oder Alkoholiker handelt. Ob der Begriff glücklich gewählt ist, sei dahingestellt. Diogenes „vermüllte" nicht aus eigenem Unvermögen, sondern bewusst – sein Handeln war philosophisch bestimmt. Immerhin: Das Bild von Diogenes ist jedem geläufig.

Menschen mit einem Vermüllungs- oder Messie-Syndrom wirken häufig außerhalb ihrer vier Wände unauffällig, auch wenn manche dazu neigen, hygienisch stark zu verwahrlosen. Innerhalb ihrer eigenen vier Wände türmen sich dagegen Müll und Unrat aller Art an. Post wird nicht geöffnet, die Sanitäranlagen sind verschmutzt, die Wände verdreckt, es stinkt. Zimmer und Wände sind mit Ablagen aller Art verstellt, die Bewegungsfreiheit in der Wohnung wird eingeschränkt. Die psychischen und psychodynamischen Hintergründe des Vermüllungs-Syndroms oder einer Sammelwut mögen unterschiedlich sein, der Effekt ist der gleiche: Wohnung und Haus sind kaum mehr zu benutzen und müssen entrümpelt werden. Das Vermüllungs-Syndrom kann man als Ausdruck eines Altersabbaus, eines chronischen Alkoholismus oder einer Psychose ansehen, es kann aber auch Ausdruck einer zunehmenden Sozialverweigerung sein. Es kann auch bei Menschen auftreten, die ein sozial integriertes Leben hinter sich haben, ohne an einer psychischen Erkrankung zu leiden. Keineswegs handelt es sich dabei nur um Menschen, die ein nachlässiges Verhältnis zu den Normen „gepflegter Selbstdarstellung" (so aus einem Gutachten) haben. Sie wenden sich, aus welchen Gründen auch immer, von ihrem bürgerlichen Leben ab und nehmen auch Versorgungsangebote nicht in Anspruch, stehen diesen sogar mit mehr oder weniger aktivem Widerstand und Protest gegenüber. Äußere Ereignisse wie Veränderungen in Partnerschaft und Familie können solche Entwicklungen anstoßen, müssen es aber nicht.

Starke Selbstvernachlässigung, Vermüllungserscheinungen und soziale Rückzugserscheinungen sind bei psychischen Erkrankungen, nicht nur bei verwirrten, alten Menschen, häufig. In der etwas neueren Literatur hat sich hierfür der Begriff des Diogenes-Syndroms eingeprägt (Klosterkötter u. Peters 1985).

Darunter wird die „schamlose" Vernachlässigung von Körper und persönlichem Lebensraum verstanden, mit Sammeltrieb, sozialem Rückzug und Abwehr jeder hilfreich gemeinten Interventionen. Gehäuft tritt diese Symptomkonstellation offensichtlich bei Frauen jenseits des 60. Lebensjahres mit Selbstisolationstendenzen in den früheren Lebensgeschichten auf. Auch hirnorganische Erkrankungen spielen eine Rolle. Gerade bei verwirrten älteren Menschen finden sich solche Störungen häufig. Das Diogenes-Syndrom beschreibt nicht etwa Fälle mit chronisch gestörter Sozialentwicklung, vielmehr tritt diese „soziale Totalverweigerung" gerade bei Menschen auf, die zuvor ein „langes Leben der sozialen Bewährung" hinter sich haben, sozial gut angepasst waren und weder an einer Schizophrenie noch an irgendeiner Form der Demenz leiden.

Klosterkötter und Peters (1985) beschreiben u. a. den Fall der Auguste P., einer 73-jährigen Patientin, die aus einer Bauersfamilie stammt, stets unverheiratet bleibt und eine Ausbildung als Hebamme absolviert. Sie baut einen eigenen Mütterberatungsdienst auf und lenkt diesen mit „unerschöpflichem Einsatz". Nach dem Rückgang der Geburtenrate bricht ihre selbstständige

Existenz zusammen, und sie bezieht, über einige Umwege, schließlich eine kleine Wohnung und eine kleine Rente. Zunehmend sammelt sie Unrat aller Art, der Amtsarzt wird eingeschaltet:

„Zunächst sahen wir die Umgebung ihres Raumes, in der unübersehbare Mengen an Kisten, Kästen, Kartons und Unrat aufgestapelt waren. In zwei Kisten wurden nachts die Gänse und Enten eingesperrt – mit einem Schlüssel, den sie an einem Band um den Hals immer bei sich trägt, öffnete sie die Türe ihres Wohnraumes. Es handelt sich um eine dunkle Höhle, durch die nur ein ,schmaler Pfad' durchführt. Der ganze Raum ist mit Gerümpel bis zur Decke gefüllt, als Endzustand einer Verwahrlosung. Sie benutzt weder eine Toilette noch sonstige Reinigungsmöglichkeiten. Die Mitbewohner berichten, dass Frau P. ständig dabei ist, allen Unrat zusammenzutragen. Sie entleert auch die Mülltonnen, um nach Futter für ihre Gänse zu suchen und es einzusammeln. Ihr Schmutzwasser und ihre Fäkalien entleert sie in dieser Umgebung. Der Ratten- und Ungezieferbefall sei jetzt unerträglich." (ebd.)

Bei der Untersuchung gab die Patientin an, sie spare auf ein eigenes Häuschen, aus dem sie keiner mehr herauswerfen dürfe:

„Es solle durch einen hohen Zaun gegen die lästigen Kindern und den Einblick der Nachbarn abgesperrt sein. (…) Darum lege sie, so viel sie könne, von ihrer Rente zurück und versorge sich aus ihrem Garten und den vielen zum Müll geworfenen Sachen der wohlhabenden Leute." (ebd.)

Zurück zu unserem Fall. Einer der Vorgutachter sieht das Diogenes-Syndrom bei Inge so:

„Eine Provokation von soziokulturellen Verweigerungstendenzen, wie auch der Vermüllung, durch lebensgeschichtliche Ereignisse wird für die aktuelle Negation bürgerlicher Verhaltenserwartungen verantwortlich gemacht. Die Provokation bzw. lebensgeschichtlichen Ereignisse im Falle der Sammelmanie der Probandin können in erster Linie damit begründet sein, dass sie ... von ihrem Mann über keinerlei, nicht einmal die geringsten finanziellen Haushaltsmittel verfügte, sodass sie im Bedarfsfall sogar etwas von den Kindern ausleihen musste. Der Ehemann hat in den letzten Jahren sogar die Einkäufe alleine vorgenommen, sodass die letzten finanziellen Verfügungsmittel, über die die Probandin verfügte, eben der so in ihren Augen nicht mehr wertlose Müll war, zumal sie diesen ja tatsächlich zum Teil über Secondhand-Läden absetzen konnte und ihr die Schwester durch die Reinigung der Kleidungsstücke und Gegenstände wie Kinderspielzeug dabei zur Hand ging. In jedem Fall ist der Beginn ihrer Sammelleidenschaft noch nicht krankhaft verursacht gewesen."

Jedoch habe sich später ein „veritabler Sammeltrieb mit einem Hang zur Hortung von mehr oder weniger nutzlos gewordenen Gegenständen" entwickelt.

Ohne den Leser verwirren zu wollen, sei noch ein letzter Begriff eingeführt, der der Syllogomanie, der das Anhäufen von Müll beschreibt. Die Syllogomanie ist aufzufassen als eine Verdrehung und Verstärkung eines instinktiven Triebs, Dinge zu sammeln. Einige der Betroffenen haben die zum Zwang gewordene Gewohnheit, Objekte zu horten, die nutzvoll sein könnten, andere haben nur nicht genug Initiative, nutzlose Dinge wegzuwerfen oder zu sortieren. Bei manchen der Betroffenen soll die Syllogomanie eine lebenslange Neigung widerspiegeln, der persönlichen und häuslichen Pflege einen geringen Stellenwert zuzuordnen, der sich dann bei Älteren in einem desorganisierten Lebensstil äußert.

Letzte Untersuchungen

Nachdem die (Verdachts-)Diagnose eines Diogenes-Syndroms gestellt wurde, wird Inge noch einmal begutachtet. Wieder geht es um die Frage ihres psychischen Zustands, der Betreuung und Unterbringung. Vordergründig hat sich nichts geändert. Inge ist weiterhin im Wesentlichen unauffällig, sieht man von dem immer wieder durchbrechenden Sammeltrieb ab. Dem Gutachter berichtet sie, dass sie Sorge um das Erbe der Kinder habe, wenn diese für ihre Unterbringung zahlen müssten. Die Kinder haben sie seit Jahren nicht besucht, die einzigen Bezugspersonen nach außen bleiben ihre Schwester und ihre Mutter. Äußerlich wirkt Inge noch etwas kleiner und verhärmter als bei den Voruntersuchungen, Zähne hat sie kaum mehr.

In ihrer Krankengeschichte ist zu lesen:

„Aufgefallen ist eine ausgesprochene Abneigung gegen eine unbedingt notwendige Zahnsanierung: Es müssten sämtliche Zähne des Oberkiefers extrahiert und ersetzt werden. Die Patienten steht mit kategorischer Ablehnung dem Vorhaben gegenüber. Bei einer Zimmer- und Schrankkontrolle musste festgestellt werden, dass die Patientin fremde Dinge gehortet hat."

In einem späteren Eintrag lesen wir:

„Anlässlich wiederholter Zimmer- und Schrankkontrollen am 18.02. wurden folgende Gegenstände gefunden: verschiedene Sorten von Käse, ein Stück ranzige Butter in Toilettenpapier eingewickelt; ferner ein Schokoladenosterhase vom Vorjahr, weiter gefunden wurden Cremewaffeln von Weihnachten, Stricknadeln, jede Menge zerknülltes Toilettenpapier und ein alter vertrockneter Kuchen; in ihren Kulturbeutel wurden gefunden: jede Menge von teils schmutzigen Stoffresten, blutige Tupfer, Seife, Lockenwickler und Zahnstocher. Ferner durcheinandergewühlte Fäden und Stifte, Papierschnitzel. … Markanterweise musste bei kurzen Nachkontrollen festgestellt werden, dass Frau X bereits weggeworfene Dinge aus dem Müllsack wieder herausgeholt hatte und wieder in ihren Nachttischschrank hineinlegte."

Die Briefe, die sie an den Gutachter nach der Untersuchung schreiben wird, einige davon haben wir oben zitiert, sind erstaunlich artikuliert, auch ansonsten gibt es keine Hinweise für eine Psychose. Vielleicht ist Inge etwas misstrauisch, aber nicht unfreundlich. Für psychisch krank hält sie sich nicht. Ihre Sammelleidenschaft hält sie immer noch für im Wesentlichen sinnvoll, schildert sich als

Mensch, der auf Sparsamkeit und „Nutzeffekt" geprägt ist. Ein Verarmungswahn liegt dennoch nicht vor. Kritikfähigkeit und soziales Urteilsvermögen sind keineswegs psychotisch gestört. Es bleibt bei den Befunden: eine einfach strukturierte Frau mit starken zwanghaften und schizoiden Zügen.

Ist Inge gefährlich? Sollte irgendwann eine Entlassung aus der Therapie verantwortet werden können, so mag Inge durchaus in ihr sozial nicht akzepables Verhalten zurückfallen – die Tötung des Ehemanns erscheint aber eher als einzelnes Ereignis, wenn auch nicht unabhängig von ihrer Syllogomanie. Für die Allgemeinheit ist Inge wohl nicht gefährlich.

Epilog
Sabine – vier Jahre später

Wir sind am Ende dieses Buchs. Wir haben uns mit verschiedenen Formen weiblicher Gewalt und psychischer Störungen bei Frauen beschäftigt. Einige der von uns gesehenen Frauen waren psychisch krank, andere nicht.

Am Ende wollen wir uns noch einmal unserem ersten Fall nähern, also Sabine, die ihre drei Kinder umgebracht hat. Das Wagnis, über Schuld und Sühne zu schreiben, soll nicht eingegangen werden – immerhin, in diesem Fall zumindest, wollen wir uns dieser Fragestellung nähern.

Sabines Tat liegt vier Jahre zurück. Sie ist gleich nach der Verhandlung in eine Justizvollzugsanstalt für Frauen gebracht worden. Dort ist sie seither inhaftiert. Sabine und ihr Rechtsanwalt haben das Einverständnis gegeben, sie für dieses Buch nachzubefragen. Sie hat zwei Drittel ihrer Strafe verbüßt und wird in wenigen Monaten auf Bewährung freigelassen werden.

Besuche in Justizvollzugsanstalten haben immer etwas Beklemmendes. Das Gefühl des Eingesperrtseins kann auch den Besucher leicht befallen. Der Schlüssel, der Tür um Tür öffnet, gewinnt große Bedeutung – das Gleiche gilt im Übrigen auch für viele psychiatrische Stationen.

Das Gefängnis, in dem sich Sabine befindet, wirkt von außen fast etwas klösterlich mit dicken Mauern und Türmchen, ist aber als Gefängnis gebaut worden. Etwa 400 Frauen sind dort in Haft. Ob darunter viele Mörderinnen und Totschlägerinnen sind? Das Wachpersonal gibt an, nur wenige zu kennen.

Der Weg auf die Krankenstation, wo Sabine diesmal nicht untersucht, sondern interviewt wird, führt durch die gesamte JVA. Viele neugierige Blicke folgen dem Gutachter, hier und da wird er angesprochen, gefragt, ob er der neue Arzt sei.

Sabine hat sich äußerlich deutlich verändert, zum Positiven. Sie hat deutlich zugenommen, vor allem sind ihre Haare wieder gewachsen. Der Krebs scheint im Zaum gehalten, wenn auch nicht besiegt. Gerade stehen wieder einige Nachuntersuchungen an. Wie sie die verschiedenen Behandlungen vertragen hat, wird Sabine gefragt. Als besonders belastend hat sie nicht so sehr die Chemotherapie, die immerhin zu Gewichtsabfall und Verlust der Haare geführt hat, sondern die Bestrahlung erlebt, ein halbes Jahr nach der Untersuchung und dem Urteil. Psychisch schlecht habe sie sich gefühlt, fast wie nach der Tat, antriebslos und müde. Mittlerweile habe sie sich aber wieder gefangen.

Wie sie das Urteil im Nachhinein betrachtet?

Sabines Urteil ist eindeutig: Das ist das Beste, was mir passiert ist. Sie habe Angst vor dem Freispruch gehabt, er wäre ihr Todesurteil gewesen. Ganz sicher hätte sie ihren Selbstmordversuch wiederholt. Wenn sie in ihr altes Umfeld zurückgekommen wäre, hätte sie es nie geschafft, sich zu stabilisieren. Die Antwort ist für den Gutachter nicht überraschend und erscheint glaubhaft. Die Haft scheint ihr immerhin die Möglichkeit des zeitweiligen Rückzugs gegeben zu haben.

Spontan berichtet Sabine über ein Radiointerview, das der Vorsitzende Richter ihrer Schwurgerichtskammer, der mittlerweile in Pension gegangen ist, gegeben hat. Ihr Rechtsanwalt hat ihr davon erzählt. Der im Gerichtssaal so nüchtern wirkende Richter soll gesagt haben, dass ihr Urteil das schwerste in seinem ganzen Leben gewesen sei. Sabine sagt dies ohne Stolz, es klingt glaubhaft. Nicht nur sie und der Gutachter, alle scheinen mit dem Fall besonders gerungen zu haben.

Natürlich war die Haft für sie nicht angenehm. Sie berichtet, in den ersten Monaten von einigen Häftlingen, darunter eine seit 20 Jahren einsitzende Terroristin, geschnitten und „gemobbt" worden zu sein. Sabine hat sich aber durchsetzen können. Drei Jahre lang arbeitet sie im Industriesaal, scheint sich in der Haft auch einen gewissen Respekt der anderen Häftlinge erworben zu haben. Besondere Probleme scheint es jedenfalls nicht gegeben zu haben. Anschaulich schildert sie, die Haft sei für sie Schutz vor allem gewesen, was draußen los gewesen wäre. Der Versuchung, ihre Geschichte teuer an eine Zeitung zu verkaufen, hat sie widerstanden. Ihr geschiedener Mann soll allerdings gemutmaßt haben, dass sie dies getan hat, und hat ihr deswegen den Gerichtsvollzieher sozusagen auf Verdacht in die Haft geschickt. Bei Sabine war aber nichts zu holen.

Wer sich um sie gekümmert hat?

Interessant genug: Den örtlichen Anstaltspsychiater hat sie nur einmal gesehen, will mit ihm nicht zurechtgekommen sein. Er hat Sabine im Lauf der Jahre noch einmal untersucht, will keine wichtigen psychischen Veränderungen festgestellt haben. Er hält Sabine heute für gesund. Das antidepressive Medikament hat sie noch etwa ein Jahr nach der Verhandlung genommen, dann weggelassen. Die gefühlsmäßige Veränderung, die sie danach bemerkt hat, einen gewissen Absturz, hat sie ausgehalten und sich der Wirklichkeit gestellt.

Eine Ordensschwester hat sich um sie gekümmert, besucht sie auch jetzt noch einmal im Monat, obwohl sie fünf Stunden entfernt lebt. Auch eine Psychologin hat sie gelegentlich gesehen. Was die Familie angeht, trog der Eindruck bei der Hauptverhandlung nicht: Alle kümmern sich um sie. Sowohl ihre Mutter als auch ihr Bruder und ihre Schwester, zu der sie zunächst ziehen will, haben den Kontakt gehalten, übrigens auch die Schwiegereltern, die Großeltern ihrer getöteten Kinder, die mit ihrem Ex-Mann gebrochen haben. Es ist erstaunlich zu hören, wie viele Menschen sich jetzt um Sabine kümmern, die sich vor der Tat hilflos und allein gefühlt hat. Vielleicht liegt darin die besondere Tragik des Falls.

Vorsichtig wird Sabine gefragt, wie sie die Tat heute sieht. Die ersten zwei Jahre seien schlimm gewesen, es habe viele Phasen gegeben, in denen sie das Gefühl gehabt habe: Ich kann, ich will nicht mehr. Sabine ruft ihre Verzweiflung in Erinnerung, ihren Zusammenbruch nach der Krebsdiagnose, die Bedrängnis durch ihren Mann und die Schuldenlast. Sie ist sicher, dass es ohne die Krebserkrankung nicht zu der Katastrophe gekommen wäre. Noch einmal wird sie gefragt, wann der Entschluss zur Tötung der Kinder gefallen sei. Sabine sagt, auch wenn man sie einen Tag vorher danach gefragt hätte, hätte sie dies von sich gewiesen. Erst am Tattag sei die Entscheidung gefallen, sich zu töten. Einen richtigen Gedanken, die Kinder zu töten, habe sie nicht gehabt, aber das Gefühl, die Kinder nicht allein lassen zu können.

„Wenn du Schluss machst, lässt du die Kinder nicht zurück." So habe sie in der Todesnacht stundenlang gegrübelt und dann den Brief geschrieben. An mehr kann sie sich auch heute nicht erinnern.

Noch immer wird Sabine von einem Bild gequält, das sie beim Aufwachen aus der Narkose vor sich sah: eine weiße Wand, auf die Blut spritzt. An mehr kann sie sich, Gott sei dank, nicht erinnern.

Mit den Kindern fühlt sie sich heute noch in Verbindung. Manches sei verblasst, manche Erinnerung nicht mehr da, aber das Gefühl der Liebe, und dass die Kinder um sie herum seien, sei ihr geblieben. In den ersten Haftbeurlaubungen, die sie gehabt habe, hätte sie es noch nicht gewagt, ans Grab zu gehen, der Gedanke sei aber heute keine Bedrohung mehr. Sie brauche aber auch nicht diesen Ort, um trauern zu können. Wer das Grab bezahlt habe? Ihr Mann wohl nicht.

Sabine meint, sie sei ein gläubiger Mensch und glaube an eine höhere Macht. Wenn Gott gewollt hätte, dass sie sterben solle, dann hätte er dies auch zugelassen.

Bei aller Trauer und Verzweiflung, die auch jetzt noch spürbar ist: Sabine sieht auch nach vorne. In der Haft hat sie um die Anschaffung einer elektrischen Schreibmaschine gekämpft, an der sie – trotz ihrer Nervenschäden durch den Pulsaderschnitt an den Händen – geübt hat. Sie hofft, vielleicht wieder eine Anstellung in einem Büro zu finden. Zur Mutter will sie zunächst nicht ziehen. Sie ist zu alt. Sabine will wohl auch dem Gerede der Leute entgehen. Ihre Schwester wird sie zunächst aufnehmen. Sabine will sich dann um eine Arbeit kümmern, vielleicht auch um eine Weiterbildung. Das wird sicher nicht leicht werden. Auch eine Operation, ein Brustaufbau steht noch an. Eins ist ganz klar: Sabine will leben. Welche Fehler, welche Schuld sieht sie bei sich? Vor allem das Gefühl, sich damals das eigene Versagen nicht eingestehen zu wollen, dass sie nicht zu dem gestanden habe, was sie gemacht hatte. Immer hätte sie versucht, Verantwortung für andere zu übernehmen und zu schlichten, sei aber ihren eigenen Problemen aus dem Weg gegangen. Sie hätte sich nicht die Hilfe geholt, die sie hätte haben können.

Die Strafe sieht sie, auch wenn sie dies nicht wörtlich sagt, als gerecht an. Sabine blickt nach vorne. Jetzt beginne ihr dritter Lebensabschnitt.

Sie wird es nicht einfach haben.

Literatur

Alzheimer A (1907). Über eine eigenartige Erkrankung der Hirnrinde. Allgemeine f Psych gerichtl Mit; 64: 146–8.

Andreasen N (2002). Brave New Brain. Berlin, Heidelberg: Springer.

Binding K, Hoche A (1920). Die Freigabe der Vernichtung lebensunwerten Lebens". Leipzig: Meiner.

Birkner S (1973). Leben und Sterben der Kindsmutter Susanna Margaretha Brandt. Frankfurt/M.: Insel.

Böker W, Häfner H (1973). Gewalttaten Geistesgestörter. Berlin, Heidelberg, New York: Springer.

Bolte C, Dimmler K (1997). Schwarze Witwen und eiserne Jungfrauen. Geschichte der Mörderinnen. Hamburg: Nikol Verlag.

Bronfen E (1994). Nur über ihre Leiche. Tod, Weiblichkeit, Ästhetik. München: Hanser.

Bronnen B (Hrsg) (1995). Eifersucht: Die schwarze Schwester der Liebe – ein literarisches Lesebuch. München: C. H. Beck.

Deutsche Hauptstelle gegen die Suchtgefahren (Hrsg) (2001). Jahrbuch Sucht 2002. Geestacht: Neuland Verlag.

Esquirol JED (1838). Des maladies mentales longidenées sans les rapports médicals, hygiéniques et medico-legales. Paris: Baillère.

Fittkau L, Küppersbusch F (2000). Zur Geschichte der Irma S. und der Geschichte der Todesstrafe. In: Der Tagesspiegel, 09.12.2000.

Foucault M (1976). Überwachen und Strafen. Die Geburt des Gefängnisses. Frankfurt/M.: Suhrkamp.

Freud S (1924). Über einige neurotische Mechanismen bei Eifersucht, Paranoia und Homosexualität. GW XIII. Frankfurt/M.: Fischer; 193–207.

Frisch M (1950). Tagebücher 1946–1949. Frankfurt/M.: Suhrkamp.

Goethe Jahrbuch 2002. Weimar: Verlag Hermann Böhlaus 2003.

Goethe JW (1986). Faust 1. Hamburger Ausgabe. Bd. 3. München: C. H. Beck; 7–145.

Hoche A (1932). Die Todesstrafe ist keine Strafe. Monatsschrift für Kriminalpsychologie und Strafrechtsreform; 9/10: 555–6.

Klein M (1957). Envy and Gratitude. London: Tavistock.

Kleist H v (1808). Penthesilea. Ein Trauerspiel. München: dtv 1998.

Klosterkötter J, Peters UH (1985). Das Diogenes-Syndrom. Fortschr Neurol Psychiatrie; 53: 427–34.

Köpf G (1976). Die Ballade: Probleme in Forschung und Didaktik. Kronberg: Scriptor Taschenbücher.

Körner B (1992). Das soziale Machtgefälle zwischen Mann und Frau als gesellschaftlicher Hintergrund der Kriminalisierung. Neue kriminologische Studien, Band 10. München: Wilhelm-Funk-Verlag; 103–5.

Krafft-Ebing R v (1892). Lehrbuch der gerichtlichen Psychopathologie. Stuttgart: Friedrich Enke.

Kraus L, Bauernfeind R (1998). Repräsentativ-Erhebung zum Gebrauch psychoaktiver Substanzen bei Erwachsenen in Deutschland 1997. Sucht; 44 (Sonderheft 1).

Leonhard K (1976). Akzentuierte Persönlichkeiten. 2. Aufl. Stuttgart: Fischer; 253–5.

Lombroso C (1894). Der Verbrecher in anthropologischer, ärztlicher und juristischer Beziehung. Hamburg: Richter.

Marneros A (1997). Sexualmörder. Eine erklärende Erzählung. Bonn, Basel: Psychiatrie-Verlag.

Marneros A (2003). Schlaf gut, mein Schatz. Eltern, die ihre Kinder töten. Bern: Scherz.

Meyer JE (1988). „Die Freigabe der Vernichtung lebensunwerten Lebens" von Binding und Hoche im Spiegel der deutschen Psychiatrie von 1933. Nervenarzt; 59: 85–91.

Mullen P (1991). Jealousy: The pathology of passion. Br J Psychiatry; 158: 593–691.

Müller-Seidl W (1999). Alfred Erich Hoche. Lebensgeschichte im Spannungsfeld von Psychiatrie, Strafrecht und Literatur. Verlag der Bayerischen Akademie der Wissenschaften; 5.

Nedden O zur, Ruppel K (1981). Reclams Schauspielführer. 15. Aufl. Stuttgart: Reclam.

Nedopil N (2000). Forensische Psychiatrie. 2. Aufl. Stuttgart: Thieme.

Poe EA (1846). The Philosophy of Composition (dt.: Gedichte, Essays. München: Winkler 1966).

Rauchfleisch U (1999). Außenseiter der Gesellschaft. Göttingen: Vandenhoeck & Ruprecht.

Schöne A (1982). Götterzeichen, Liebeszeichen, Satanskult. Neue Einblicke in alte Goethe-Texte. 2. Aufl. München: C. H. Beck.

Soyka M (1995). Das Othello-Syndrom. Eifersucht und Eifersuchtswahn als Symptom psychischer Störungen. Fortschr Neurol Psychiatrie; 63: 487–94.

Soyka M (1998). Medikamenten- und Drogenabhängigkeit. Stuttgart: Wissenschaftliche Verlagsgesellschaft.

Soyka M, Naber G, Völcker A (1991). Problems of delusional jealousy in different psychiatric disorders. Br J Psychiatry; 158: 549–53.

Soyka M, Morhart-Klute V, Schoech H (2004). Deliquency and criminal offenses in former schizophrenic inpatients 7 to 12 years following discharge. Eur Arch Psychiatry Clin Neurosci; 254: 289–94.

Spinelli M (2001). A systematic investigation of 16 cases of neonatizide. Am J Psychiatry; 158: 811–3.

Wächtershäuser W (1973). Das Verbrechen des Kindermordes im Zeitalter der Aufklärung. Eine rechtsgeschichtliche Untersuchung der dogmatischen, prozessualen und rechtssoziologischen Aspekte. Berlin: Quellen und Forschungen zur Strafrechtsgeschichte 3.

Weber J (2000). Wenn „gute Seelen" Böses tun – Delinquente Frauen ohne kriminellen Charakter. Vortrag auf dem Kongress der Deutschsprachigen Gesellschaft für Kunst und Psychopathologie des Ausdrucks 2000.

Weiler I (1998). Giftmordwissen und Giftmörderinnen. Tübingen: Niemeyer.